औपनिवेशिक आबकारी

[ब्रिटिश कुमाऊँ में आबकारी नीति]

औपनिवेशिक आबकारी

गिरिजा पाण्डे

राधाकृष्ण प्रकाशन

ISBN : 978-81-7119-187-8

औपनिवेशिक आबकारी (इतिहास)

पहला संस्करण : 1996
पहली आवृत्ति : 2023
This book is printed on **Print on Demand** Technology : 2026

मूल्य : ₹895

प्रकाशक
राधाकृष्ण प्रकाशन प्राइवेट लिमिटेड
जी-17, जगतपुरी, दिल्ली-110 051
शाखाएँ : अशोक राजपथ, साइंस कॉलेज के सामने, पटना-800 006
पहली मंजिल, दरबारी बिल्डिंग, महात्मा गांधी मार्ग, प्रयागराज-211 001
1, अनमोल सोराबजी संतुक लेन, धोबी तलाव, मरीन लाइंस, मुम्बई-400 002
वेबसाइट : www.radhakrishnaprakashan.com
ई-मेल : info@radhakrishnaprakashan.com

AUPNIVESHIK AABKARI
by Girija Pande

शेखर दा

गिर्दा और

जे. सी. जोशी 'मामू' को

जिन्होंने इतिहास की निर्मात्री

शक्तियों को समझने और

उससे सीखने की दृष्टि दो।

FORWARD

There is a dialictic relationship between macro level national or regional history, and micro level or local history. The formar enables a student of history to ask larger questions and work under generalizations. But it is micro level or local history which tests these generalizations, deepens them, makes them more complex, and sometimes even overturns them. Similarly questions and issues raised at the micro level often enables historians to frame larger questions and work under generalizations.

Dr. Girija Pande's is an example of micro history at its best. Using a wide variety of sources and using his grasp of contemporary Kumaon, Dr. Pande has thrown fresh light on the colonial and post-colonial excise policy as also the popular response to it.

Kumaon is not merely geographically different from the rest of Uttar Pradesh as Dr. Pande has shown its cast composition and therefore social structure is also very different. Because of the latter, the consumption of liquor and intoxicating drugs was relatively absent in this region before the 19th century when the British initiatedt heir production, promoted their trade and texed their consumption. This is revealed by the very petty amount of the revenue raised by texing them till 1840's.

Dr. Pande has in this slim volume, packed with figures, traced the development of the colonial excise (abkari) policy and excise administration at length and with authority. With constant encouragement and administrative acumen and driven by the desire to increase revenue, the colonial administration succeeded by the end of 19th century in making the excise (abkari) revenue second only to the land revenue as a source of Government income. Initially, it is the towns, especially the two cities of Nainital and Musoorie, with their European population and surrounding cantonments with their European troops, which were the centres of liquor sale and consumption. Soon the drinking habit spread to all those who came into contact with the

Europeans and then gradually engulfed the villages. All this, as also the deleterious impact on the social and cultural life of the people, has been deftly brought—out by Dr. Pande.

This latter aspect has been unfortunately usually neglected by most historians who have therefore been also not able to understand the popular resentment against the colonial and post-colonial policy of rising high revenues through the sale of liquor. Dr. Pande has redressed the balance in a very subtle manner.

Dr. Pande has also traced the rise of opposition to the colonial excise policy. Despite its remoteness, the intelligentia of Kumaon, especially of the Almora region, was quick in joining the mainstream nationalism. Already in the 1890s, the Almora Akhbar supported and propogated all the Major nationalist demands. It also criticised the efforts to promote the consumption of liquor in Kumaon and other parts of the country. The home rule league was also active in Kumaon, and its local branches also took of the agitation against liquor and intoxicating drugs like Opium, Bhang, Charas and Ganja. Ofcourse as in the rest of the country this agitation reached mass proportion during the non-cooperation and civil disobedience movements. Dr. Pande has not only traced this popular opposition to the colonial excise policy at length, but he has also shown the sporadic character of antiliquor agitation and therefore its limited impact.

In three very valuable appendices, Dr. Pande has traced the excise policy of the U. P. Government after independence as also the popular protest against it. He has shown it driven by the lure of increasing revenue, the post-independence Governments continued the colonial policy of increasing liquor consumption.

All in all, Dr. Pande has made a distinct contribution to an important aspect of the history of Kumaon as also the history of India. His work would, I am sure, find a place on the shelves of any decent liberary in our country.

—Bipin Chandra
Centre for Historical Studies
J. N. U., New Delhi

आमुख

'शराब के उत्पादन में जो श्रम जाता है
वह नितांत अनुत्पादक है।
यह समाज की सम्पत्ति में कुछ नहीं जोड़ता।'

—एडम स्मिथ
'वेल्थ ऑफ नेशन'

यह पुस्तक मूलत: कुमाऊँ विश्वविद्यालय की डॉक्टरेट उपाधि के लिए प्रस्तुत किया गया शोध ग्रंथ है। इस अध्ययन में औपनिवेशिक आबकारी नीति, व्यवस्था और तंत्र के समग्र अध्ययन-विश्लेषण की कोशिश की गई है।

पिछले कुछ दशकों से उत्तराखंड में अनेक सामाजिक-राजनैतिक आंदोलनों की गूंज सुनाई दे रही है। यह चाहे 'चिपको' के रूप में उठा वन-आंदोलन हो या 'पृथकवर्ती राज्य आंदोलन' या फिर नशे के खिलाफ उठा 'नशा नहीं, रोजगार दो आंदोलन'। हर विषय सामाजिक तनाव और असंतोष को प्रगट कर रहा है। इधर उत्तराखंड में सरकार ने एक बार फिर नशीले पदार्थों (शराब आदि) से प्रतिबंध हटाकर इनके खुले व्यापार की घोषणा कर दी है। फलत: नशे के विरोध में अंकुर फूटने लगे हैं। यह स्वाभाविक भी है। देखा जाए तो नशे के तंत्र या कि आबकारी की अतिव्यापारिकता ने एक बड़ी सीमा तक न केवल स्थानीय सामाजिक, सांस्कृतिक व आर्थिक परिवेश को ही ध्वस्त किया है वरन् राजनैतिक परिवेश को भी इस प्रदूषण की चरम सीमा तक पहुँचा दिया है। इन स्थितियों में आबकारी नीति और तंत्र को गम्भीरता और गहराई के साथ समझना आज ज्यादा प्रासंगिक और महत्त्वपूर्ण हो गया है। इन सबके लिए यह आवश्यक है कि उक्त व्यवस्था के ऐतिहासिक विकासक्रम की जांच-पड़ताल की जाए। इससे न केवल उस अतीत के स्वरूप, संगठन तथा चरित्र को समझने-विश्लेषित करने में सहयोग मिलेगा जो उस समाज का वर्तमान था,

वरन् वर्तमान व्यवस्था से उसके अंतर्सम्बन्ध व विकास की विभिन्न अवस्थाओं तथा आज उभर रहे अंतर्विरोधों को भी समझने में आसानी होगी ।

वस्तुतः नशीले पदार्थों के व्यापारिक दोहन या दूसरे शब्दों में कहें तो वाणिज्यीकरण की शुरुआत तत्कालीन कुमाऊँ में भी अन्य क्षेत्रों की तरह औपनिवेशिक विस्तार के साथ ही दिखती है । चूंकि उपनिवेशवाद का मूल आधार आर्थिक शोषण है, अतः औपनिवेशिक शक्तियों ने जहाँ एक ओर अपने हित साधन के लिए निचला ढाँचा (Infra structure) खड़ा किया, विभिन्न अर्थस्रोतों पर नियंत्रण स्थापित किया, वहीं अनेक नए स्रोत भी विकसित किए ताकि एक ऐसी अर्थनीतिक व्यवस्था विकसित हो सके जो उनकी बढ़ती पूँजी-वादी आवश्यकताओं की पूर्ति कर सके । इन्हीं नए आर्थिक स्रोतों व नीति का एक हिस्सा थी 'आबकारी नीति' जो सम्पूर्ण औपनिवेशिक काल में एक संग-ठित नीति और तंत्र के रूप में विकसित होती चली गई । विशेषतः इन दुर्गम व दूरस्थ क्षेत्रों में भू-राजस्व, भूमि प्रबंध, वाणिज्य व्यापार, प्राकृतिक सम्पदा के दोहन के साथ-साथ नशीले पदार्थ भी पहली बार औपनिवेशिक आय का स्रोत बने । उन्नीसवीं शताब्दी के आरम्भ में कम्पनी प्रशासन के माध्यम से सामान्य व्यवस्था के रूप में शुरू हुई नशीले पदार्थों के उत्पादन तथा व्यापार की कोशिशें यद्यपि कम्पनी के काल में व्यवस्थित व संगठित रूप न पा सकी थीं, लेकिन इस सदी के उत्तरार्द्ध में इन शक्तियों के सीधे हस्तक्षेप के बाद आबकारी नीति और प्रशासनिक व्यवस्था का असाधारण विकास हुआ जो बीसवीं सदी के आरम्भिक चार दशकों में अपने जटिलतम स्वरूप में पहुँचा । इस अध्ययन में ब्रिटिश कुमाऊँ में औपनिवेशिक आबकारी नीति तथा प्रशासन के विकास की इन विभिन्न अवस्थाओं के विश्लेषण के साथ-साथ तत्कालीन समाज में नशीले पदार्थों के प्रचार-प्रसार, नशे के सामाजिक-आर्थिक प्रभावों, परिणामों और राष्ट्रीय आंदोलन के दौर में इसके विरोध में उठी जनचेतना व प्रतिकार को भी समझने का प्रयास किया गया है । यहाँ पर यह उल्लेख करना उचित होगा कि इस अध्ययन में ब्रिटिश व्यवस्था के गुण-दोषों के बजाय आबकारी के बहाने उपनिवेशवाद को उसकी समग्रता में उक्त युग की गति और प्रकृति के साथ समझने की चेष्टा की गई है, क्योंकि नशे और उससे जुड़े आबकारी तंत्र जैसे गम्भीर विषय के अध्ययन से, औपनिवेशिक देश की सरकार, औपनि-वेशीकरण में उसकी भूमिका को तो सरलता से समझा जा ही सकता है, साथ ही आजादी के बाद कदाचित उसी मॉडल को ज्यादा सुव्यवस्थित ढंग से लागू करनेवाली स्वतंत्र देश की सरकार के स्वरूप व चरित्र को भी ।

इस पुस्तक में अध्ययन की शुरुआत ब्रिटिश कुमाऊँ (वर्तमान में पिथौरा-गढ़, अल्मोड़ा, नैनीताल, पौड़ी तथा चमोली जिले) के भौगोलिक, सामाजिक,

राजनैतिक व्यक्तित्व के परिचय से की गई है ताकि अपने में विशिष्ट सामाजिक, सांस्कृतिक संरचना वाले इस क्षेत्र के विभिन्न आयामों के प्रति स्पष्ट दृष्टि विकसित हो सके। इसके अन्य विभिन्न आयामों में, नशीले पदार्थों की तत्कालीन समाज में मान्यता, नशे के प्रचलन तथा व्यावसायिक स्वरूप का ऐतिहासिक संदर्भ में विवेचन, ईस्ट इंडिया कम्पनी काल में कुमाऊँ में नशीले पदार्थों को राजस्व-स्रोत के रूप में उभारे जाने व इस व्यवस्था के विकास के विविध चरणों को विश्लेषित करने के साथ-साथ औपनिवेशिक शक्तियों द्वारा सीधे शासन के हस्तक्षेप के पश्चात् आबकारी नीति तथा प्रशासन में लाए गए परिवर्तनों व इस व्यवस्था के स्वरूप को संगठित तथा और अधिक बेहतर बनाए जाने हेतु जारी कोशिशों का समग्र अध्ययन किया गया है।

राष्ट्रीय आंदोलन के दौर में आबकारी प्रणालियों, नीति तथा प्रशासन में लाए गए परिवर्तनों के साथ-साथ इसके विरोध में उठे जन-प्रतिरोधों व प्रतिक्रिया स्वरूप आबकारी प्रशासन द्वारा उठाए गए कदमों की अलग अध्याय में समीक्षा की गई है।

अंतिम अध्याय में कुमाऊँ में औपनिवेशिक शासन के आरम्भ के साथ उभरे आबकारी प्रशासन तंत्र के क्रमिक विकास की विभिन्न अवस्थाओं व इस तंत्र के स्वरूप को समझने का प्रयास किया गया है। परिशिष्टों के अंतर्गत औपनिवेशिक शासन-समाप्ति के पश्चात आबकारी के स्वरूप, उसके विरुद्ध उठे नशा विरोधी आंदोलनों तथा नशे के सामाजिक-आर्थिक प्रभावों को सामने लाने का प्रयास किया गया है। परिशिष्ट में उच्च न्यायालय इलाहाबाद द्वारा नशीले पेयों के विरुद्ध 1986 में दिए गए एक महत्त्वपूर्ण निर्णय को भी सम्मिलित किया गया है।

यहाँ पर यह भी उल्लेख करना चाहूँगा कि समाज को परोक्ष रूप से आर्थिक विपन्नता की ओर धकेलने वाली, राजकीय आय के प्रमुख स्रोत के रूप में उभरी यह प्रशासनिक व्यवस्था अभी तक सम्पूर्ण अध्ययन का विषय नहीं बन सकी थी। प्रो० धर्म कुमार, सव्यसाची भट्टाचार्य जैसे आर्थिक इतिहास के विशेषज्ञों ने भी अपने अध्ययनों में इतने महत्त्वपूर्ण विषय का केवल छुटपुट प्रसंगों के रूप में कुछ पंक्तियों में ही उल्लेख किया है। आशा है, आबकारी नीति तथा प्रशासन के समग्र अध्ययन की दृष्टि से यह प्रथम प्रयास होगा।

इस शोध कार्य के दौरान मैं इतनी सरकारी तथा गैर सरकारी संस्थाओं और व्यक्तियों के सम्पर्कों से लाभान्वित हुआ कि उनके प्रति अलग-अलग आभार प्रकट करना असम्भव है, तथापि कुछ लोगों व संस्थाओं का उल्लेख करना उचित होगा।

सर्वप्रथम मैं डा० शेखर पाठक का हार्दिक आभार प्रकट करता हूँ जिनकी

प्रेरणा व स्नेहिल निर्देशन से यह कार्य सम्पन्न हो सका। साथ ही मैं भारतीय इतिहास अनुसंधान परिषद, नई दिल्ली का भी आभारी हूँ, जहाँ से मिली फैलोशिप के कारण यह कार्य सरलता से किया जा सका।

मैं राष्ट्रीय [अभिलेखागार नई दिल्ली, उत्तर प्रदेश राज्य अभिलेखागार लखनऊ, महाराष्ट्र राज्य अभिलेखागार बंबई, क्षेत्रीय अभिलेखागार—नैनीताल, देहरादून तथा इलाहाबाद, उ० प्र० आबकारी आयुक्त पुस्तकालय व रिकॉर्ड रूम इलाहाबाद, नेहरू स्मारक संग्रहालय एवं पुस्तकालय दिल्ली, रजिस्ट्रार जनरल आफ इंडिया आफिस लाइब्रेरी दिल्ली, कुमाऊँ कमिश्नरी पुस्तकालय व रिकॉर्ड रूम नैनीताल, दुर्गासाह म्यूनिसिपल लाइब्रेरी नैनीताल, इंगलिश रिकार्ड रूम अलमोड़ा तथा केंद्रीय व डी० एस० बी० परिसर पुस्तकालय, कुमाऊँ विश्वविद्यालय नैनीताल का आभारी हूँ जहाँ मुझे अध्ययन करने का अवसर मिला तथा दुर्लभ जानकारियाँ, शोध सामग्री और पुस्तकें प्राप्त हुई।

मैं श्री धर्मानन्द पांडे, शक्ति साप्ताहिक, श्री गणेशदत्त जोशी, श्री यमुना दत्त वैष्णव 'अशोक' का भी हृदय से आभारी हूँ जिनके व्यक्तिगत संग्रह से मुझे स्थानीय समाचार पत्रों, आबकारी दस्तावेज़ों, दुर्लभ पुस्तकों व अन्य सम्बन्धित सामग्री के अध्ययन का अवसर मिला।

इस विषय पर सुझावों व सहयोग के लिए मैं अपने विभागाध्यक्ष डा० अजय रावत, विभागीय सहयोगियों, उत्तराखंड विकास सचिव श्री आर० एस० टोलिया, आबकारी उपायुक्त श्री आर० एस० त्रिपाठी, प्रो० विशम्भरनाथ उपाध्याय, कुलपति कानपुर विश्वविद्यालय, प्रो० विपिनचन्द्र, प्रो० लालबहादुर वर्मा, श्री विकाजी तारापोरवाला (एडवोकेट, सुप्रीम कोर्ट), श्री पी० सी० पांडे, उपनिदेशक जनगणना भारत सरकार, डा० मदनचंद्र भट्ट, डा० जे० सी० जोशी तथा अपने पूज्य पिताजी का हार्दिक आभार प्रकट करता हूँ।

शोध-सामग्री के संकलन में सहयोग हेतु भाई पुष्पेशजी, यू०डी० डा०संध्या नागर, डॉ० अमर सिंह, श्री शीतल प्रसाद श्रीवास्तव व जन नाट्य मंच के मित्र प्रदीप व दिनेश तथा ग्राफ लेखाचित्र व मानचित्रों में मदद हेतु श्री टी०सी० उप्रेती, श्री बी० एस० मेहता तथा श्री संजय कुमार सिंह का आभारी हूँ। पांडुलिपि के टंकण के लिए श्री कमलकांत पाठक जी के प्रति आभार स्वाभाविक ही है।

अंत में इस पुस्तक के प्रकाशन हेतु धन देने के लिए पुन: भारतीय इतिहास अनुसंधान परिषद और प्रकाशन की जिम्मेदारी लेने के लिए राधाकृष्ण प्रकाशन के प्रति आभार व्यक्त करता हूँ, वरना यह पुस्तक आपके हाथों तक न पहुँचती।

इतिहास विभाग —**गिरिजा पांडे**

कुमाऊँ विश्वविद्यालय, नैनीताल-263002

अनुक्रम

1. कुमाऊँ—एक परिचय 15
2. कुमाऊँ में कम्पनी प्रशासन और प्रारम्भिक
आबकारी नीति (1815-1857) 25
3. कुमाऊँ में आबकारी नीति का स्वरूप (1858-1909) 49
4. कुमाऊँ में आबकारी नीति का स्वरूप (1910-47) 89
5. आबकारी प्रशासन तंत्र का स्वरूप 138
निष्कर्ष 156
परिशिष्ट
1. स्वातंत्र्योत्तर आबकारी नीति 161
2. कुमाऊँ में नशा-विरोधी आंदोलन 170
3. कुमाऊँ में नशे के सामाजिक-आर्थिक प्रभाव 183
4. नशीली औषधियों के विरुद्ध 1986 में
उच्च न्यायालय, इलाहाबाद, द्वारा दिया गया निर्णय 187
विशिष्ट तिथिक्रम 213
संदर्भ सामग्री 216
अनुक्रमणिका 225

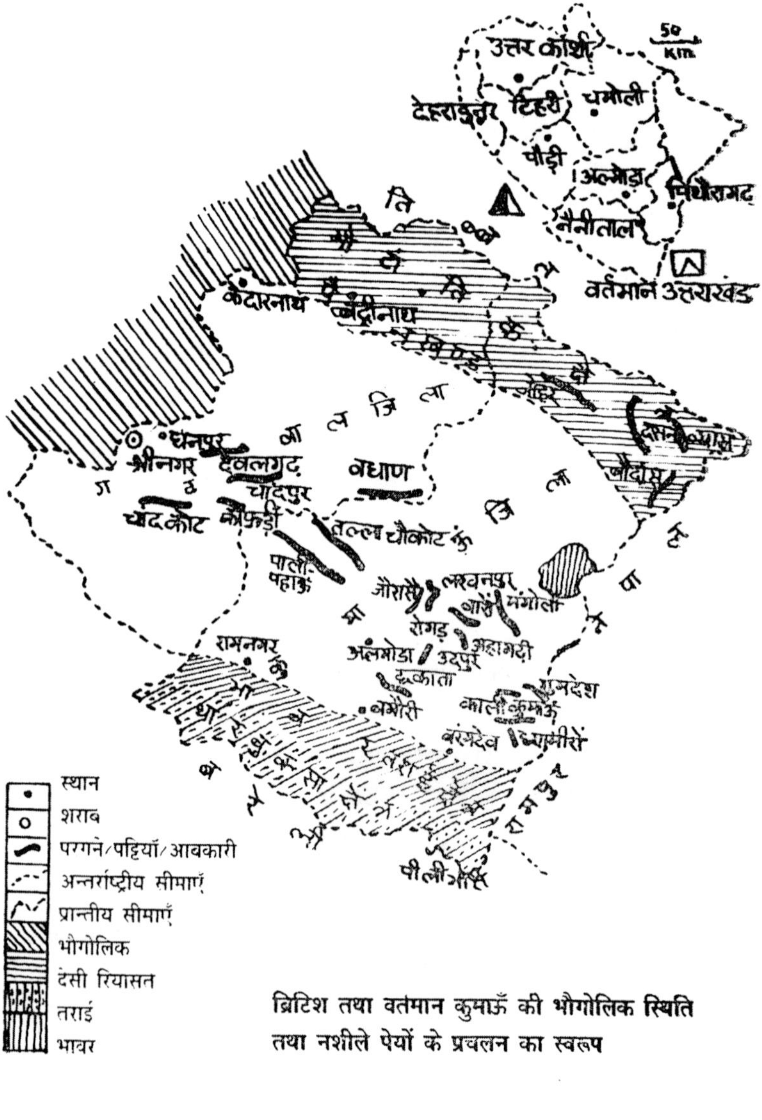

ब्रिटिश तथा वर्तमान कुमाऊँ की भौगोलिक स्थिति
तथा नशीले पेयों के प्रचलन का स्वरूप

एक

कुमाऊँ—एक परिचय

ब्रिटिशकालीन कुमाऊँ उत्तर प्रदेश के वर्तमान पर्वतीय जिलों पिथौरागढ़, अल्मोड़ा, नैनीताल, चमोली, पौड़ी का संयुक्त रूप था। आज इनमें से प्रथम तीन जिले कुमाऊँ मंडल और शेष दो गढ़वाल मंडल के अंतर्गत आते हैं। पुराण में कुमाऊँ तथा गढ़वाल क्षेत्रों का कूर्मांचल व केदार खंड के नामों से उल्लेख मिलता है। भौगोलिक दृष्टि से अलग प्राकृतिक खंड के रूप में पूर्व में काली, पश्चिम में टोंस-पावर नदियों, दक्षिण में गंगा के मैदान के उत्तरी छोर (तराई भाबर) और उत्तर में उच्च हिमालय तक फैला हुआ यह क्षेत्र आज उत्तराखंड (वर्तमान आठ जिले) के नाम से जाना जाता है। औपनिवेशिक काल में यह क्षेत्र ब्रिटिश कुमाऊँ (जिला अल्मोड़ा, नैनीताल व गढ़वाल), टिहरी रियासत तथा मेरठ कमिश्नरी से जुड़े जिले देहरादून में बँटा था। तथापि भौगोलिक, ऐतिहासिक व सांस्कृतिक दृष्टि से यह क्षेत्र एक सम्पूर्ण व स्वतंत्र इकाई रहा है।

भौगोलिक संरचना की दृष्टि से कुमाऊँ का अधिकांश भाग पहाड़ी क्षेत्र है।[1] गंगा के मैदान को बनाने वाली नदियाँ गंगा से लेकर काली तक इस क्षेत्र के महा हिमालयी शिखरों से निकलकर आगे बढ़ती हैं। लघु हिमालय से निकलने वाली नदियाँ भी इस क्षेत्र से गुजरती हैं। कुमाऊँ के अधिकांश उपजाऊ क्षेत्र किसी-न-किसी नदी या उसकी सहायक धाराओं से जुड़े रहे हैं। साथ ही अनेक प्राचीन सांस्कृतिक, राजनैतिक और आर्थिक केंद्र नदियों के किनारे ही विकसित हुए हैं। कुमाऊँ का बहुल समाज कृषि से जुड़ा रहा है परंतु भोटांतिकों में कृषि नाममात्र की है। इन उच्च हिमालयी क्षेत्रों में भेड़-पालन, जड़ी-बूटी तथा ऊनी उद्योग अर्थोपार्जन के मुख्य साधन हैं। इस प्रकार स्थानीय समाज के लिए कृषि सम्पूर्ण साधन न होकर भी महत्त्वपूर्ण रही है। स्थानीय भूगोल ने यहाँ के निवा-

सियों की मानसिक, शारीरिक संरचना को अपने अनुरूप ढाला है। जहाँ एक ओर इस क्षेत्र का भौगोलिक परिवेश सर्वाधिक सुंदर व आकर्षक है, वहीं दूसरी ओर मानव-जीवन विषम भौगोलिक संरचना के कारण अत्यधिक कठिन और संघर्षमय रहा है। आर्थिक शोषण की विभिन्न प्रक्रियाओं के विकास में कुमाऊँ की भौगोलिक संरचना ने अपनी महत्त्वपूर्ण भूमिका निभाई है। संचार साधनों के अभाव में यद्यपि यह क्षेत्र औपनिवेशिक काल में तथाकथित विकास का लाभ नहीं उठा सका लेकिन प्राकृतिक सम्पदा के प्रचुर दोहन, सामाजिक, आर्थिक परिवर्तन की लहरें इस क्षेत्र में तेजी से फैलती चली गईं।

विशिष्ट भौगोलिक संरचना के कारण कुमाऊँ में सामाजिक, ऐतिहासिक प्रक्रियाएँ शेष भारतीय समाज से भिन्न रही हैं। यह क्षेत्र आरम्भ से ही जन-जातियों, जातियों का आश्रय स्थल रहा है। यदि कुमाऊँ के सामाजिक ढाँचे का मानवशास्त्रीय अध्ययन करें तो यह स्पष्ट होता है कि कोल, मुंड, किरात, मंगोल, खस, शक, द्रविड़, आर्य, हूण आदि कितनी ही जनजातियाँ इस समाज का अंग बन अपना स्वतंत्र अस्तित्व समाप्त कर चुकी हैं। सिंधु घाटी की सभ्यता से पूर्व कोल जाति जिसे मुंड नृवंश से जोड़ा जाता है, यहाँ की आरम्भिक जाति थी।[2] परंतु द्रविड़ों के आक्रमणों के कारण पलायन कर यह जाति दक्षिण के पठारों या वनों की ओर विस्थापित हो गई थी।[3] किरातों के आक्रमणों के कारण कोल जाति को उच्च हिमालयी भोटांतिकों की ओर विस्थापित होने को बाध्य होना पड़ा।[4] परंतु यह जाति इन क्षेत्रों में स्थायी रूप से व्यवस्थित न हो सकी और खसों के पश्चिमी हिमालय से आगमन के परिणामस्वरूप इन्हें दूरस्थ व दुर्गम क्षेत्रों को अपना आश्रयस्थल बनाना पड़ा। भाषिक परम्पराओं के आधार पर भी यह कहा जा सकता है कि इन विभिन्न जनजातियों के आगमन से पूर्व यह क्षेत्र कोल जाति की शरणस्थली था। कुमाऊँ की वर्तमान शिल्पकार जाति मूलतः कोल वंशज है। यह जाति एक लम्बे समय तक कालांतर में आए खसों की दास जाति बनी रही।[5] उत्तर भारत के विभिन्न भागों में खसों के साथ दास जाति भी अवश्य मिलती है।[6]

अनेक ऐतिहासिक, साहित्यिक व भाषाशास्त्रीय प्रमाणों से विदित होता है कि सशक्त पशुचारक किरातों के इस क्षत्र में आगमन से कोल जाति को दूरस्थ क्षेत्रों की ओर विस्थापित होना पड़ा था।[7] इन क्षेत्रों में किरातों के प्रसार के बाद उत्तर-पश्चिमी हिमालयी भागों से खस जाति का भारत में आगमन हुआ।[8] बेबीलोन, एशिया माइनर, अफगानिस्तान व ईरान जैसे सुदूरवर्ती क्षेत्र से संघर्ष करती आई यह जाति प्रकारांतर में उत्तर-पूर्वी भारत तक फैल गई थी।[9] सशक्त खसों के सम्मुख किरात नहीं टिक सके और उन्हें उच्च भोटांतिक या तराई भाबर में शरण लेनी पड़ी थी।[10] खस प्रभाव से मुक्त क्षेत्रों में

आज भी इन जातियों की परम्पराओं, रीति-रिवाजों को देखा जा सकता है। पलायन के इस दौर में किरातों ने कमोबेश आक्रान्ताओं की भाषा को भी अपनाया। साथ ही अनेक किरात समूह तिब्बती भाषा अपनाने को भी बाध्य हुए। इसी क्रम में चीनी-तिब्बती जातियों का भी किरातों से सम्पर्क हुआ।[11]

इस कालावधि में अपनी सशक्त सत्ता स्थापित करने वाले खसों ने एशिया, यूरोप और अफ्रीका में विशाल साम्राज्य स्थापित किए थे। इस जाति का मूल स्थान कैस्पियन सागर के तटीय क्षेत्रों में बताया जाता है।[12] कालांतर में हिमालय के दक्षिणी भागों की ओर भी इसका विस्तार हुआ। यह माना जाता है कि पर्वतीय क्षेत्रों में बसी 90 प्रतिशत आबादी खस जाति की ही वंशज है।[13] यह एक रोचक प्रसंग है कि जाति-व्यवस्था को स्वीकार न करने वाले खसों को इस क्षेत्र में ब्राह्मणों व राजपूतों के आगमन व सम्पर्क के कारण अंततः इस व्यवस्था को स्वीकार करना पड़ा।

ईसा पूर्व पहली सदी में एक अन्य जाति जो शक कहलाई, का भारतीय प्रदेशों की ओर आगमन हुआ।[14] प्राचीन अभिलेख इस बात के प्रमाण हैं कि कुमाऊँ में भी इस जाति का प्रसार हुआ था।[15] अनेक मानवशास्त्री खसों और शकों को एक ही जाति की दो शाखाओं के रूप में स्वीकार करते हैं।[16] कुमाऊँ में जहाँ एक ओर अनेक देवी-देवताओं की परिकल्पना की परम्परा खस व्यवस्था की द्योतक है वहीं सूर्य मंदिर व मूर्तियाँ शक परम्परा को उजागर करती हैं।[17] विभिन्न तथ्यों के आधार पर यह सम्भावना व्यक्त की जा रही है कि हिमालयी क्षेत्रों में आर्यों के आगमन से पूर्व द्रविड़ों का प्रभाव रहा।[18] आर्यों के आगमन के बाद द्रविड़ों को या तो दक्षिण को जाना पड़ा या आर्यों का दास बनना पड़ा। दूसरी ओर काल्डवैल का मानना है कि आर्यों व द्रविड़ों के मध्य सम्बन्ध शांतिपूर्ण और सामान्य रहे थे[19] और द्रविड़ों को पराजित करने वाली जाति उत्तर भारत में आई शिथियन जाति थी।[20] ऐसा प्रतीत होता है कि अनेक क्षेत्रों में द्रविड़ आर्यों से अधिक उन्नत थे। फलतः अनेक बार आर्यों द्वारा खड़े किए गए सामाजिक-सांस्कृतिक ढाँचे की बुनियाद में द्रविड़ तत्त्व को स्वीकार किया गया है। इन समस्त जातियों के अतिरिक्त अन्य अनेक जातियाँ इस पर्वतीय क्षेत्र को अपनी शरणस्थली बनाती गईं और यहाँ की संस्कृति में धीरे-धीरे समाहित होती चली गईं। गुप्त तथा राजपूत काल में भारत के अनेक क्षेत्रों से लोगों का उत्तराखंड में आगमन प्रारम्भ हुआ जो मुस्लिम शासन की स्थापना और विकास के साथ-साथ बढ़ता चला गया। इस दौर में अनेक जातिगत समाज यहाँ आए और समन्वय की नई प्रक्रिया को स्वीकार करने को बाध्य हुए।

आधुनिक कुमाऊँ की विभिन्न जातियाँ सामाजिक वर्गीकरण की दृष्टि से

तीन वर्गों का प्रतिनिधित्व करती हैं—

1. ब्राह्मण,
2. राजपूत,
3. शिल्पकार।

ये वर्ग भी प्रकारांतर में सामाजिक मान्यताओं-परम्पराओं के आधार पर अनेक उपवर्गों में विभाजित होते चले गए।

आठवीं सदी के दौर में कुमाऊँ व गढ़वाल में आए अनेक ब्राह्मण[21] इस समाज के श्रेष्ठ कहलाए। इन्हीं में से अनेक लोगों ने तत्कालीन शासन-व्यवस्था में उच्च पदों को प्राप्त किया था। समाज में अपेक्षाकृत कम मान्यता प्राप्त ब्राह्मणों का वर्ग या तो खसों में फैला या मिली-जुली जातियों के रूप में। ब्राह्मणों की भाँति क्षत्रियों में भी सामाजिक प्रतिष्ठा, मान्यता व सम्मान के आधार पर दो शाखाएँ उभरीं।[22] प्रथम श्रेणी में वे क्षत्रिय हैं जो बाहर से आए, जबकि दूसरी श्रेणी यहाँ की मूल जातियों से विकसित हुई। औपनिवेशिक काल में शिल्पकार कहलाने वाली जाति मूलतः सतत शोषित डोम जाति थी। यह जाति भी अनेक वर्गों व उपवर्गों में विभाजित है। उन्नीसवीं शताब्दी में यदि कुमाऊँ की इन विभिन्न जातियों की आंकिकीय अनुपात की प्रतिशतता का विवेचन करें तो यह स्पष्ट होता है कि जातीय वर्गीकरण के आधार पर इस सदी के मध्य तक कुमाऊँ में 3 प्रतिशत बाहर से आए ब्राह्मण (भल बामण), 22 प्रतिशत खस ब्राह्मण, 11 प्रतिशत ठाकुर राजपूत, 29 प्रतिशत खसिया जमींदार, 23 प्रतिशत शिल्पकार व 12 प्रतिशत अन्य जातियाँ थीं।[23]

डबराल ने इन हिमालयी क्षेत्रों में आई जातियों या शासकों द्वारा किए गए शासन का विस्तृत विवेचन व वर्णन किया है।[24] फिर भी इन विभिन्न जातियों/शासकों की कालावधि का स्पष्ट उल्लेख नहीं मिलता है। उत्तराखंड में बौद्ध विचारधारा, प्रतीकों, शिलालेखों, शंकराचार्य के आगमन से यह स्पष्ट होता है कि यहाँ भी बौद्ध धर्म का प्रसार हुआ था, लेकिन ये तथ्य इस क्षेत्र में किसी बौद्ध मतावलम्बी शासक की स्थिति को स्पष्ट नहीं करते हैं।[25] हर्षवर्धन के काल में आए चीनी यात्री युवान च्वाङ् के विवरणों में तत्कालीन उत्तराखंड के अनेक विवरण मिलते हैं।[26]

पढेला (देवप्रयाग) व तालेश्वर से मिले अभिलेखों में पाँच पौरव शासकों व आदि वर्म्मन, कल्याण वर्म्मन, आदित्य वर्म्मन, करक वर्म्मन आदि शासकों द्वारा कुमाऊँ गढ़वाल के विभिन्न भागों में शासन करने के संकेत मिलते हैं।[27] आठवीं सदी के तिब्बती शासकों के आक्रमणों के समय जब यहाँ पौरव नरेशों का शासन था, कश्मीर नरेश व पांचाल नरेश ने इस क्षेत्र को बाह्य आक्रमणों से बचाया था।[28] उक्त तथ्यों से यह प्रतीत होता है कि तब यह

हिमालयी प्रदेश पांचाल नरेश यशोवर्म्मन (725-752 ई०) की अधीनता में कत्यूरी शासक असंतन या वसंतन द्वारा शासित किया जा रहा था। कालांतर में आपसी संघर्ष व अंततः यशोवर्म्मन की पराजय के कारण सम्भवतः कत्यूरियों ने अपनी स्वतंत्र सत्ता स्थापित कर ली होगी।[29] हालाँकि कत्यूरियों के आगमन व मूल स्थान की जानकारी उपलब्ध नहीं हो सकी है लेकिन विभिन्न ऐतिहासिक साक्ष्यों से यह प्रतीत होता है कि कुमाऊँ में कत्यूरी राजवंश आठवीं सदी से ग्यारहवीं सदी तक लगभग 300 वर्षों तक बना रहा था। यह उल्लेखनीय है कि आरम्भ में कुमाऊँ गढ़वाल में एकाधिकार स्थापित करने वाला यह राजवंश प्रकारान्तर में राजनैतिक, आर्थिक परिस्थितियों, दबावों, आपसी फूट व संघर्ष के कारण विभाजित होता चला गया। अपने चरमोत्कर्ष के समय यह राजवंश हिमालय से रुहेलखण्ड व सतलज से गंडकी तक फैल चुका था।[30]

अटकिंसन लिखता है कि शंकर के उत्तराखंड में आगमन के समय जोशीमठ कत्यूरी शासन का केंद्र था[31] वहीं दूसरी ओर पांडे ने इस राजवंश की शासनावधि को 2500 ई० पू० से 700 ई०[32] और राहुल सांकृत्यायन ने 850 ई० से 1050 ई० तक माना है।[33] कत्यूरी शासकों ने कई शताब्दियों तक नेपाल तथा डोटी के क्षेत्रों को भी अपने अधिकार क्षेत्र में रखा था।

तेरहवीं शताब्दी में कत्यूरी राजवंश के बिखराव के फलस्वरूप डोटी, पाली पछाऊँ तथा असकोट में अनेक कत्यूरी स्वतंत्र इकाइयाँ स्थापित हुई थीं। यह उल्लेखनीय है कि 1191 ई० में अशोकचल्ल और 1223 ई० में क्राचल्लदेव के आक्रमणों के साथ ही इस राजवंश के पतन की प्रक्रियाएँ आरम्भ हो चुकी थीं। वस्तुतः इन आक्रमणों के साथ ही नेपाली शासक ने इन क्षेत्रों को अपने अधिकार में ले लिया था। क्राचल्लदेव के बाद एक बार पुनः कत्यूरियों को अल्प समय के लिए अपना शासन स्थापित करने में सफलता मिली थी, लेकिन यह क्षेत्र छोटी-छोटी राजनैतिक इकाइयों में बँट चुका था। राजनैतिक वातावरण में आए इन परिवर्तनों के परिणामस्वरूप उत्तराखंड में जो तीन इकाइयाँ उभरीं, ये थीं—सिरमौर, गढ़वाल और कुमाऊँ। इस समय तक गढ़वाल 52 या 64 गढ़ों[34] व कुमाऊँ अनेक मांडलीकों में विभाजित हो चुका था।[35] लेकिन कुमाऊँ व गढ़वाल में उभरे ये मांडलीक कत्यूरवंशी ही थे।[36]

अस्थिरता के इस राजनैतिक माहौल के पश्चात् कुमाऊँ तथा गढ़वाल में दो प्रसिद्ध राजवंशों का शासन चला। ये राजवंश कुमाऊँ में चंदवंश व गढ़वाल में गढ़राज वंश के नाम से प्रसिद्ध हुए थे। यद्यपि इन वंशों के संस्थापकों के विषय में ऐतिहासिक प्रमाण नहीं मिलते हैं फिर भी सोमचंद व कनकपाल के इन वंशों के संस्थापक होने के सम्बन्ध में अनेक मिथक प्रचलित हैं। यह भी उल्लेखनीय है कि इन स्थानीय शासकों के साम्राज्य-विस्तार की प्रक्रियाएँ भी

भिन्न रही हैं। जहाँ एक ओर चंदों का राज्य राजबुंगी चम्पावत गढ़ी से विकसित होकर सम्पूर्ण कुमाऊँ में फैला था वहीं गढ़राज वंश चाँदपुर गढ़ी से सम्पूर्ण गढ़वाल में। चंदवंश के तथाकथित संस्थापक सोमचंद से अंतिम शासक महेंद्र चंद (1788-1790 ई०) तक कुल 61 व गढ़राज वंश में कनकपाल से मानवेंद्र शाह तक 56 शासकों ने शासन किया था। सोलहवीं शताब्दी में अजयपाल के शासनकाल में गढ़वाल में विभिन्न गढ़ियों के एकीकरण की प्रक्रिया भी आरम्भ हुई। साथ ही राजधानियाँ भी स्थानांतरित हुईं। परिणामत: पहले देवलगढ़ व अतंत: श्रीनगर को राजधानी बनाया गया था। एकीकरण का यह क्रम हालाँकि कुमाऊँ में भारतीचंद (1437-1450) के काल में आरम्भ हुआ था, लेकिन राजधानी को चम्पावत से अल्मोड़ा लाने का कार्य बाद में बालो कल्याण चंद द्वारा 1563 में किया गया था।[37] यह एक रोचक पक्ष है कि कुमाऊँ व गढ़वाल के इन चंदवंशीय शासकों के बीच निरंतर आपसी संघर्ष बना रहा।[38] अठाहरवीं शताब्दी के अंतिम दशकों में तो गढ़वाल राजकुमार प्रद्युम्न शाह ने प्रद्युम्न चंद बनकर कुमाऊँ में भी शासन किया, लेकिन यह प्रक्रिया बाह्य आक्रमणों के समय दोनों राजवंशों के मध्य एकता का प्रतीक व प्रयास थी।[39]

तत्कालीन राजतन्त्रीय व्यवस्थाओं में यहाँ की अर्थव्यवस्था मूलत: राजतंत्रीय कराधान प्रणाली पर आधारित थी। गढ़राज वंश में जहाँ सामान्य करों के साथ-साथ स्यूंदी, सुप्पा, चूल्हाकर, बितकर, हड़कर, हलकर, गजकर, सौणीकर, मुंडकर, भागु आदि नये कर राज्य की आय का स्रोत बने थे[40], वहीं चंदों ने उक्त करों के साथ-साथ घीकर, गाइ चराई[41], कटक कर, झूलिया, खीणी-खपीणी, कमीनचारी, सयाणचारी, साहू, रतगली[42], गड़ेली, पीटली, नाट, नटाली, घोडियालो, कुकरालो, मुकड़िया, बाजनियाँ[43] आदि करों को भी प्रचलित किया था। इन शासकों की कर-प्रणाली से यह स्पष्ट होता है कि अनेक शोषक उत्पीड़क कर लगाए जाने के बाद भी मादक पदार्थ इस प्रक्रिया के अंतर्गत नहीं लाग गए थे। 1790 ई० में कुमाऊँ में व 1804 में गढ़वाल में गोरखा आक्रमणों के फलस्वरूप आधिपत्य के साथ ही चंद वंश का पूर्ण व गढ़वाल के पवार वंश का अल्प अवधि के लिए शासन समाप्त हो गया था। यह नव स्थापित शासन लगभग एक-चौथाई सदी तक (गढ़वाल में केवल 12 साल) रहा। सैनिक सामंत शाही स्थापित करने वाले गोरखा शासक कुमाऊँ व गढ़वाल में अपना आधिपत्य इतनी सरलता से इसलिए नहीं कर सके कि वे शक्तिशाली थे बल्कि इसका मुख्य कारण पूर्ववर्ती सत्ता के अंतर्द्वंद्व, राजकर्मचारियों की आपसी फूट व अस्थिर राजनैतिक वातावरण, इनके आगमन व सरलता से सत्ता हथियाने के कारण बने। यह आश्चर्यजनक तथ्य है कि कुमाऊँ में तो इन शासकों का प्रतिरोध भी नहीं हुआ।[44]

गोरखों की अर्थव्यवस्था का आधार चंदों व परमारों के समय से चली आ रही व्यवस्थाओं से कुछ भिन्न था। इस दौर में अनेक नये कर अर्थ-प्रणाली के आधार बने। पुंगाड़ी, सलामी, मौकर, घरही, परही, पगड़ी, माँग, सुवांगी, घीकर, मिझारी, टांडकर, सोन्या फालगुन, बुंगाही, वक्ष्यात, जन्या सुजन्या, रहता, मरो, बहता, कुराही आदि भी नव स्थापित करों के साथ-साथ अन्य सामान्य करों का अस्तित्व भी बना रहा।[45] अपनी निरंकुशता, अर्थव्यवस्था व अमानुषिक आर्थिक शोषण के कारण गोरखा शासन अधिक समय तक नहीं टिक सका।

1815 ई० में ब्रिटिश उपनिवेशवाद इस दूरस्थ दुर्गम क्षेत्र में एक नई शासन शैली व व्यवस्था के रूप में आया और यह व्यवस्था स्वतंत्र भारत की स्थापना तक चलती रही। 1815 ई० में कुमाऊँ व गढ़वाल में औपनिवेशिक प्रशासन बाह्य तौर पर बंगाल प्रेसीडेंसी से सम्बद्ध था फिर भी यह क्षेत्र रेगुलेशन के अधीन नहीं लाया गया था। ऐसे क्षेत्र गैर आयनी प्रदेश कहे गए।[46] 1815 ई० से 1838 ई० तक कुमाऊँ कमिश्नरी एक जिले के रूप में थी। 1839 में ब्रिटिश गढ़वाल और कुमाऊँ दो जिले बनाये गए।[47] 1842 ई० में तराई नाम से तीसरा जिला भी बनाया गया[48] और 1891 ई० में यह सम्पूर्ण क्षेत्र अल्मोड़ा, नैनीताल व गढ़वाल जिलों में विभक्त कर दिया गया था।[49] इसी क्रम में तराई जिले को भी नैनीताल प्रशासनिक इकाई में मिला लिया गया था।

इस पूरे दौर में कमिश्नर, प्रशासन का सबसे शक्तिशाली अधिकारी बना रहा। गैर आयनी क्षेत्र का कमिश्नर होने के कारण गवर्नर जनरल के प्रतिनिधि के रूप में उसकी स्थिति अन्य कमिश्नरों से भिन्न थी।[50] यह 1925 तक बना रहा। 1925 में ब्रिटिश सरकार द्वारा क्षेत्र को सामान्य जिले का दर्जा दिये जाने के साथ ही ये विशेषाधिकार भी समाप्त हो गए।

ब्रिटिश आधिपत्य से 1947 तक कुमाऊँ में लगभग 23 कमिश्नर रहे। इनमें से ट्रेल (1815-1836 ई०), बैटन (1848-1856 ई०), रामजे (1856-1884 ई०), विढंम (1913-1924 ई०) का प्रशासन काल उल्लेखनीय रहा। रामजे हेनरी के बाद कमिश्नर अधिक शक्तिशाली नहीं रहे और स्वतंत्रता आंदोलन के दौर में धीरे-धीरे कमिश्नरों की स्थितियाँ बदलती व कमजोर होती चली गईं। यह उल्लेखनीय है कि 1947 में औपनिवेशिक शासकों के यहाँ से चले जाने के बाद भी शासन-व्यवस्था, शैली, विभिन्न प्रणालियों का स्वरूप बहुत ज्यादा नहीं बदल सका।

संदर्भ

1. बेरमैन—द हिंदूज आफ हिमालय, पृ० 10

2. पाठक, शेखर—उत्तराखंड में कुली बेगार प्रथा, पृ० 5
3. ग्रियर्सन, जे०ए०—लिंग्विस्टिक सर्वे आफ इण्डिया, भाग-1, पृ० 32
4. डबराल, शिवप्रसाद—उ० रा० सा० इतिहास, भाग-1, पृ० 84-85
5. उक्त
एटकिंसन, उक्त ई० टी०—हिमालयन गजेटियर, वा० 3, पार्ट-II, पृ० 443-448, वा० 2, पार्ट-I, पृ० 370-171
6. उक्त
7. रैप्सन—कैम्ब्रिज हिस्ट्री आफ इंडिया, पृ० 1-35
उपाध्याय, भगवतशरण—इंडिया इन कालिदास, पृ० 95
ग्रियर्सन, जे० ए०—लिंग्विस्टिक सर्वे आफ इंडिया, भाग-I, पृ० 44-45
8. राहुल—कुमाऊँ, पृ० 20
9. विल्वर—ईरान पास्ट एंड प्रेजेंट, पृ० 18
हान्ना—कल्चर एंड कुल्वर रेस ओरिजन्स, पृ० 90
डबराल, शिवप्रसाद—उ० रा० सा० इतिहास, भाग-1, पृ० 99
एशियाटिक रिसर्चेज—वाल्यूम 6, पृ० 455
10. पाठक, शेखर—उत्तराखंड में कुली बेगार प्रथा, पृ० 5
11. राहुल सांकृत्यायन—मध्य एशिया का इतिहास, भाग-1, पृ० 79
12. घृसमैन—ईरान, पृ० 65
13. एटकिंसन, ई० टी०—हिमालयन गजेटियर
14. उपाध्याय, भगवतशरण—गुप्तकाल का सांस्कृतिक इतिहास एक, पृ० 17
15. पाठक, शेखर—उत्तराखंड में कुली बेगार प्रथा, पृ० 6
16. राहुल—गढ़वाल, पृ० 58
17. डबराल, शिवप्रसाद—उ० रा० सा० इतिहास, भाग-2, पृ० 206
18. डबराल, शिवप्रसाद—उ० रा० सा० इतिहास, भाग-1, पृ० 129
19. पाठक, शेखर—उत्तराखंड में कुली बेगार प्रथा, पृ० 7
20. उक्त
21. गुहा, एस० वी०—रेसियल ऐलीमेंट्स इन द पौपुलेशन, पृ० 144
22. सनवाल—सोशल स्ट्रेटीफिकेशन इन रूरल कुमाऊँ, पृ० 38
23. पाठक, शेखर—कुमाऊँनी सोसाइटी थ्रू ऐजेज (लेख)
कुमाऊँ लैण्ड एण्ड पीपुल, पृ० 105
24. डबराल, शिवप्रसाद—उ० रा० सा० इतिहास, भाग-3
25. राहुल, सांकृत्यायन—गढ़वाल, पृ० 278
पर्वतीय इतिहास परिषद की शोध पत्रिका, प्रथम अंक, पृ० 15-17
उपाध्याय, बल्देव—श्री शंकराचार्य, पृ० 51-52

26. शेखर, पाठक—उत्तराखंड में कुली बेगार प्रथा, पृ० 9
27. डबराल, शिवप्रसाद—उ० रा० सा० इतिहास, भाग-3, पृ० 406
28. उक्त—पृ० 425
29. उक्त—पृ० 428
30. एटकिंसन, ई० टी०—हिमालयन गजेटियर
31. उक्त
32. पांडे, बद्रीदत्त—कुमाऊँ का इतिहास, पृ० 184
33. सांकृत्यायन, राहुल—कुमाऊँ, पृ० 37
34. रतूड़ी, नरेंद्र—गढ़वाल का इतिहास, पृ० 323-330
35. पांडे, बद्रीदत्त—कुमाऊँ का इतिहास, पृ० 221
36. पाठक, शेखर—उत्तरखंड में कुली बेगार प्रथा, पृ० 11
37. एटकिंसन, ई० टी०—हिमालयन गजेटियर, भाग-2, पृ० 540
38. पाठक, शेखर—उत्तरखंड में कुली बेगार प्रथा, पृ० 13
39. उक्त
40. उक्त—पृ० 33
41. पांडे, बद्रीदत्त—कुमाऊँ का इतिहास, पृ० 372
42. पांडे, बद्रीदत्त—कुमाऊँ का इतिहास, पृ० 370
43. उक्त
44. पाठक, शेखर—उत्तराखंड में कुली बेगार प्रथा, पृ० 13
45. पांडे, बद्रीदत्त—कुमाऊँ का इतिहास, पृ० 425
पौ— गढ़वाल सेटलमेंट रिपोर्ट, पृ० 54
पाठक, शेखर—उत्तराखंड में कुली बेगार प्रथा, पृ० 38
46. जहीर एंड गुप्ता— दि ऑर्गनाइजेशन आफ दि गवर्नमेंट आफ उत्तर प्रदेश, पृ० 715
47. गढ़वाल गजट, पृ० 2
48. पांडे, बद्रीदत्त—कुमाऊँ का इतिहास, पृ० 546
49. राहुल—कुमाऊँ, पृ० 123
50. देवर, डगलस—ए हैंडबुक टु दि इंगलिश प्रीम्यूटिनी रिकर्ड्स इन द गवर्नमेंट आफ दि यू० पी० आफ आगरा एंड अवध, पृ० 454

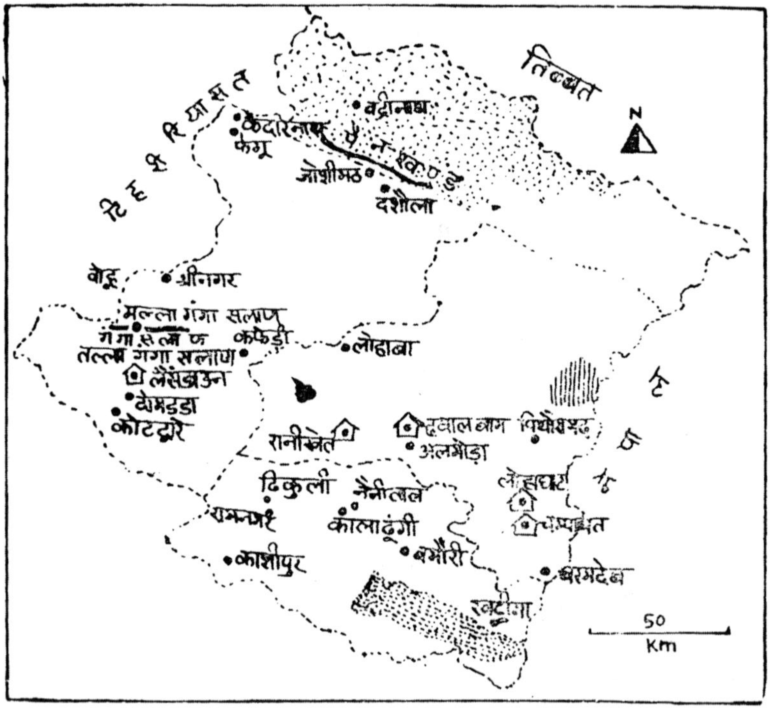

देसी रियासत
स्थान
सैनिक छावनियाँ
आबकारी पेय (शराब)
नशीली औषधियाँ (भाँग आदि)
पट्टियाँ (आबकारी ईकाइयाँ)
नशीले पेयों के परम्परागत प्रचलन क्षेत्र (शौका, थारु, बोक्सा)

कम्पनी काल में आबकारी केन्द्रों की स्थिति

दो

कुमाऊँ में कम्पनी प्रशासन और प्रारम्भिक आबकारी नीति

(1815-1851 ई०)

कृषि-प्रधान देश होने के कारण प्राचीन काल से वर्तमान तक भू-राजस्व प्रशासन भारतीय शासन-व्यवस्था का मुख्य आधार रहा। परंतु भू-राजस्व/प्रणालियों के अतिरिक्त, सामाजिक-आर्थिक व्यवस्थाओं में लगातार हो रहे परिवर्तनों, क्रमिक विकास के साथ-साथ प्रकारांतर में अनेक नई अर्थ-व्यवस्थाएँ व प्रणालियाँ राज्य की आय के स्रोत के रूप में उभरीं। औपनिवेशिक सत्ता के आधिपत्य से पूर्व भारतीय अर्थ-प्रणाली में सीमा शुल्क, अंतर्देशीय व्यापार एवं वाणिज्य आदि विभिन्न स्रोत आय के साधन बन चुके थे। इसी क्रम में यदि मादक वस्तुओं के व्यापार तथा कराधान का अध्ययन करें तो यह तथ्य सामने आता है कि समाज में प्रचलन के आरम्भिक दौर में आय के गौण स्रोत के रूप में उभरे ये पदार्थ 18वीं शताब्दी में औपनिवेशिक सत्ता के महत्त्वपूर्ण राजस्व-स्रोत बने। यह एक रोचक तथ्य है कि नशीले पदार्थों का मानव-सभ्यता से सीधा सम्बन्ध रहा है और यह कहा जा सकता है कि मानव-सभ्यता का इतिहास मादक पदार्थों के इतिहास से कदाचित् कुछ ही पुराना है। वास्तव में विभिन्न कबीलाई समाजों से विकसित विश्व-संस्कृतियों तक में नशे के प्रचलन के अनेक उदाहरण मिलते हैं, तथापि नशा लम्बे अंतराल तक राजकीय दबाव से मुक्त रहा।

नशा तथा आबकारी—ऐतिहासिक संदर्भ

भारतीय समाज में भी कम-अधिक रूप में मादक पदार्थों का प्रचलन प्राचीन काल से ही चला आया है।[1] वैदिक युग में सुरामद्य-मदिरा के प्रयोग के अनेक विवरण मिलते हैं। तंत्र शास्त्र में मदिरा के सेवन को अनिवार्य माना गया। लेकिन उसमें यह साधना का हिस्सा थी। भोग-विलास वश नहीं। आनंद का

कारण होने से उसे 'कारण' भी कहा गया। यहाँ पर यह उल्लेख करना उचित होगा कि तंत्रों में अन्य नशीले पदार्थों को समर्थन नहीं था। इस समाज में नशीले पेयों का उत्पादन विशिष्ट मंत्रोच्चारण के साथ किया जाता था।[2] गौड़ी, पैष्टी (चावल की), माध्वी (महुए की) आदि के अतिरिक्त पानस, द्राक्ष, माधूक, खाजूरे, ताल, ऐक्षत, मधूल्य, सैर, मैरेय, नालिकेरज, सुरा आदि मादक पेय इस काल में प्रचलित थे।[3] इन पदार्थों के सेवन के लिए कोई जातीय बंधन नहीं थे। ब्राह्मण, क्षत्रिय, वैश्य, शूद्र सभी मादक पेयों का सेवन करते थे तथापि यह प्रचलन मुख्यतः विशिष्ट अवसरों तक ही सीमित था। यह उल्लेखनीय है कि जातीय प्रतिबंध न होने के बावजूद भी इनका श्रेणीनुसार वर्गीकरण किया गया था। जहाँ उत्तम किस्म की शराब—'मज्जदानम' ब्राह्मणों द्वारा प्रयोग में लाई जाती थी, वहीं तीव्र व निम्न सुरा अन्य जातियों द्वारा प्रयोग में लाई जाती थी।[4] अश्वघोष में स्त्रियों द्वारा भी नशीले पेयों के प्रयोग के विवरण मिलते हैं। स्थानीय उत्पादनों के अतिरिक्त नशीले पेय आयात भी किए जाते थे।[5] मादक पदार्थों का यह प्रचलन महाकाव्यकाल तक बना रहा। नशे के विभिन्न घटकों के समाज में प्रचलन के बाद भी यह वाणिज्यिक स्वरूप न ले सका।

5वीं शताब्दी ई० पू० में बौद्ध धर्म के उद्भव के साथ ही नशीले पेयों के प्रसार को आघात पहुँचा। बौद्ध विचारधारा ने इसके प्रचलन को रोकने में सार्थक भूमिका निभाई।[6]

मौर्य-गुप्त काल में नशीले पेयों का प्रचलन अपेक्षाकृत कम व प्रतिबंधित हो चुका था। सम्भवतः यह प्रतिबंध नशे के दुष्परिणामों को देखते हुए लगाया गया था। वास्तव में नशे के प्रयोग को अब कुछ हेय दृष्टि से देखा जाने लगा था।[7] धर्मग्रथों में भी नशे पर प्रतिबंध के अनेक प्रसंग मिलते हैं।[8] कालांतर में यह प्रक्रिया और विस्तृत होती चली गई। उच्च जातियों—विशेष रूप से ब्राह्मणों—में मादक पदार्थों के प्रयोग को पूर्णतः प्रतिबंधित कर दिया था।[9] वास्तव में इस काल में मादक पदार्थ मुख्यतः निम्न जातियों में ही प्रचलन में रहे।[10] कहने तात्पर्य यह नहीं कि शेष समाज इससे पूर्णतः मुक्त था वरन् कदाचित् इसका अवैध व्यापार व प्रयोग अभी तक बना हुआ था, लेकिन ये प्रक्रियाएँ विशिष्ट अवसरों पर ही देखी जा सकती थीं। यह उल्लेखनीय है कि इसी दौर में पहली बार मादक पेयों को राज्य की आय का स्रोत बनाया गया था। फलस्वरूप शराब आदि के व्यापार पर राजकीय नियन्त्रण स्थापित कर राजस्व प्राप्त किया गया।[11] परंतु यह व्यवस्था अधिक लम्बे समय तक नहीं बनी रह सकी।

यद्यपि नशीले पदार्थों के प्रचलन के कुछ उदाहरण प्राचीन भारतीय समाज

में मिलते हैं तथापि न तो अधिकांश लोगों द्वारा इसे अपनाया गया और न ही इसके व्यापार हेतु राजकीय नियंत्रण के साथ-साथ कोई विशिष्ट कराधान प्रणाली ही विकसित हो पायी।

मध्यकाल में नशीले पदार्थों का प्रचार व प्रसार अपेक्षाकृत तेजी से हुआ। शासकों से लेकर समाज के विभिन्न वर्गों में यह प्रसार देखा जा सकता था। इस काल में शराब के साथ-साथ नशे के अनेक अन्य परिष्कृत व व्यापक रूप अफीम, चरस, भाँग आदि भी समाज में प्रचलित हुए। यद्यपि अफीम का व्यापार औषधि प्रयोग के लिए पूर्वी देशों में, मुस्लिम शासन के आरम्भ से बहुत पहले से चला आ रहा था।[12] यह व्यापार भारत के माध्यम से इन देशों तक फैला हुआ था।[13] फिर भी अफीम नशे का रूप न ले सकी। तत्कालीन समाज में अफीम के इस प्रचलन के संदर्भ में कहा जा सकता है कि यह एशिया में अभी नया था।[14]

सातवीं शताब्दी में अरब में इस्लाम के प्रारम्भ के साथ ही इस्लाम का तेजी से सीरिया, मिस्र तथा फारस में विस्तार हुआ। साथ ही नशे का प्रचलन भी समानांतर क्रम में विकसित होता चला गया। इस्लाम के प्रसार के दौर में नशे के इन विभिन्न विकल्पों के प्रचार व प्रसार का मुख्य कारण धार्मिक प्रतिबंध थे। इस्लाम, जो कि शराब आदि के प्रयोग को पूर्णत: अवैध ठहराता था, के कारण इसका फैलाव व प्रचलन असम्भव था। अत: विकल्प के रूप में अन्य घटकों का प्रचलन स्वाभाविक था। ग्यारहवीं शताब्दी में मुस्लिम आक्रमणों तथा विजय के साथ ही लगभग सम्पूर्ण उत्तरी भारत मुस्लिम आधिपत्य में आ चुका था। इस नई सभ्यता के आगमन के साथ ही नशे के विविध रूप समाज में अपनी जड़ें जमाते चले गए।[15] 16वीं शताब्दी में आए पुर्तगालियों के विवरणों से भी यह तथ्य सामने आते हैं कि इस समय तक नशीले पदार्थों में राज्य के नियंत्रण को प्रत्यक्षत: स्थापित नहीं किया गया था। हालांकि इजारेदारों, जमींदारों, जागीरदारों, ताल्लुकेदारों के माध्यम से नशीले पदार्थों से कर लिये जाने की व्यवस्थाएँ प्रचलन में थीं।[16] फिर भी न तो ये कर अधिक थे और न ही इनकी वसूली हेतु कोई विशिष्ट व्यवस्था थी। कोई आबकारी नीति भी इस उद्देश्य से इस दौर में लागू नहीं की गई थी। वास्तव में इन करों का स्वरूप अप्रत्यक्ष था, परंतु नशीले पदार्थ जहाँ एक ओर सामाजिक आर्थिक स्थितियों को प्रभावित करने लगे थे वहीं दूसरी ओर शोषण की एक नई पद्धति का मार्ग भी विकसित होता जा रहा था।

मादक पदार्थों के समाज में प्रचलन तथा राज्य की आय के उभरते स्रोत के संदर्भ में यदि कुमाऊँनी सामाजिक-आर्थिक ढांचे का अध्ययन करें तो यह स्पष्ट होता है कि यद्यपि सामाजिक विकास की प्रक्रियाएँ कुमाऊँ में भी वही

थीं जो शेष भारत में थीं परंतु अपनी विशिष्ट भौगोलिक संरचना के कारण इस दूरस्थ व दुर्गम क्षेत्र में सामाजिक-आर्थिक परिवर्तनों के अनेक पहलुओं में रूपांतरण देखने को मिलता है। यह एक उल्लेखनीय तथ्य है कि जहाँ एक ओर नशा अनेक भारतीय समाजों व राज्यों के साथ लम्बे समय से जुड़ चुका था वहीं दूसरी ओर कुमाऊँ तथा स्थानीय शासन इस प्रचलन तथा प्रथा से बचा हुआ था। कहने का तात्पर्य यह नहीं कि कुमाऊँ में नशीले पदार्थों का प्रचलन नहीं था या दूसरे शब्दों में यह समाज नशीले पदार्थों से सर्वथा मुक्त था वरन् यह प्रचलन स्थानीय निम्न जातियों (शिल्पकार/डोम) में कदाचित् देखा जा सकता था।[17] परंतु अधिसंख्य स्थानीय उच्चवर्ग विशेषत: ब्राह्मण व वैश्य वर्ग में इसे हेय व अस्पृश्य समझा जाता था[18] वहीं दूसरी ओर गढ़वाल के लिए स्थितियाँ कुछ भिन्न थीं। कुछ ब्राह्मण जातियों को छोड़ इस क्षेत्र की अधिकांश आबादी चावल या जौ से बनी शराब का प्रयोग करती थी। हिंदू कलवारों द्वारा बनाए गए नशीले पदार्थ प्रयोग में लाए जाते थे।[19] स्थानीय समाज में फिर भी नशीले पदार्थों का प्रचलन सामान्यत: नहीं था।[20] बल्कि कुछ विशेष अवसरों, त्योहारों पर ही इसका सेवन किया जाता था। एटकिन्सन ने तत्कालीन समाज में नशे पर टिप्पणी करते हुए लिखा था—"यह देखा गया है कि किसी सार्वजनिक मेले या दीपावली, जो हिंदुओं का विशेष त्योहार है, को छोड़ लोग नशे की हालत में नहीं देखे जा सकते हैं।"[21] नशीले पदार्थों के प्रचलन के संदर्भ में स्थानीय जनजातियों के सामाजिक प्रतिमान शेष स्थानीय समाज से अलग थे। वास्तव में उच्च भोटांतिकों में रह रही भोटिया जाति-जनजाति या तराई के इलाकों में रहने वाली थारू-बोक्सा जनजातियों में मादक पदार्थों का प्रचलन परम्परागत था।[22] अनेक बार इस प्रचलन को प्रतिकूल जलवायु के दृष्टिकोण से उचित भी कहा गया था।[23] यह एक रोचक तथ्य है कि थारू जनजातियों में बच्चे के जन्म पर माँ तथा शिशु को मंत्रोच्चार के साथ शराब से स्नान करवाया जाता था।[24] विवाहोत्सव (अपना-पराया) पर भोज में मदिरा दिया जाना सामान्य था।[25]

उच्च हिमालय के भोटांतिकों में भी नशीले पदार्थों की संस्कृति लगभग यही थी। नवयुवक व युवतियों का उत्सव 'रंग-बंग' पूर्णत: मादक पेयों से जुड़ा था। अविवाहित युवक-युवतियाँ रात्रि में शराब पीकर यह उत्सव मनाते थे। यह क्रम पूरी रात चलता था।[26] ये जातियाँ अपने प्रयोग हेतु नशीले पेय स्वयं निर्मित करती थीं।[27] आसवित शराब 'दारू' व अन्य चकती, छंग आदि भोटांतिकों में प्रचलित थी।[28] तराई के थारू-बोक्साओं द्वारा चावल या जौ से मादक पेय बनाए जाते थे।[29] आज भी इन जनजातियों में अनेक सामाजिक परिवर्तनों के बावजूद संस्कृति-परम्परा व मादकता के इस अंतर्सम्बन्ध को

स्पष्टतः देखा जा सकता है। परंतु नशीले पदार्थ इन जनजातियों में न ही दुर्व्यसन का रूप ले सके और न ही इन समाजों में नशीले पेयों के प्रचलन से कोई विकृतियाँ ही आईं।[30]

स्थानीय समाज में नशीले पेयों के छिट-पुट व जनजातियों में पारम्परिक प्रचलन के होते हुए भी अधिकांश समाज नशे से पूर्णतः मुक्त था। यही कारण था कि अन्य भागों में नशीले पदार्थों के राजकीय नियंत्रण में आने के बाद भी इस क्षेत्र में नशे को स्थानीय प्रशासन के अधीन नहीं लाया जा सका। चंदों व परमारों के शासन में नशीले पदार्थों पर किसी भी तरह के 'कर' लिए जाने या नियंत्रण के विवरण नहीं मिलते हैं।[31]

1790 में चंदों, 1803-04 में परमारों की पराजय के साथ आगामी 25 वर्षों तक कुमाऊँ तथा 10 वर्षों तक गढ़वाल में गोरखा सैनिक सामंतशाही का आधिपत्य रहा। राजसत्ता का यह नया रूप पिछले एकतंत्रीय शासनों की अपेक्षा शक्तिशाली, सक्रिय हिंसक तथा अधिक शोषक भी था। गोरखों ने चंदों-परमारों के समय से चली आ रही शोषण-उत्पीड़न की सामान्य विधियों के साथ निरंतर नई शैलियाँ आरम्भ कीं। इस सामंती व्यवस्था का मुख्य आधार दासता के साथ-साथ कर-प्रणाली का अमानुषिक रूप था। वास्तव में यह शासन मूलतः सेना पर आधारित था अतः इस व्यवस्था को बनाए रखने हेतु अनेक कर लगाए गए थे। यह उल्लेखनीय है कि आर्थिक शोषण की इस व्यवस्था में पहली बार नशीले पेयों से कर लिया जाना प्रारम्भ हुआ।[32] अरक (शराब), अफीम गाँजा, भाँग, चरस आदि को स्थानीय प्रशासन की आय का स्रोत बनाया गया। लेकिन यह व्यवस्था केवल नगरों तक ही सीमित थी।[33] शेष पर्वतीय क्षेत्र में सम्भवतः इन पदार्थों के अपेक्षाकृत कम प्रचलन के कारण कर लिया जाना असम्भव रहा हो। गोरखा शासन के दौरान नशीले पदार्थों से लगभग 91 रु० प्रतिवर्ष कर के रूप में एकत्र किए जा सके।[34] वास्तव में गोरखों के 25 वर्षीय शासन को छोड़ ब्रिटिश आधिपत्य से पूर्व कुमाऊँ में मादक पदार्थ कभी राजस्व के स्रोत नहीं बन सके थे।

अंग्रेजों का आगमन और आबकारी

19वीं शताब्दी की शुरुआत के साथ ही भारतीय राजनैतिक व्यवस्था में अनेक परिवर्तन आए। फलस्वरूप सामाजिक-आर्थिक संरचना नये रूपों में विकसित होती चली गई। यूँ तो अंग्रेजों द्वारा भारत विजय के साथ ही राजनैतिक के साथ आर्थिक स्थिति में भी बदलाव आया, परन्तु इस औपनिवेशिक व्यवस्था के लिए यह कदाचित् संक्रमण का काल ही था। वास्तव में 18वीं सदी के अंतिम

दशकों में या अधिक उचित शब्दों में कहें तो उन्नीसवीं शताब्दी के आरम्भ के साथ ही साम्राज्यवादी शक्तियों के लिए विश्व के अन्य उपनिवेशों की भाँति भारत का भी औपनिवेशिक स्वरूप सामने आया। यद्यपि अंग्रेजों से पूर्व भी भारतीय सत्ता का स्वरूप साम्राज्यवादी था, परंतु निरंकुशता को बनाए रखना इसका उद्देश्य था। यही कारण था कि इस दौर में सामाजिक अर्थव्यवस्था मूलत: राजतंत्रीय ढांचे पर आधारित रही। आर्थिक परिवर्तन न होने का एक अन्य कारण विजेताओं का यहाँ बस जाना व स्थानीय आबादी से घुल-मिल जाना भी रहा। परंतु इसके विपरीत नवोदित औपनिवेशिक सत्ता, जो मूलत: वणिक प्रवृत्ति की थी, का उद्देश्य शासक मात्र बन जाना ही न था और न ही वे इससे संतुष्ट हो सकते थे। अत: इस वणिक चरित्र ने उन्हें अपने नव-स्थापित उपनिवेशों में न केवल बाजार स्थापित करने को प्रेरित किया वरन् पूँजीवादी विकास के उस पथ पर चलना आरम्भ कराया जो प्रकारांतर में भारतीय धन-दौलत की लूट पर केंद्रित हुए। औपनिवेशिक सत्ता ने शोषण की जिन विधियों तथा माध्यमों का इस्तेमाल किया वे कालांतर में राजकीय मुनाफे के महत्त्वपूर्ण स्रोत बने।

वस्तुत: ब्रिटिश शोषक तंत्र का संगठन क्रमिक रूप में विकसित हुआ। वास्तव में शुरुआती दौर में ईस्ट इण्डिया कम्पनी व्यापारिक स्वरूप लेकर ही उभरी। अत: इसके द्वारा कोई विशेष आर्थिक नीतियाँ नहीं अपनायी गयीं। लेकिन जब यह व्यापारिक कम्पनी वस्तुत: भारत की सरकार बन गई तो शोषण की अनेक प्रक्रियाओं के साथ-साथ प्रशासनिक ढाँचा भी बदलता चला गया। इसी दौर में कम्पनी द्वारा एक निश्चित राजस्व नीति का सूत्रपात हुआ। हालाँकि इसी क्रम में किसी नई राजस्व व्यवस्था का प्रारम्भ नहीं किया गया वरन् पहले से मौजूद व्यवस्थाओं में ही फेर-बदल कर उसे उपयुक्त बना लिया गया। परंतु कालांतर में पहली बार पूँजीवादी आर्थिक लाभ की इस धारा में अनेक नये स्रोत जुड़ते गए। इसी दौर में नशीले पदार्थों को भी राजकीय नियंत्रण में लाकर व्यवसायीकरण के साथ शोषण के एक नये तंत्र को जन्म दिया गया। यह तंत्र आबकारी प्रशासन कहलाया। औपनिवेशिक शासकों के आगमन से पूर्व भारतीय इतिहास में दृष्टि केंद्रित करें तो यह स्पष्ट होता है कि हालाँकि कभी-कभार नशा राज्य की आय का स्रोत बना व समाज में इसका प्रचलन रहा, लेकिन इस काल में औपनिवेशिक आबकारी तंत्र की भाँति न तो कोई व्यवस्था ही उभारी जा सकी और न ही मादक पदार्थ प्रत्यक्षत: कराधान प्रणाली के अंग बनाए गए। पहली बार ईस्ट इंडिया कम्पनी द्वारा अठारहवीं शताब्दी के अंतिम दशक में मादक पदार्थों को राजसत्ता के साथ जोड़ा गया। फलस्वरूप 1790 में ब्रिटिश भारत में आबकारी कानून व राजस्व व्यवस्था के रूप में एक नया

प्रशासनिक तंत्र उभरकर सामने आया।[35] यहाँ यह उल्लेख करना प्रासंगिक होगा कि इस दौर में नशीले पदार्थों का बढ़ता प्रचलन भी परिवर्तन की इन प्रक्रियाओं को त्वरा देने में सहायक रहा। ब्रिटिश सभ्यता व संस्कृति के फैलाव के साथ-साथ उपनिवेशों में नशीले पदार्थों का व्यापक प्रचार व प्रसार हुआ।[36] वस्तुतः इस समय तक प्रचलित मादक पदार्थ मुख्यतः शराब, बीयर, नशीली औषधियाँ आदि पाश्चात्य सभ्यता के अनिवार्य अंग बन गए थे जिन्हें यूरोपीय जलवायु के लिए उचित भी कहा जा रहा था। लेकिन वहीं दूसरी ओर सामूहिक रूप में भारतीय वातावरण में यह प्रचलन हानिकारक भी था। स्वयं यूरोपियनों ने इस बात को स्वीकार किया था कि इस जलवायु में मादक पदार्थों का प्रयोग हानिकारक है।[37] क्योंकि अनेक बार यहाँ इसके सेवन से इन लोगों को प्राण भी गँवाने पड़े थे।[38] भारतीय परिवेश में नशे के दुष्परिणामों को जानते हुए भी यह प्रचलन लगातार बढ़ता गया। इस यूरोपीय संस्कृति ने शीघ्र ही स्थानीय समाज को भी प्रभावित करना आरम्भ किया। फलतः अब भारतीय समाज भी इस ओर आकर्षित होने लगा था।[39] नशे की संस्कृति से सर्वप्रथम प्रभावित होने वाला भारतीय निम्न वर्ग (आर्थिक दृष्टि से) वस्तुतः अपनी कमजोर आर्थिक स्थितियों व प्रशासनिक दबावों के कारण यूरोपीय घरों में नौकरों, रसोइयों के रूप में कार्यरत था। इस स्थानीय समाज को अंग्रेज साहबों की संस्कृति, रहन-सहन, तौर-तरीकों ने आकर्षित किए रखा, फलस्वरूप रात्रि भोजों व अन्य अवसरों पर यह वर्ग भी लुक-छिपकर मादक पदार्थों का सेवन करने लगा।[40] कहने का तात्पर्य यह नहीं कि यह प्रक्रिया केवल इसी वर्ग तक सीमित थी वरन् अंग्रेजी शान-शौकत से तथाकथित प्रतिष्ठित वर्ग भी प्रभावित हुए बिना नहीं रह सका। स्थानीय समाज में नशीले पदार्थों के तेजी से प्रचलन तथा प्रसार का एक अन्य महत्त्वपूर्ण कारण सामाजिक तथा धार्मिक रीति-रिवाजों द्वारा स्थापित बंधन भी था जिसने एक लम्बे अंतराल तक समाज को इन पदार्थों से दूर रहने को बाध्य किया था।[41] लेकिन यह कहा जा सकता है कि यह ग्रामीण भारत का परिदृश्य न था। अभी भी अधिकांश भारतीय नशे से दूर व सचेत थे।[42] स्वयं एक अंग्रेज अधिकारी ने इस बात को स्वीकार किया कि "मैं ऐसी किसी भी बड़ी आबादी का उदाहरण नहीं जानता जिसमें इतने नैतिक मूल्य व गुण विद्यमान हैं जितने इस देश के रहने वालों में।"[43] लेकिन ये प्रतिबन्ध नशे की संस्कृति के अधीन अधिक समय तक नहीं टिक सके। फलस्वरूप इसका प्रसार व व्यापार लगातार बढ़ता चला गया। देशी समाज में नशीली वस्तुओं की खपत औपनिवेशिक सत्ता के लिए शुभ संकेत था। वास्तव में अन्य पूर्वी देशों में अफीम आदि नशीले पदार्थों के व्यापार से यूरोपियनों को लाभ हुआ। उसी से प्रेरित हो ब्रिटिश प्रशासन ने भारतीय उपनिवेश में

अधिकाधिक राजस्व हेतु नशीले पदार्थों के उत्पादन व व्यापार को अपने नियंत्रण में ले लिया।[44]

आरम्भिक दौर में आबकारी प्रशासन का संचालन ब्रिटेन में लागू आबकारी नीतियों के आधार पर ही किया गया।[45] परंतु लाभ की अधिकाधिक सम्भावनाओं ने शीघ्र ही इनके उत्पादन व व्यापार पर नियंत्रित इजारेदारी स्थापित कर दी। इस व्यवस्था के अधीन 19वीं शताब्दी के प्रथम दो दशकों तक सरकार को केवल आबकारी अफीम से ही 2 लाख स्टर्लिंग का लाभ हो चुका था।[46] भारतीय उपनिवेश में अर्थतंत्र से जुड़ी इस व्यवस्था में एक नया मोड़ 1813 के ईस्ट इंडिया कम्पनी के चार्टर के नवीनीकरण के साथ आया। अपनी अर्थव्यवस्था को सुदृढ़ बनाए रखने हेतु जहाँ एक ओर नये बाजार विकसित किए गए[47] वहीं देशी रियासतों, पर्वतीय क्षेत्रों को भी अपने अधिकार में लाने की प्रक्रियाएँ औपनिवेशिक शासन द्वारा आरम्भ की गईं।

इसी दशक में कुमाऊँ जैसे दूरस्थ, दुर्गम क्षेत्र की ओर भी औपनिवेशिक गतिविधियाँ बढ़ने लगीं। हिमालयी क्षेत्रों से व्यापार की सम्भावनाओं, प्राकृतिक सम्पदा के दोहन के लालच ने इस गतिशीलता को और भी त्वरा दी। हालाँकि औपनिवेशिक उद्देश्य इस क्षेत्र में आधिपत्य से पूर्व काशीपुर में विरोजा फैक्ट्री[48] लगाए जाने से ही स्पष्टत: परिलक्षित होने लगे थे, लेकिन तब इस उभरते शोषक तंत्र को स्थानीय समाज द्वारा समझने की कोशिश नहीं की गई थी। यह उल्लेखनीय है कि कुमाऊँ में भी मादक पदार्थों के व्यवसायीकरण के फलस्वरूप उभारी गई राजस्व संग्रह प्रक्रियाओं का सिलसिला शेष भारत या अन्य उपनिवेशों की भाँति ब्रिटिश आधिपत्य के साथ ही आरम्भ हुआ। कम्पनी सरकार के प्रतिनिधि रदरफोर्ड द्वारा कुमाऊँ में न केवल प्राकृतिक सम्पदा के दोहन का श्रीगणेश किया गया वरन् 'भाँग' आदि के उत्पादन को प्रोत्साहन के साथ-साथ गति प्रदान कर स्थानीय अर्थव्यवस्था को उत्प्रेरित कर लालच बढ़ाने का सफल प्रयास भी किया। कुमाऊँ में लखनपुर, दारौं, रोगड़, बौरारौ, चौबीसी, महरूर, उदयूर, गुमदेश, ध्यानीरौ, तल्ला चौकोट व गढ़वाल में बथांण, चांदकोट, चाँदपुर, धनपुर व देवलगढ़ आदि स्थानों में जहाँ भाँग, चरस का उत्पादन सम्भव था, कम्पनी प्रतिनिधि रदरफोर्ड ने ग्रामीणों को अग्रिम धनराशि देकर इसका उत्पादन करवाया था।[49] यूँ तो इन क्षेत्रों में भाँग का उत्पादन सामान्य (घरेलू) था, परन्तु यह नशीले उत्पादनों के लिए न होकर इसके रेशों द्वारा वस्त्र (भंगेले) के लिए किया जाता था।[50] वास्तव में इस समय तक भाँग के अन्य नशीले उत्पाद व्यापार का साधन नहीं बने थे।

यह उल्लेखनीय प्रसंग है कि अंग्रेजों द्वारा कुमाऊँ की अस्थिर राजनतिक-आर्थिक स्थिति का अनुमान लगाने व उससे लाभ उठाने में मादक पदार्थों के

व्यापार की अहम् भूमिका रही। वस्तुतः भाँग आदि के व्यापार से लाभ के आकर्षण ने इसके उत्पादन व व्यापार हेतु स्थानीय समाज को लगातार उत्प्रेरित किया।[51] इसका एक प्रमुख कारण तत्कालीन स्थानीय समाज की डावाँडोल आर्थिक स्थिति का होना भी था। वस्तुतः गोरखा सामंतशाही द्वारा किए गए अत्याचारों व लादे गए अमानुषिक करों से उत्पन्न दयनीय आर्थिक स्थिति में में जी रही जनता के लिए आर्थिक सहायता की आवश्यकता थी जिसे उन्होंने भाँग, चरस आदि के व्यापार के रूप में देखा और यह उन परिस्थितियों में स्वाभाविक भी था। हालाँकि इस व्यापार के पीछे अंग्रेजी सत्ता का उद्देश्य स्थानीय समाज की आर्थिक स्थिति को ऊपर उठाना न होकर अतिरिक्त लाभ कमाना था। कुमाऊँ में अंग्रेजों की इस व्यापारिक नीति का विश्लेषण करें तो इसका दोहरा स्वरूप स्पष्टतः उभरता है। जहाँ एक ओर यह व्यापार औपनिवेशिक वित्त-व्यवस्था को सुदृढ़ करता जा रहा था वहीं दूसरी ओर इस अस्थायी लाभ से प्रभावित जनता को स्थानीय गोरखा शासन के विरुद्ध भड़काने में भी इसकी महत्त्वपूर्ण भूमिका रही।[52] तत्कालीन स्थानीय कवि मौलाराम की कविताओं में इसकी स्पष्ट झलक मिलती है—

"चलते हैं सैल करते जो मुल्क में पराये,
सब राह निगह करते जो राज दबाये।
देखा जहाँ जो काढ़ दिया सबहि जो कढ़ाय,
सन् 'भंग' में देते हैं जो सन भराय।
सन 'भंग' के बहाने सब भेद लेते हैं,
दुश्मन के घर में ही जो भंग बोय देते हैं।"[53]

वास्तव में कृषक समुदाय के साथ ही इस व्यापार से लाभ उठा रहे अनेक स्थानीय प्रभावशाली व्यक्ति (कमीण, सयाणे) राजस्व विभाग के अनेक उच्च अधिकारी अप्रत्यक्षतः कम्पनी सरकार का पक्ष लेने लगे थे। स्वयं रदरफोर्ड ने गवर्नर जनरल को लिखे पत्रों में गुसाणा, श्रीनगर के उमेद सिंह, गलती लाल तथा इसी तरह सुतरथ, चांदकोट, राजसेरा आदि स्थानों के अनेक भाँग उत्पादकों को अपने पक्ष में लिए जाने का उल्लेख किया था।[54]

कम्पनी सरकार की यह नीति सफल रही। स्थानीय असन्तोष, अस्थिर राजनैतिक वातावरण व व्यापार के इस माध्यम ने महत्त्वाकांक्षी औपनिवेशिक सत्ता के लिए एक नया मार्ग प्रशस्त किया। फलस्वरूप 1815 में नेपाली सामंतशाही को समाप्त कर नई शासन-शैली ने कुमाऊँ में अपना आधिपत्य स्थापित किया।

कुमाऊँ में अपना अधिकार स्थापित कर लेने के साथ ही पहली बार हिमा-

लय क्षेत्र में औपनिवेशिक सत्ता का सामान्य प्रशासन आरम्भ हुआ ।[55] इसी क्रम में प्राकृतिक सम्पदाओं के दोहन, तिब्बत के दुर्गम क्षेत्रों से व्यापार, राजस्व लाभ हेतु भूमि बन्दोबस्तों की शुरुआत के साथ इस क्षेत्र में आबकारी प्रशासन का भी सूत्रपात किया गया ।

अपने पूर्ववर्ती शासकों के समय में प्राप्त किए गए आबकारी कर को देखते हुए भविष्य में इसके लाभकारी परिणामों की संभावना के कारण कमिश्नर ट्रेल ने शराब, चरस, अफीम, गाँजा आदि विभिन्न नशीले पदार्थों का उत्पादन एवं व्यापार राजकीय नियंत्रण में कर दिया ।[56] अंग्रेजी शासन के आरम्भिक वर्षों में इन क्षेत्रों में मादक पदार्थों की खपत या तो नहीं थी या बहुत ही कम थी । वस्तुतः कुछ निम्न वर्ग, स्थानीय जनजातियों को छोड़ शेष समाज द्वारा इसे अभी भी स्वीकार नहीं किया गया था । फलस्वरूप नशीले पदार्थों का व्यापार इस छोटे-से समुदाय के साथ-साथ यहाँ आकर बस रहे यूरोपियनों की माँग व पूर्ति के कारण विकसित हुआ । इस अल्प व्यापार व प्रचार के कारण प्रारम्भ में कम्पनी प्रशासन द्वारा आबकारी हेतु कोई निश्चित नियम या प्रणाली नहीं अपनायी गई । वरन् इस व्यापार हेतु अस्थायी तौर पर लाइसेंस दिए जाने की व्यवस्था की गई । इन लाइसेंसों का मूल्य 12 आना प्रतिदिन रखा गया ।[57] यह व्यवस्था सम्पूर्ण कुमाऊँ व गढ़वाल के लिए लागू की गई थी । यहाँ पर यह उल्लेख करना प्रासंगिक होगा कि इस नव-विजित प्रदेश में ब्रिटिश प्रशासन का स्वरूप अन्य प्रेसीडेंसियों से भिन्न था । कठिन भौगोलिक परिस्थितियों तथा विशिष्ट सामाजिक-सांस्कृतिक संरचना के कारण इस क्षेत्र में रेग्यूलेशन नियमों के अधीन प्रशासन चलाया जाना असम्भव था । अतः कुमाऊँ को 'गैर आयनी' घोषित कर दिया गया ।[58] स्थानीय परिस्थितियों के अनुसार प्रशासनिक प्रक्रियाओं में परिवर्तन के पूर्ण अधिकार कमिश्नर को दिए गए । वास्तव में वह इन क्षेत्रों में गवर्नर जनरल के सीधे प्रतिनिधि के रूप में नियुक्त था ।[59] यही कारण था कि अन्य प्रशासनिक नीतियों की भाँति आबकारी प्रशासन का स्वरूप भी स्थानीय स्थितियों को देखते हुए विकसित किया गया ।

नशीले पदार्थ और फार्मिंग व्यवस्था

औपनिवेशिक सत्ता के जम-जमाव के साथ ही नशीले पदार्थों की खपत बढ़ने लगी थी । कदाचित् नेपाल युद्ध के समय आई ब्रिटिश सेना के यहाँ रुक जाने से चम्पावत, लोहाघाट आदि क्षेत्र सैनिक छावनियों के रूप में विकसित होने लगे थे ।[60] इन छावनियों-पड़ावों में सैकड़ों की संख्या में सैनिक थे । सर्वे विभाग जो एक तरह से पहले ही आरम्भ हो चुका था अब विकसित तथा विस्तृत होने लगा था ।[61] इस आवागमन तथा छावनियों की स्थापना से नशे का प्रचलन

बढ़ा। अतः अधिकाधिक लाभ की आशा से अस्थायी व्यवस्था को समाप्त कर पूरे कुमाऊँ डिवीजन (तत्कालीन कुमाऊँ व गढ़वाल जिले) को एक फार्म के अंतर्गत रखकर आबकारी प्रशासन को विकसित किया गया।[62] इस प्रकार कुमाऊँ में भी आबकारी की फार्मिंग प्रणाली अस्तित्व में आई। कुमाऊँ में फार्मिंग प्रणाली का स्वरूप शेष ब्रिटिश प्रेसीडेंसियों में चल रही आवकारी प्रणालियों की ही भाँति था। इस प्रणाली में नशीले पदार्थों के उत्पादन व व्यापार की इकाइयों को फार्मों में बाँटा गया था। ये फार्म मूलतः सम्बन्धित प्रदेश के आबकारी व्यापार हेतु निर्धारित इलाके थे। इन फार्मों में उत्पादन तथा व्यापार हेतु नियुक्त व्यक्ति 'फार्मर' को शराब, अफीम, नशीली औषधियों के उत्पादन तथा बेचने का पूर्ण अधिकार था।[63] फार्मों तथा फार्मरों का निर्धारण नीलामी प्रणाली द्वारा किया जाता था। आबकारी फार्म की सबसे अधिक कीमत देने वाले व्यक्ति को एक निश्चित अवधि के लिए फार्म की संस्तुति की जाती थी।[64] सामान्यतः यह अवधि एक वर्ष निर्धारित की जाती थी। इस प्रकार इस व्यवस्था में औपनिवेशिक प्रशासन तथा फार्मरों का एकाधिकार स्थापित हुआ। कोई भी फार्मर अपने निर्धारित फार्म में कहीं भी शराब की भट्टी स्थापित कर सकता था। किसी भी तरह की शराब बना सकता था। आवकारी दुकानों को खोलने, बन्द करने तथा व्यापार की सीमा का भी कोई निर्धारण नहीं किया गया था। यह स्पष्ट था कि इन क्षेत्रों में नशे के व्यापार तथा प्रसार की खुली छूट देकर प्रत्यक्ष या अप्रत्यक्ष रूप से धन एकत्र करने का प्रयास इस आवकारी कानून द्वारा किया जाने लगा था। औपनिवेशिक आबकारी नीति इस क्षेत्र में इतनी लाभकारी सिद्ध हुई कि समस्त कुमाऊँ से 1820-21 में आबकारी राजस्व के रूप में 819 रु० प्राप्त हुआ।[65] जबकि पहले किसी राशि के प्राप्त होने का संदर्भ नहीं मिलता है। अतः कुमाऊँ में आबकारी प्रशासन को और अधिक विस्तृत व विकसित करने का प्रयत्न किया गया। यह उल्लेखनीय है कि आब-कारी नीति की विकास-प्रक्रिया सामान्य प्रशासन की अपेक्षा अधिक थी। 1822 में जबकि शेष प्रशासनिक ढाँचा पूर्ववत् रखा गया था, आबकारी प्रशासन तथा इकाइयों का पुनर्गठन किया गया। वस्तुतः नशीले पदार्थों के व्यापार के फैलाव के कारण प्रशासनिक वर्चस्व का विस्तार स्वाभाविक था। फलतः कुमाऊँ, जो अब तक एक फार्म द्वारा नियन्त्रित किया जा रहा था, को दो फार्मों में बाँटा गया। ये फार्म कुमाऊं तथा गढ़वाल थे।[66] हालाँकि नशीले पदार्थों का प्रचलन क्रमशः बढ़ता जा रहा था तथापि यह प्रसार स्थानीय आबादी के कारण न था। वास्तव में औपनिवेशिक आधिपत्य के साथ ही इस क्षेत्र में सैनिक आवागमन बढ़ने लगा था। लोहाघाट, चम्पावत, हवलबाग आदि स्थानों में सैनिक छाव-नियों की स्थापना की गई थी। इन सैनिक छावनियों में मुख्यतः यूरोपियन

सैनिक या अधिकारी ही थे। यूरोपीय आबादी के इस प्रसार के साथ-साथ यहाँ नशीले पदार्थों की खपत बढ़ी तथा इस प्रवृत्ति का फैलाव होता गया। ब्रिटिश सेना के अधिकांश सैनिक नशीले पेयों के आदी थे। अत: उक्त प्रक्रिया का उभरना स्वाभाविक था। नशीले पेय (लीकर) तथा नशीली औषधियों (ड्रग्स-चरस, भाँग) की बढ़ती माँग को देखते हुए 1827 तक केवल कुमाऊँ फार्म में शराब की 4 तथा अफीम, भाँग आदि के लिए क्रमश: 5 तथा 1 दुकान खोली जा चुकी थी।[67] नशीली औषधियों के उत्पादन तथा व्यापार हेतु भी फार्मिंग प्रणाली अपनायी गई थी लेकिन ये फार्म शराब के फार्मों से अलग थे। आबकारी प्रशासन द्वारा अफीम, जो इस क्षेत्र में सामान्य प्रचलन में न था, के व्यापार को भी बढ़ाने के प्रयास किए गए। स्थानीय विक्रेताओं को अफीम का व्यापार बढ़ाने के लिए निश्चित कमीशन दिए जाने की व्यवस्था की गई।[68] ताकि इसके लिए फार्मर स्वयं बाजार विकसित करने का प्रयास करें। लेकिन इस व्यवस्था में फार्मरों को अफीम की बिक्री का पूर्ण विवरण रखना अनिवार्य था। इस व्यवस्था के अंतर्गत आबकारी प्रशासन को नशीले पेयों से 50 रु० 7 आना तथा 2 पैसा, नशीली औषधियों से 11 रु० 0-14 पैसा प्रतिदिन आबकारी राजस्व मिलने लगा था।[69] बढ़ती सैनिक आबादी तथा प्रशासनिक प्रयासों के साथ-साथ

कुमाऊँ डिवीजन में आबकारी राजस्व का लेखाचित्र (1824-1840)

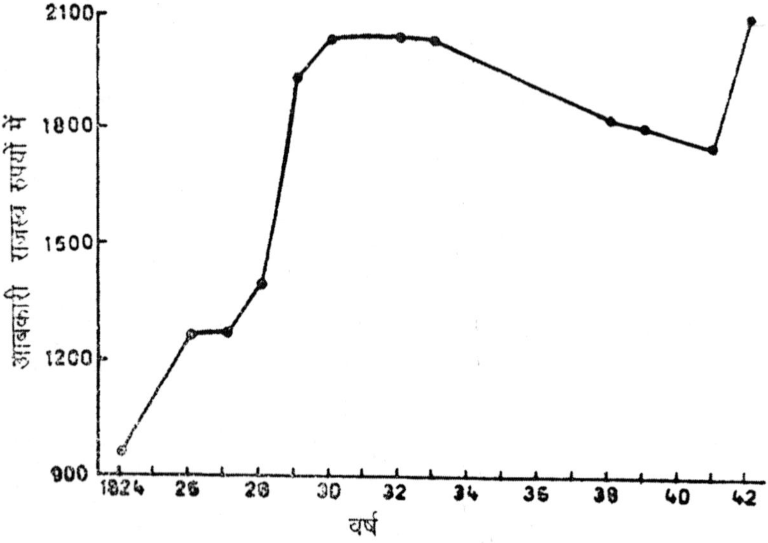

आबकारी राजस्व में लगातार वृद्धि का कारण शिकारियों, पर्यटकों की बढ़ती संख्या तथा मैदानी क्षेत्रों से आ रहे व्यवसायियों की माँग तथा पूर्ति हेतु बैरक, अस्पताल, होटलों के साथ-साथ आबकारी दुकानों की संख्या में वृद्धि होना था। नशीले पदार्थों की बढ़ती खपत ने निःसन्देह आबकारी राजस्व को भी बढ़ाया, फलस्वरूप 1822-23 में जहाँ कुमाऊँ से 852 रु० 12 आना राजस्व संग्रह किया गया था[70] वहीं केवल एक वर्ष के अंतराल (1823-24) में यह बढ़कर 1076 रु० 9 आना 6 पैसा हो चुका था।[71]

उक्त लेखाचित्र से स्पष्ट होता है कि नशीले पदार्थों का प्रसार तेजी से होता जा रहा था। मादक पदार्थों की खपत तथा व्यापार के फैलाव की प्रक्रिया गढ़वाल की अपेक्षा कुमाऊँ में अधिक थी। यदि आबकारी प्रशासन के आरम्भिक वर्षों में मादक पदार्थों के व्यापार से प्राप्त राजस्व पर दृष्टि केंद्रित करें तो यह स्थिति अधिक स्पष्ट होती है। 1821 में जहाँ कुमाऊँ फार्म से प्राप्त होने वाला आबकारी राजस्व 488 रु०[72] (केवल शराब के लिए) था वहीं गढ़वाल फार्म में यह मात्र 91 रु० था।[73] परन्तु एक ही दशक में यह राजस्व कुमाऊँ फार्म में 923 रु०[74] (केवल शराब) तथा गढ़वाल फार्म में 804 रु०[75] पहुँच गया था। शराब की ही भाँति नशीली औषधियाँ (चरस-भाँग) से प्राप्त राजस्व कुमाऊँ तथा गढ़वाल फार्मों के लिए क्रमशः 372 रु०[76] तथा 52 रु०[77] हो चुका था। आँकड़ों से यह स्पष्ट है कि इस क्षेत्र में नशीली औषधियों की अपेक्षा नशीले पेयों, मुख्यतः शराब का प्रचलन तेजी से हो रहा था। नशीले पदार्थों के बढ़ते प्रचलन तथा व्यापार ने प्रचलित प्रशासनिक व्यवस्था में परिवर्तन को अनिवार्य बनाया। फलस्वरूप आबकारी प्रशासनिक इकाइयों को, जो अभी तक कुमाऊँ तथा गढ़वाल फार्म थे, अन्य छोटी इकाइयों में बाँटा गया। कुमाऊँ में कम्पनी शासन के तीसरे दशक (1835-45) तक कुमाऊँ फार्म को 4 फार्मों में बाँटा जा चुका था।[78] परन्तु गढ़वाल में आबकारी को अभी एक ही फार्म द्वारा नियन्त्रित किया गया था। आबकारी प्रशासन को सुचारु रूप से चलाने के साथ-साथ नशीले पेयों को सरलता से उपलब्ध करवाने हेतु ये फार्म पुनः छोटी-छोटी इकाइयों में विभक्त किए गए। ये इकाइयाँ आबकारी महल कहलाईं। इस समय तक कुमाऊँ में नशीले पेयों के उत्पादन तथा व्यापार हेतु 11 तथा नशीली औषधियों हेतु 6 महल निर्धारित किए जा चुके थे।[79] अल्मोड़ा, हवालबाग, बमौरी, आबकारी महलों को एक फार्म के अतर्गत रखा गया। इसी तरह गंगापुर, न्यौला, बेलासी आबकारी महलों के साथ लोहाघाट तथा पिथौरागढ़ के लिए भी अलग फार्म निर्धारित किए गए।[80] इन फार्मों में व्यापार का अधिकार इस अवधि में क्रमशः तेजबली, रूपसिंह तथा कन्हैयालाल को दिया गया था[81]। आबकारी इकाइयों के पुनर्गठन की यह प्रक्रिया नशीले पेयों के साथ-साथ नशीली

औषधियों के लिए भी समान थी। अल्मोड़ा, हवालबाग, बमौरी के साथ-साथ इस फार्म में बागेश्वर को भी सम्मिलित किया गया था। अन्य 2 फार्म स्यूनियाँ मोनदेश महल तथा पिथौरागढ़ महल थे।[82] ये फार्म क्रमश: कृष्ण, देवसिंह तथा जींतू साहू को स्वीकृत किए गए थे।[83]

यह उल्लेख करना प्रासंगिक होगा कि महलों के रूप में गठित आबकारी इकाइयाँ मुख्यत: आबकारी दुकानों के लिए निर्धारित स्थान ही थीं। 1839 ई० तक कुमाऊँ में शराब की 7 तथा नशीली औषधियों की 6 दुकानें खोली जा चुकी थीं।[84] तत्कालीन उपलब्ध साक्षों से यह प्रतीत होता है कि भाँग आदि घरेलू उत्पादों तथा चरस की खपत मुख्यत: स्थानीय समुदाय में थी। यूरोपीय समुदाय इसका प्रयोग नहीं करता था। सम्भवत: इसी कारण लोहाघाट छावनी क्षेत्र में लम्बे समय तक नशीली दवाओं के व्यापार हेतु आबकारी प्रशासन द्वारा कोई व्यवस्था नहीं की गई। आबकारी प्रशासन के विकास तथा विस्तार की प्रक्रियाएं यूँ तो गढ़वाल में भी समानांतर रूप से चली आ रही थीं परन्तु यह विस्तार कुमाऊँ की अपेक्षा कम था। 1839 ई० तक गढ़वाल में केवल एक ही फार्म बनाया गया था। हालाँकि श्रीनगर, नागपुर, पैनखंडा, कफेड़ी, दशौली, तल्ला व मल्ला गंगा सलाण (केवल चंडी व चाँदकोट तालुके को छोड़कर) आदि क्षेत्रों में नशीले पेयों की 9 दुकानें खोली गई थीं[85] लेकिन ये दुकानें एक ही फार्म के अंतर्गत संचालित की जा रही थीं। नशीली औषधियों हेतु एक दुकान श्रीनगर में खोली गई थी।[86] फार्म की ही भाँति इन दुकानों हेतु एक ही महल श्रीनगर महल निर्धारित किया गया था।

1839 ई० में ही कुमाऊँ कमिश्नरी के सामान्य प्रशासन का भी पुन-निर्धारण किया गया। 1815 से 1839 ई० तक यह डिवीजन एक जिले के रूप में प्रशासित किया जा रहा था परन्तु इस वर्ष इसे दो जिलों—कुमाऊँ तथा गढ़वाल में विभाजित किया गया।[87] लेकिन इस व्यवस्था द्वारा आबकारी प्रशासन में कोई फेरबदल नहीं किया गया। यह स्पष्ट है कि आबकारी प्रशासन का विकास तथा विस्तार अन्य औपनिवेशिक गतिविधियों की अपेक्षा कहीं अधिक तीव्र गति से किया जा रहा था। सदी के चौथे दशक तक लाइसेंस प्रणाली में भी परिवर्तन आ चुके थे। औपनिवेशिक सत्ता की शुरुआत के साथ उभरी अस्थायी लाइसेंस व्यवस्था के स्थान पर अब स्थायी लाइसेंस देकर प्रतिमाह निश्चित निर्धारित शुल्क लिया जाने लगा था। वास्तव में राजस्व संग्रह की इस ठेकेदारी प्रणाली द्वारा अब ब्रिटिश शासन निश्चित मात्रा में आबकारी राजस्व वसूल सकता था। इस व्यवस्था द्वारा नशीले पदार्थों के व्यापार में लाभ या हानि से फार्मर का सीधा सम्बन्ध बनाया गया। लाइसेंसों के लिए निर्धारित राशि विभिन्न फार्मों के व्यापार पर निर्भर थी। जहाँ यह दर अल्मोड़ा, हवाल-

बाग, बमौरी फार्मों के लिए 32 रु० प्रतिमाह थी[88] वहीं दूसरी ओर यह गंगापुर के लिए 6 रु० 12 आना, लोहाघाट के लिए 4 रु० 4 आना तथा पिथौरागढ़ के लिए 4 रु० 2 आना 8 पैसा निर्धारित की गई थी ।[89] यह दरें शराब के फार्मों के लिए थीं । नशीली औषधियों के फार्मों हेतु लाइसेन्स शुल्क की दरें 25 रु० 14 आना 8 पैसा थीं । यह लाइसेन्स शुल्क कुमाऊँ की अपेक्षा गढ़वाल फार्म के लिए अधिक था । इस फार्म के लिए लाइसेन्स की दरें 78 रु० 2 आना 8 पैसा निर्धारित की गई थीं ।[90] साथ ही नशीली दवाओं के लिए यह शुल्क 9 रु० 8 आना था ।[91] 1839 ई० में उक्त व्यवस्था के परिणामस्वरूप कुमाऊँ तथा गढ़वाल फार्म से क्रमश: 959 रु०[92] तथा 1016 रु०[93] आबकारी राजस्व प्राप्त हुआ । आबकारी राजस्व में लगातार हो रही वृद्धि का कारण यूँ तो लाइसेन्स शुल्क था लेकिन लगातार बढ़ती माँग तथा खपत ने भी निश्चित रूप से इसके शुल्क में वृद्धि को त्वरा दी ।

1822 में कुमाऊँ तथा गढ़वाल से प्राप्त होने वाला आबकारी राजस्व 534 रु० तथा 91 रु० (केवल शराब के लिए) था लेकिन 1843 तक यह राशि क्रमश: 1033 रु० 8 आना[94] तथा 1058 रु०[95] हो गई थी । कुमाऊँ तथा गढ़वाल में नशीले पदार्थ के प्रसार तथा औपनिवेशिक हितों के स्वरूप को तुलनात्मक लेखाचित्र 2:2, 2:3 से समझा जा सकता है ।

तालिका-2.1 : कुमाऊँ तथा गढ़वाल फार्म में नशीले पेय (लीकर) से प्राप्त आबकारी राजस्व (रुपयों में) ।

वर्ष	कुमाऊँ	गढ़वाल
1814	—	91 (गोरखाली रु०)
1821-22	270	—
1822-23	—	114
1824-25	483	137
1825-26	—	342
1826-27	602	319
1827-28	558	370
1828-29	733	325
1829-30	847	774
1830-31	996	730
1831-32	975	732
1833-34	923	804

वर्ष	कुमाऊँ	गढ़वाल
1835-36	804	—
1836-37	682	—
1838-39	648	944
1839-40	566	901
1840-41	562	—
1841-42	429	938
1842-43	643.8.0	938
1843-44	—	938

स्रोत— प्रीम्यूटिनी रिकर्ड्स, वा० 64, 70, 73, हिमालयन गजेटियर, वा० 3, पार्ट—एक, दो।

तालिका 2.2 : कुमाऊँ तथा गढ़वाल फार्म में नशीली औषधियों से प्राप्त आबकारी राजस्व (रुपयों में)

वर्ष	कुमाऊँ	गढ़वाल
1821-22	264	—
1822-23	—	—
1824-25	274	68
1825-26	—	68
1826-27	274	68
1827-28	274	68
1828-29	274	68
1829-30	252	57
1830-31	240	68
1832-33	264	68
1833-34	252	52
1835-36	372	—
1836-37	372	—
1838-39	311	72
1839-40	335	72
1840-41	399	—
1841-42	266	144
1842-43	390	144
1843-44	—	120

स्रोत—प्री म्यूटिनी रिकर्ड्स, कुमाऊँ, हिमालयन गजेटियर : वा० 3, पार्ट—1,11.

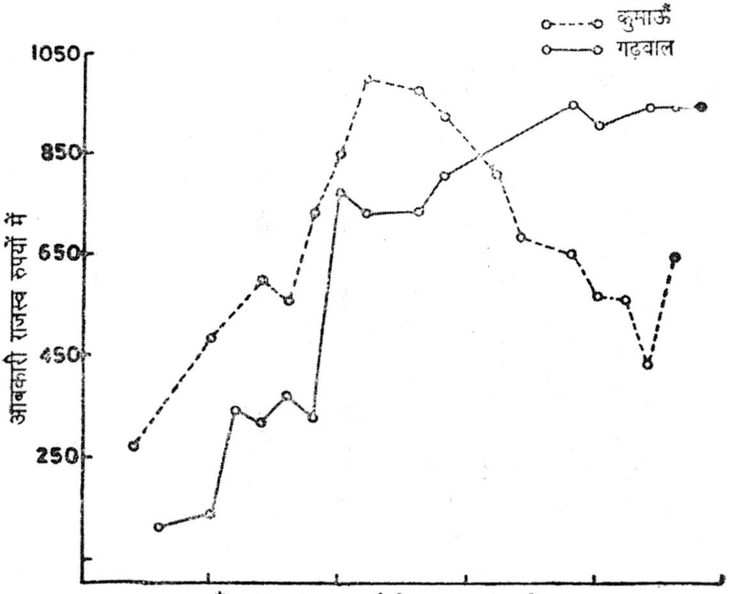

कुमाऊँ तथा गढ़वाल फार्म से प्राप्त आबकारी राजस्व
(लिकर) का तुलनात्मक लेखाचित्र (1820-1842)

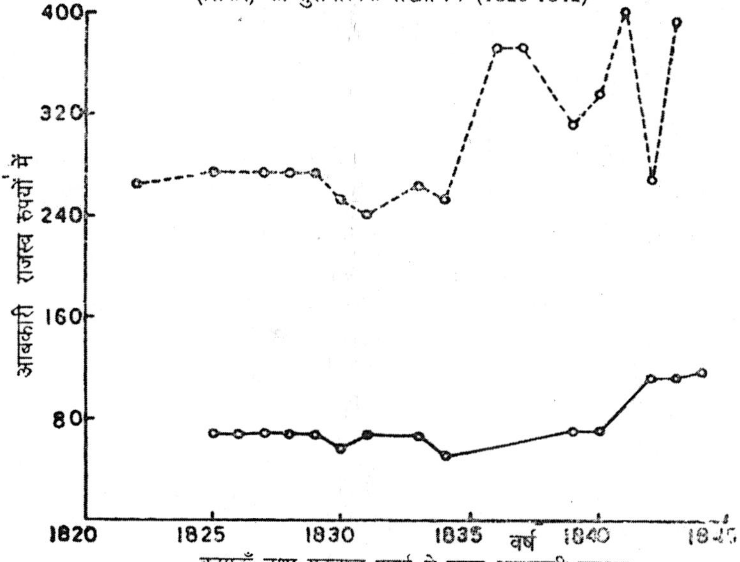

कुमाऊँ तथा गढ़वाल फार्म से प्राप्त आबकारी राजस्व
(नशीली औषधियों) का तुलनात्मक अध्ययन (1820-1842)

लेखाचित्र से स्पष्ट होता है कि गढ़वाल की अपेक्षा कुमाऊँ फार्म में मादक पदार्थों का फैलाव अधिक तीव्र गति से होता जा रहा था लेकिन यह प्रसार अभी भी मुख्यतः सैनिक टुकड़ियों, अधिकारियों के रूप में आ रही यूरोपियन आबादी के कारण ही था और वह भी कुछ कस्बाई इलाकों में।

19वीं शताब्दी के चौथे दशकों तक कुमाऊँ तथा गढ़वाल में अनेक हिल स्टेशन ढूंढ़े जा चुके थे। 1826 में मसूरी[96] तथा 1841 में नैनीताल[97] हिल स्टेशनों के रूप में उभरने लगे थे। हालांकि इन हिल स्टेशनों को आरम्भ में अंग्रेजों के स्वास्थ्य केन्द्रों (सेनीटोरिया) के रूप में विकसित किया गया था लेकिन शीघ्र ही ये आरामगाह तथा तफरीह के केंद्र बन गए।[98] इन दोनों स्थलों का तीव्र विकास हुआ। कालांतर में अपनी सामुदायिक सांस्कृतिक पहचान बनाने का उत्सुक यह विदेशी अल्पसंख्यक समाज इन इलाकों की ओर विस्थापित होने लगा।[99] यूरोपीय आबादी के बढ़ते दबाव ने जहाँ एक ओर अपनी सुख-सुविधाओं को जुटाने की प्रक्रिया को गति दी वहीं स्थानीय सामाजिक-सांस्कृतिक ढाँचे को भी प्रभावित करना आरम्भ किया।

इसी क्रम में मैदानी इलाकों से आने वाले लोगों के साथ-साथ स्थानीय समाज का एक हिस्सा भी इस संस्कृति की ओर आकृष्ट हुआ, फिर भी अधिसंख्य समाज या कस्बाई तथा ग्रामीण कुमाऊँ एवं गढ़वाल इस प्रसार तथा प्रचलन से सर्वथा मुक्त ही रहा। कमिश्नर बैकेट ने तत्कालीन कुमाऊँ में शराब, भांग, अफीम के प्रचलन पर टिप्पणी करते हुए लिखा था[100]—

"कुमाऊँ के लोगों में शराब पीने का प्रचलन नहीं है और ऐसा तब तक सम्भव है जब तक जगह-जगह पर शराब की दुकानें न खोल दी जाएँ। मैं नहीं सोचता कि लोग इस निरुत्साहित करने वाले कार्य को स्वीकृति देंगे।"

लेकिन आबकारी व्यवस्था के प्रसार हेतु औपनिवेशिक प्रशासन द्वारा प्रयास जारी रहे। 1843 ई० तक कुमाऊँ जिले में आबकारी की 17 दुकानें थीं जिनमें 11 शराब तथा 6 नशीली औषधियों के व्यापार हेतु खोली जा चुकी थीं।[101] गढ़वाल में शराब की 9 तथा नशीली औषधियों की 1 दुकान खोली गई थी।[102] आबकारी व्यवस्था के विकास और विस्तार का यह क्रम पूरे कम्पनी प्रशासन काल में बना रहा।

यह एक रोचक तथ्य है कि कुमाऊँ तथा गढ़वाल में कम्पनी प्रशासन के इन चालीस वर्षों में जितना विकास तथा विस्तार आबकारी विभाग का हुआ उतना शायद ही अन्य किसी विभाग का हुआ हो। वास्तव में अब आबकारी राजस्व भी भू-राजस्व की भाँति औपनिवेशिक आय का महत्त्वपूर्ण स्रोत बनने लगा था। जहाँ एक ओर स्थानीय आबादी तथा भू-राजस्व में वृद्धि साधारण ही थी वहीं दूसरी ओर आबकारी राजस्व की वृद्धि असाधारण रूप से हो रही थी। तालिका

2.3 से आबकारी राजस्व व भू-राजस्व के स्वरूप को स्पष्टतः समझा जा सकता है।

तालिका 2.3 : कुमाऊँ डिवीजन में आबकारी राजस्व, भू-राजस्व व जनसंख्या (1820 ई०—1853 ई०)

वर्ष	आबकारी राजस्व (रु० आना० पै० में)	प्रतिशत वृद्धि	भू-राजस्व	जनसंख्या
1820-21	868.0.0	—	163854	289000
1824-25	962.0.0	+10.82	—	—
1828-29	1400.0.0	+45.53	—	—
1832-33	2039.0.0	+45.64	—	—
1838-39	1975.0.0	— 3.13	194583	—
1842-43	2085.8.0	+ 5.54	195782	—
1852-53	—	—	—	595799

स्रोत—प्री म्यूटिनी रिकर्ड्स (कुमाऊँ) वा० 64. 70, 73 हिमालयन गजेटियर, वा० 3, पार्ट—I, II

इस प्रकार कुमाऊँ में कम्पनी शासन (1815 ई०-1857 ई०) के दौर में आबकारी प्रशासन के प्रारम्भिक ढांचे को खड़े होते हुए देखा जा सकता है। यह दौर नेपाल युद्ध के समापन तथा कुमाऊँ में कम्पनी शासन के साथ प्रारम्भ होता है और 1857 के विद्रोह के समय तक चलता है। सामरिक दृष्टि से इस अत्यन्त महत्त्वपूर्ण तथा नाज़ुक क्षेत्र में कम्पनी सरकार ने अपने पैर जमाने के साथ-साथ उन नीतियों के बीज बोने भी प्रारम्भ किए जो आगामी दशकों में फलने-फूलने वाले थे। इसी क्रम में आबकारी ने प्रारम्भ में लगभग प्राथमिकता का दर्जा पाया था। यद्यपि इस अवधि में आबकारी हेतु विशिष्ट व्यवस्था नहीं की गई या नियम नहीं अपनाए गए और राजस्व की इस शाखा के संचालन तथा नियंत्रण का पूर्ण अधिकार भू-राजस्व प्रशासन को दिया गया था तथापि यह विषय प्राथमिक महत्त्व का बना रहा। वस्तुतः यह सम्पूर्ण दौर कुमाऊँ में अन्य औपनिवेशिक गतिविधियों की भाँति ही आबकारी प्रशासन के जम-जमाव का दौर था क्योंकि नशीले पदार्थों के उत्पादन तथा व्यापार की कोशिश अब एक ऐसे समाज में आरम्भ की गई थी जहाँ उसे सरलता से नहीं स्वीकारा जा सकता था। इसलिए इसके प्रचलन तथा विकास के लिए एक अलग तरह की

रणनीति की आवश्यकता थी।

औपनिवेशिक आबकारी प्रशासन तथा आबकारी नीति के इस विकास-क्रम को देखते हुए निष्कर्षतः यह कहा जा सकता है कि कम्पनी काल में आर्थिक शोषण के इस माध्यम का आरम्भ तथा विकास जहाँ एक ओर पहाड़ों में सैनिक छावनियों, विभिन्न सरकारी विभागों की स्थापना के साथ आ रही यूरोपियन आबादी से जुड़ा वहीं दूसरी ओर प्रकारान्तर में विकसित हुए कस्बों, हिल स्टेशनों तथा यूरोपियनों के स्थायी निवास बन जाने से इसे त्वरा मिली। हालाँकि इस काल में आबकारी नीति तथा प्रशासन का कोई विशिष्ट स्वरूप नहीं उभरा लेकिन औपनिवेशिक सत्ता द्वारा आबकारी प्रशासन को ज्यादा लाभकारी बनाने के प्रयासों में भी किसी तरह की ढील नहीं दी गई। इस प्रक्रिया में उस शोषक प्रणाली का प्रारम्भिक स्वरूप देखा जा सकता है जो आने वाले वर्षों में इस क्षेत्र में औपनिवेशिक शोषण तन्त्र के रूप में विकसित होती चली गई। इस व्यवस्था ने कालांतर में न केवल आर्थिक शोषण के दबाव को बढ़ाया वरन् स्थानीय सामाजिकार्थिक संरचना को भी प्रभावित किया। कम्पनी शासन के समाप्त हो जाने के बाद आबकारी की कोई अलग नीतियाँ विकसित या प्रारम्भ नहीं हुईं वरन् 1857 तक प्रचलित या विकसित पद्धतियों को ही इसके बाद के दौर में आबकारी प्रशासन का आधार बनाया गया।

संदर्भ

1. प्रोहीविशन इन्क्वायरी कमेटी रिपोर्ट, पृ० 4
2. वैष्णव, य० द० 'अशोक' महानिषेध, पृ० 27
3. ईश्वरी प्रसाद—भारतीय संस्कृति कला धर्म और दर्शन, पृ० 46
4. चोपड़ा, पुरी दास—भारत का सामाजिक, सांस्कृतिक, आर्थिक इतिहास, पृ० 113
5. उक्त
6. प्रोहीविशन इन्क्वायरी कमेटी रिपोर्ट, पृ० 2
7. उक्त, पृ० 4
8. शाह के० टी०—सिक्सटी इयर्स आफ इण्डियन फाइनेंस, पृ० 259
9. वैष्णव, य० द० 'अशोक'—नशे का अभिशाप, पृ० 32
10. उक्त
11. तारापोरवाला, बी० जे०—सेन्ट्रल एक्साइज, पृ० 2
12. फाइनल रिपोर्ट ऑफ रायल कमीशन आन ओपियम, पृ० 8-25
13. जेम्स, बी० लायल—नोट्स आन हिस्ट्री आफ ओपियम इन इण्डिया

14. उक्त,
15. उक्त,
16. मेहता, जे० के० एण्ड अग्रवाल एस०एन० —पब्लिक फाइनेंस : पृ० 413, 514 शाह, के० टी० पृ० 259
17. एशियाटिक रिसर्चेज, वाल्यूम 16, पृ० 213
18. वैष्णव, य० द० 'अशोक'—मद्य निषेध, पृ० 70
19. पाण्डे बद्रीदत्त—कुमाऊँ का इतिहास, पृ० 474
20. एटकिंसन, ई० टी०—दि हिमालयन गजीटियर, वा० 1 पार्ट—2, पृ० 755
21. उक्त
22. पाठक, शेखर— नशा एक षड्यंत्र है, पृ० 2
23. एशियाटिक रिसर्चेज—वा० 17, पृ० 48
24. प्रधान, हरिदत्त—सोशल इकानामी इन तराई (थारू), पृ० 54
25. उक्त, पृ० 58
26. डबराल, शिवप्रसाद—उत्तराखण्ड के पशुचारक, पृ० 180
रायपा, रतन सिंह—शौका जनजाति, 81-82, 85, पृ० 253
डबराल, शिवप्रसाद— उत्तराखण्ड के भोटांतिक — 82-83
27. एटकिंसन, ई० टी०—दि हिमालयन गजीटियर. वा० 3, पा० 1, पृ० 111
28. डबराल, शिवप्रसाद—उत्तराखण्ड के भोटांतिक, पृ० 82-83
29. प्रधान, हरिदत्त—सोशल इकानामी इन तराई (थारू) पृ० 54
30. एटकिंसन, ई० टी०—वा० 3 पा० 1, पृ० 111
एशियाटिक रिसर्चेज, वा० 17, पृ० 48
31. पाण्डे बद्रीदत्त—कुमाऊँ का इतिहास, पृ० 473
32. डबराल, शिवप्रसाद—उत्तराखण्ड का सा० रा० इ०, ख-1, भाग-7, पृ० 453
33. उक्त
34. उक्त
35. प्रोहीविशन इन्क्वायरी कमेटी रिपोर्ट, पृ० 4
36. उक्त, पृ० 6
37. हौल, एडमण्ड० सी० पी०—यूरोपियन्स इन इण्डिया, पृ० 80, 99
38. उक्त
39. प्रोहीविशन इन्क्वायरी कमेटी रिपोर्ट, पृ० 6
40. हौल, ए० सी०पी०—पृ० 90-91

41. प्रोहीविशन इन्क्वायरी कमेटी रिपोर्ट, पृ० 6
42. बासु, बी० डी०—राइज आफ क्रिश्चियन पावर इन इण्डिया, पृ० 696
43. कालिंकिकर दत्त—सर्वे आफ इण्डियन सोशियल लाइफ एण्ड इकानामिक कण्डीशन इन ऐटीन सेंचुरी, पृ० 27
44. वैष्णव, य० द० 'अशोक'—मद्य निषेध, पृ० 2
45. प्रोहीविशन इन्क्वायरी कमेटी रिपोर्ट, पृ० 5
46. मजूमदार, आर० सी०—ब्रिटिश पैरामाउन्टेसी एण्ड इण्डियन रेनेसां पार्ट-1,
47. बासु, बी० डी०— राइज आफ क्रिश्चियन पावर इन इण्डिया, पृ० 333
48. डबराल, शिवप्रसाद—भाग 7, पृ० 65
49. उक्त
50. उक्त
51. उक्त
52. उक्त, पृ० 66
53. उक्त, पृ० 67
54. उक्त, पृ० 66
55. पाठक, शेखर—उत्तराखण्ड में कुली बेगार प्रथा, पृ० 92
56. डबराल, शिवप्रसाद—भाग-7, पृ० 128
वाल्टन,—अलमोड़ा, ए० गजीटियर, पृ० 152
57. प्रीम्यूटिनी रिकर्ड्स (कुमाऊँ), वा० 1, पृ० 69
58. जहीर एण्ड गुप्ता—द ऑर्गनाइजेशन आफ द गवर्नमेंट आफ यू० पी०, पृ० 3, 115
59. देवर डगलस—द हैण्डबुक टू द इंगलिश प्रीम्यूटिनी रिकर्ड्स आफ द गवर्नमेंट रूम औफ यू० पी० आगरा एण्ड अवध, पृ० 454
60. प्रीम्यूटिनी रिकर्ड्स (कुमाऊँ) वा० 51, 18, पृ० 84
61. पाठक, शेखर—उत्तराखण्ड में कुली बेगार प्रथा, पृ० 96
62. वाल्टन—अल्मोड़ा ए गजीटियर पृ० 152
नेविल—नैनीताल ए गजीटियर, पृ० 174
63. पाठक, शेखर—नशा एक षड्यंत्र है, पृ० 37
64. प्रीम्यूटिनी रिकर्डस् (कुमाऊँ) वा० 68, पृ० 142
65. एटकिंसन, ई० टी०—दि हिमालयन गजीटियर, वा० 3 पा० 2, पृ० 523
66. नेविल—नैनीताल ए गजीटियर, पृ० 174
67. प्रीम्यूटिनी रिकर्ड्स, कुमाऊँ वा० 35, पृ० 114

68. उक्त, वा० 18, पृ०27
69. उक्त, वा० 35, पृ० 114
70. उक्त, वा० 30, पृ० 205
71. उक्त, वा० 30, पृ० 206
72. एटकिंसन – दि हिमालयन गजीटियर, वा० 3, पा० 2, पृ० 523
73. डबराल – भाग-7, पृ० 435
74. एटकिंसन—वा० 3, पार्ट 2, पृ० 320
75. डबराल—भाग-7, पृ० 453
76. एटकिंसन—वा० 3, पार्ट-2, पृ० 523
77. डबराल—भाग-7, पृ० 453
78. प्रीम्यूटिनी रिकर्ड्स (कुमाऊँ), वा० 70, पृ० 168/318
79. उक्त, वा० 70, पृ० 27
80. उक्त
81. उक्त, पृ० 26/317
82. उक्त, वा० 61, पृ० 531
83. उक्त, वाल्यूम 66,
84. उक्त
85. उक्त, वा० 61, पृ० 431
86. उक्त
87. गढ़वाल गजट-2
88. प्रीम्यूटिनी रिकर्ड्स (कुमाऊँ), वा० 70, पृ० 1
89. उक्त
90. उक्त, वा० 68
91. उक्त
92. प्रीम्यूटिनी रिकर्ड्स (कुमाऊँ), वा० 61
93. उक्त, वा० 61, पृ० 433/215
94. उक्त, वा० 70, पृ० 317/26
95. उक्त, वा० 73, पृ० 333, 176
96. एटकिंसन—हिमालयन गजीटियर, वा० 3, पार्ट 2, पृ० 207
97. पिलग्रिम—नोट्स आफ वंडरिंग्स इन द हिमाला, पृ० 150
98-99. पहाड़-2, पृ० 179
100. बैकेट—फाइनल सेटिलमेंट रिपोर्ट आफ कुमाऊँ (1863-64), पृ० 28-29
101. प्रीम्यूटिनी रिकर्ड्स (कुमाऊँ), वा 70, पृ० 162
102. उक्त, वा० 68, पृ० 176/333

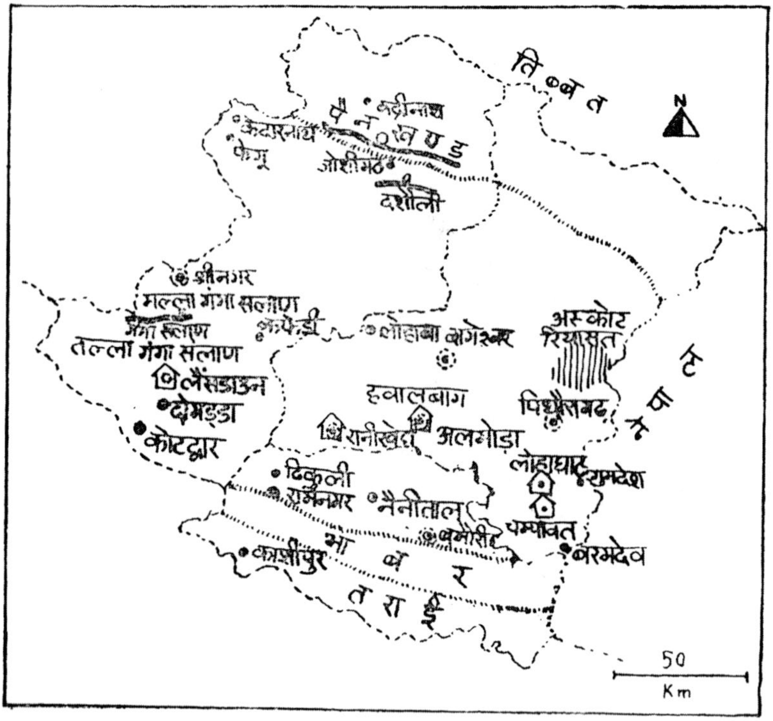

	देसी रियासत
	शराब
	शराब, भाँग आदि
	छावनी, शराब, भाँग आदि
	आबकारी महल/पट्टियाँ
	अन्तर्राष्ट्रीय सीमाएँ
	जनपदीय सीमाएँ

1858-1909 के बीच कुमाऊँ में नशीले पदार्थों के फैलाव का स्वरूप

तीन

कुमाऊँ में आबकारी नीति का स्वरूप

(1858-1909)

कम्पनी शासन के अपने अंतर्विरोधों तथा भारतीय समाज में जीवित प्रतिरोधी शक्तियों के कारण 1857 में कम्पनी शासन के विरुद्ध उस दौर का सर्वाधिक सशक्त विद्रोह हुआ। इसके परिणामस्वरूप औपनिवेशिक शासक प्रशासन तंत्र को मजबूत बनाने तथा इसके विविध पक्षों में महत्त्वपूर्ण परिवर्तन लाने के लिए विवश हो गए थे। 2 अगस्त 1858 को पारित अधिनियम द्वारा भारत का शासन कम्पनी के स्थान पर ब्रिटिश ताज को हस्तांतरित कर दिया गया और औपनिवेशिक प्रशासन ब्रिटिश संसद तथा सरकार के प्रत्यक्ष नियंत्रण में आ गया। राजनैतिक सत्ता के इस हस्तांतरण के साथ ही पूंजीपतियों को प्राप्त व्यक्तिगत लाभ की नीतियों तथा उद्देश्यों पर आधारित कम्पनी सरकार के स्थान पर पूरे ब्रिटिश शासक वर्ग के हित साधन को मुख्य ध्येय बनाकर नई नीतियाँ निर्धारित की जाने लगीं।

परिवर्तनों के इसी क्रम में जहाँ एक ओर भूमि बंदोबस्त, वाणिज्य, व्यापार, वन-व्यवस्था को सुनियोजित तथा संगठित किया जाने लगा वहीं दूसरी ओर औपनिवेशिक भारत के आबकारी तंत्र को भी निश्चित रूप तथा नया आयाम दिया गया। 19वीं शताब्दी के उत्तरार्द्ध तक कुमाऊँ तथा गढ़वाल में सैनिकों तथा नव स्थापित विभागों में नौकरशाही के रूप में आ रही यूरोपियन आबादी के कारण विभिन्न नशीले पदार्थों का प्रसार न्यूनाधिक निश्चित रूप ग्रहण कर चुका था। 1864 में प्राकृतिक सम्पदा के दोहन तथा वनों पर ब्रिटिश नियंत्रण स्थापित करने के उद्देश्य से वन विभाग की स्थापना की गई।[1] वनों के सर्वेक्षण, खनिज सम्पदा की खोज हेतु इस क्षेत्र के दुर्गम इलाकों तक सर्वेक्षण दल भेजे जाने लगे। इसी बीच 1866 में चकरौता, 1869 में रानीखेत तथा 1887 में लैंसडौन में सैनिक छावनियों तथा नवगठित विभागों की स्थापना ने यूरोपीय

आबादी के प्रसार को त्वरा दी वहीं दूसरी ओर नशीले पदार्थ भी इनके माध्यम से कुछ ग्रामीण अंचलों तक पहुँचे। वास्तव में अंग्रेजों के इस क्षेत्र में बसने के साथ ही पहली बार स्थानीय आबादी के शोषण तथा संसाधनों के दोहन का सिलसिला आरम्भ हुआ। साथ ही उनकी दैनिक सुविधाओं के रूप में होटल, सिनेमा, आबकारी की दुकानें भी इन इलाकों में अपनी जड़ें जमाती चली गईं। यह स्थिति केवल कुमाऊँ या गढ़वाल में ही न थी वरन् इस सदी में उभरे उन सभी हिल स्टेशनों में इसे देखा जा सकता था, जहाँ पाश्चात्य सभ्यता तथा संस्कृति उभरती जा रही थी। ऐनोन का यह जिक्र कि शिमला में शराब बह रही है, इस बात का स्पष्ट प्रमाण है।[2] स्थानीय सामाजिक, सांस्कृतिक ढाँचे में आ रहे इन परिवर्तनों के फलस्वरूप इस दौर में नशीले पदार्थ एक ऐसी आर्थिक गतिविधि के रूप में सामने आए जो ब्रिटिश सत्ता का अधिकतम हित साधन कर सकती थी। हालाँकि औपनिवेशिक आधिपत्य के साथ ही ये प्रक्रियाएँ आरम्भ हो चुकी थीं लेकिन इस सदी के उत्तरार्द्ध में पहली बार इनके शोषक स्वरूप को उभारने तथा उससे लाभ उठाने का पूर्ण प्रयास किया गया।

1858 ई० के बाद यदि कुमाऊँ में आबकारी प्रशासन का विवेचन करें तो आरम्भिक चरणों में इसका स्वरूप कमोवेश शेष पश्चिमोत्तर प्रांत में चल रहे आबकारी प्रशासन तथा नीतियों पर आधारित था। वस्तुतः यह व्यवस्था आबकारी प्रशासन की मद्रास तथा बंगाल प्रणालियों पर आधारित थी। नशीले पदार्थों का उत्पादन तथा व्यापार मूलतः फार्मिंग प्रणाली द्वारा संचालित किया जा रहा था। यूँ तो आबकारी घटकों के उत्पादन तथा व्यापार पर सरकारी नियंत्रण स्थापित किया गया था परंतु व्यापारिक दृष्टि से यह प्रतिबंधित न था।[3] फार्मों के ठेकेदारों को देशी शराब आदि के उत्पादन तथा व्यापार हेतु विस्तृत अधिकार दिए गए थे।[4] लेकिन शीघ्र ही इन फार्मों तथा व्यवस्था का प्रत्यक्ष अथवा अप्रत्यक्ष विरोध होने लगा।[5] अतः सरकार द्वारा आबकारी नीति में थोड़ी फेर-बदल की गई। अब कोई भी फार्मर अपने फार्म के भीतर इच्छानुसार शराब की दुकान नहीं खोल सकता था।[6] वरन् इसके लिए उसे प्रशासन से पूर्व अनुमति लेनी आवश्यक थी। लेकिन आबकारी दुकानों के बंद होने तथा खुलने के समय तथा उत्पादित-वितरित किए जा रहे नशीले पदार्थों की मात्रा पर किसी तरह का प्रतिबंध नहीं लगाया गया था।[7] फलतः इस दौर में नशीले पदार्थों का तेजी से प्रसार हुआ।[8] आबकारी घटकों के उत्पादन तथा व्यापार हेतु अपनाई जा रही उक्त नीतियों ने जहाँ एक ओर इनकी खपत को बढ़ावा दिया वहीं दूसरी ओर आबकारी राजस्व भी असाधारण रूप से बढ़ा।

इस सदी के छठे दशक में कुमाऊँ तथा गढ़वाल से प्राप्त होने वाला आबकारी राजस्व क्रमशः 3,262 रु०[9] तथा 1,796[10] रु० था जबकि यह राशि

पूरे पश्चिमोत्तर प्रांत के लिए 17,18,473 रु०[11] तथा ब्रिटिश भारत के लिए 17,86,1570 रु०[12] थी। ऐसा प्रतीत होता है कि आबकारी राजस्व के रूप में मिल रही यह राशि वास्तविक खपत तथा आबकारी के प्रसार के अनुपात में कम रही होगी। फार्मों की नीलामी के समय ठेकेदारों के बीच आपसी समझौता हो जाने से बहुत कम कीमतों में आबकारी फार्मों की नीलामी हो जाती थी। फलस्वरूप एक नपी-तुली रकम राजस्व के रूप में मिलती थी लेकिन इसके विपरीत आबकारी फार्मर अधिकतम लाभ कमाने के साथ-साथ अब नशीले पदार्थों की खपत को बढ़ाने के उद्देश्य से समाज में इसके लालच को बढ़ावा देने लगे थे।[13] तत्कालीन आबकारी आयुक्त ने भी व्यापारियों की इस नीति का उल्लेख करते हुए लिखा था—

"इन लोगों के लिए यह महत्त्व का विषय था कि नशीले पेयों तथा नशीली औषधियों की खपत अधिकाधिक होनी चाहिए—क्योंकि इस प्रणाली के अंतर्गत उन्हें कुल खपत की गई मात्रा पर सीधे कर नहीं देना होता था। अत: उनके लिए अधिकाधिक खपत का तात्पर्य था, अधिकाधिक लाभ। इन व्यक्तिगत लाभों के कारण अब नशीले पदार्थ सरलता से तथा सस्ते दामों में कहीं भी मिल सकते थे। लेकिन इन नशीले पदार्थों की अधिकाधिक खपत लोगों में इन पदार्थों के प्रयोग की आदतें डालकर की गई थी।"[14]

वास्तव में पुरानी व्यवस्थाओं पर आधारित नशीले पदार्थों के व्यापार पर पूर्णत: फार्मरों का नियंत्रण हो जाने से आबकारी प्रशासन द्वारा यथोचित लाभ की आशा नहीं की जा सकती थी अत: स्थानीय जिला कलक्टरों को आबकारी व्यवस्था में नियंत्रण तथा मूल्य वृद्धि हेतु विस्तृत अधिकार दिए गए।[15] यह बताना उचित होगा कि स्थानीय समाज में नशे के बढ़ते प्रचलन तथा इसके लिए किए जा रहे व्यापारियों के प्रयासों की जानकारी के बाद भी सरकार द्वारा इस पर रोक लगाने के निर्णय नहीं लिए गए। 1861 में पूरे पश्चिमोत्तर प्रांत में आबकारी प्रणाली में परिवर्तन लाया गया। फलत: एक लम्बे समय से चली आ रही फार्मिग व्यवस्था का स्थान डिस्टलरी व्यवस्था ने ले लिया।[16] पश्चिमोत्तर प्रांत में आबकारी प्रशासन द्वारा 153 डिस्टलरियों की स्थापना इस परिवर्तन के साथ ही की गई।[17] इसी प्रणाली के अंतर्गत नशीले पेयों (शराब) का निर्माण एक निश्चित स्थान पर सरकारी अधिकारियों की देख-रेख में किया जाता था।[18] ये डिस्टलरियाँ मुख्यत: बड़े नगरों तथा कस्बों में स्थापित की गई थीं, जहाँ यातायात के साधन सुलभ थे।[19] इन डिस्टलरियों से शराब आदि नशीले पेय व्यापार हेतु विभिन्न फार्मों में स्थापित आबकारी दुकानों को दिए जाते थे। मादक पदार्थों की उत्पादन प्रणाली में परिवर्तनों के साथ ही राजस्व लाभ हेतु भी नई व्यवस्थाएँ लागू की गईं और डिस्टलरी उत्पादों पर दोहरा

कर लगाया गया।

अब तक नशीले पदार्थों के उत्पादन तथा व्यापार का अधिकार एकमात्र लाइसेंस के आधार पर प्राप्त किया जाता था लेकिन इस दोहरी कर प्रणाली द्वारा किसी भी लाइसेंस धारक को व्यापार हेतु ये पदार्थ प्रति गैलन निर्धारित शुल्क दिए जाने पर ही निर्गत किए जा सकते थे। आसवनियों (डिस्टलरियों) से लिया जाने वाला यह कर 'स्टिल हेड ड्यूटी' या 'अभिकर' कहलाता था।[20] आबकारी नीतियों में लाए गए इन परिवर्तनों ने न केवल औपनिवेशिक अर्थव्यवस्था को मजबूत बनाया वरन् स्थानीय आबादी के आर्थिक शोषण को तेज करने में सहायता भी की।

आबकारी प्रणाली के विकास के समानांतर इसका प्रशासनिक ढाँचा भी बदलता व विस्तृत होता चला गया। 1862 में राजस्व प्रशासन की इस शाखा की सुदृढ़ तथा सक्षम कार्य प्रणाली तथा प्रांतीय स्तर पर नियंत्रण हेतु कमिश्नर की नियुक्ति की गई।[21] फलतः मि० डब्लू० जानस्टन पश्चिमोत्तर प्रांत के प्रथम आबकारी आयुक्त बने।[22] लेकिन आबकारी प्रशासन पर आबकारी कमिश्नर का स्वतंत्र नियंत्रण तब भी स्थापित नहीं किया गया था और आबकारी कमिश्नर पर बोर्ड आफ रेवेन्यू का नियंत्रण बना रहा।[23] यह व्यवस्था अधिक लम्बे समय तक लागू नहीं की जा सकी। वस्तुतः कमिश्नर की नियुक्ति द्वारा सरकार आबकारी स्रोतों से अधिकतम लाभ की आशा कर रही थी लेकिन यह परिवर्तन आशानुरूप सिद्ध नहीं हुआ। अतः 1 मई 1865 ई० को प्रांतीय सरकार द्वारा इस पद को समाप्त कर दिया गया।[24] फलस्वरूप आबकारी प्रशासन एक बार पुनः डिवीजनल कमिश्नरों के अधीन लाया गया।[25] इस वर्ष आबकारी राजस्व में पिछले वर्षों की अपेक्षा और अधिक गिरावट आई। फलतः आबकारी आय को सुरक्षित बनाए रखने हेतु इस पद की उपयुक्तता प्रतीत होने लगी। अतः एक बार पुनः पूरे प्रांतीय आबकारी प्रशासन के संचालन हेतु इस पद का सृजन किया गया। आबकारी व्यापार के प्रसार के साथ-साथ इस समय तक इससे होने वाले लाभ के आकर्षण से अवैध व्यापार तथा उत्पादन भी जन्म ले चुका था। वास्तव में यह अवैध व्यापार राजस्व हानि का स्पष्ट संकेत था। अतः आबकारी प्रशासन को सुदृढ़ करने के साथ-साथ अवैध व्यापार पर नियंत्रण हेतु जहाँ एक ओर अच्छे वेतन पर अधिकारियों की नियुक्तियाँ की जाने लगीं वहीं दूसरी ओर आबकारी गुप्तचर संगठनों को भी सशक्त किया गया।[26] अवैध उत्पादन तथा व्यापार को रोकने हेतु लाइसेंसों का वितरण पूर्ण जाँच-पड़ताल के बाद किए जाने की व्यवस्था की गई।[27] आबकारी प्रणाली में लाए गए ये परिवर्तन अत्यधिक सफल रहे। वास्तव में उत्पादन तथा व्यापार की इन नवीन पद्धतियों के परिणामस्वरूप बिना खपत बढ़े सरकार को बड़ी मात्रा

में आबकारी राजस्व प्राप्त हुआ।[28] यहाँ पर यह उल्लेख करना उचित होगा कि यद्यपि लगभग पूरे प्रांत में परिवर्तित आबकारी नीतियाँ लागू की गई थीं लेकिन कुमाऊँ तथा झाँसी डिवीजन इसके अपवाद थे। इन क्षेत्रों में आबकारी घटकों के उत्पादन तथा व्यापार हेतु फार्मिंग प्रणाली ही बनाए रखी गई[29] और यह आगामी तीन दशकों तक रही। प्रशासन का तर्क था कि आबकारी प्रणाली का निर्धारण मूलत: सम्बन्धित क्षेत्रों की भौगोलिक परिस्थितियों के साथ-साथ अवैध व्यापार के स्वरूप पर किया गया था।[30]

इतना ही नहीं वरन् सीमा से लगी देशी रियासतों, घने जंगलों से घिरा होने के साथ-साथ यह क्षेत्र आबादी की दृष्टि से सघन भी नहीं था। उक्त परिस्थितियों में नशीले पदार्थों का अवैध उत्पादन तथा व्यापार सरलता से सम्भव था जो कि सरकार के लिए वित्तीय हानि तथा असफल आबकारी प्रशासन का संकेत था। इस सदी के सातवें दशक में कुमाऊँ डिवीजन से मिलने वाले आबकारी राजस्व की स्थिति तालिका 3.1 से समझी जा सकती है।

तालिका 3-1—कुमाऊँ व गढ़वाल फार्मों से प्राप्त आबकारी राजस्व
(रुपया-आना-पैसा में)

वर्ष	कुमाऊँ	गढ़वाल
1862	3262.0.0	1796 0.0
1863	9089.11.3	2117.13.4
1864	10849.5.3	1638.12.10
1865	7705.11.5	1118.6.7
1866	7638.15.2	1635.4.2
1867	18326.3.4	1263.13.0
1868	13351.6.8	2030.7.3
1869	11644 4 0	2144 14 4
1870	17551.8.0	2548.0.0
	और तराई में	5533.8.0

स्रोत—रिपोर्ट आन एक्साइज एडमिनिस्ट्रेशन आफ एन० डब्लू० पी० एंड अवध (1862-1870)

आठवें दशक तक कुमाऊँ में फार्मिंग प्रणाली के अंतर्गत देशी शराब का मूल्य 8 आना प्रति बोतल था।[31] इस शराब की शक्ति (स्ट्रेन्थ) 35 प्रूफ से

नीचे थी। शराब के विक्रय की सीमा निर्धारित न थी। उपभोक्ता जितनी शराब चाहें उतनी ले सकते थे। गढ़वाल फार्म की मैदानी सीमा से लगे क्षेत्रों में इसका मूल्य 35 प्रूफ से नीचे 8 आना तथा 56 प्रूफ से नीचे 3 आना 6 पैसा प्रति बोतल निर्धारित किया गया था जबकि शेष भागों में यह 5 या 6 आना प्रति बोतल थी।[32] हालांकि 1841 में तराई जिला कुमाऊँ कमिश्नरी में शामिल किया जा चुका था, लेकिन आबकारी प्रशासन तब पीलीभीत तथा बरेली के जिला प्रशासन के अधीन रखा गया था।[33] इस दशक के आरम्भ में आबकारी प्रशासन की दृष्टि से तराई जिले को भी कुमाऊँ डिवीजन में सम्मिलित किया गया था।[34] इस परिवर्तन के साथ ही तराई में लागू डिस्टलरी प्रणाली को समाप्त कर फार्मिंग की नीलामी व्यवस्था लागू की गई। मि० मैकडोबोल का मत था कि यह परिवर्तन लाभदायक है। वस्तुत: पूर्व प्रणाली के अधीन शराब के मूल्य 8 आना प्रति बोतल थे, जबकि इस व्यवस्था में यह मात्र दो आने में आसानी से उपलब्ध हो रही थी।[35] शराब की कम कीमत ने इसकी खपत को असाधारण रूप से बढ़ाया। आबकारी के विस्तार के साथ-साथ प्रशासनिक जटिलताओं का क्रम भी जारी रहा। 1870-71 में कलक्टर के माध्यम से आबकारी दुकानों की संख्या तथा स्थानों को निश्चित करने की व्यवस्था की गई। साथ ही अधिकाधिक राजस्व लाभ हेतु नीलामी के लिए मूल्य निर्धारित किए गए। इस परिवर्तन द्वारा फुटकर दुकानों की नीलामी सीधे न करके प्रतियोगिता तथा पिछले नीलामी मूल्यों को ध्यान में रखकर किया जाने लगा था।[36] 1875-76 में फार्मिंग प्रणाली में महत्त्वपूर्ण संशोधन किया गया। उन फार्मरों को जिन्हें अपने क्षेत्र में नशीले पदार्थों के उत्पादन तथा व्यापार का अधिकार प्राप्त था, के लिए एक निश्चित न्यूनतम तथा अधिकतम सीमा के भीतर व्यापार की व्यवस्था आरम्भ की गई। फलत: अब प्रत्येक फार्मर निर्धारित न्यूनतम या अधिकतम सीमा के भीतर ही व्यापार करने हेतु बाध्य था।

प्रसार और नीति में बदलाव

1876-77 में आबकारी प्रशासन की कार्य-पद्धति की जाँच के साथ-साथ नये परिवर्तनों की सम्भावना का पता लगाने के उद्देश्य से एक समिति (कमेटी) का गठन किया गया।[37] इस कमेटी ने तत्कालीन आबकारी प्रणाली की पूर्ण जाँच-पड़ताल के पश्चात् आबकारी नीति में अनेक नये परिवर्तन लाए जाने का सुझाव रखा। ये सुझाव निम्न थे[38]—

1. प्रत्येक जिले में आबकारी प्रशासन हेतु विशेष कार्यकारी अधिकारी की नियुक्ति की जाय।

2. आबकारी राजस्व सम्बन्धी लेखे-जोखे, वसूली-भुगतान आदि का विवरण तहसील स्तर पर बनाया तथा रखा जाय।

3. छावनी क्षेत्रों में मजिस्ट्रेटों से स्वतंत्र आबकारी अधिकारी के रूप में दी गई शक्तियों को वापस ले लिया जाय।

4. अफीम के फुटकर व्यापार हेतु लाइसेंसों का वितरण नीलामी पद्धति द्वारा किया जाय।

5. उन क्षेत्रों में जहाँ डिस्टलरी प्रणाली लागू की गई थी, संशोधित डिस्टलरी प्रणाली लागू की जाय।

आबकारी कमेटी द्वारा दिए गए सुझाव अगले ही वर्ष लागू कर दिए गए। इसी वर्ष पश्चिमोत्तर प्रांत तथा अवध के आबकारी प्रशासन को भी संयुक्त किया गया था।[39]

आबकारी प्रशासन तथा नीतियों के यह स्वरूप जहाँ एक ओर उत्तरोत्तर विकसित हो रहे थे वहीं नशीले पदार्थों के व्यापार तथा उत्पादन हेतु भी नये केंद्र स्थापित किए जा रहे थे। इसी दशक में कुमाऊँ डिवीजन में ज्योलीकोट (नैनीताल) तथा रानीखेत (अल्मोड़ा) में दो आसवनियाँ (ब्रूअरियाँ) स्थापित की गई थीं। नैनीताल ब्रूअरी 876 में[40] तथा रानीखेत ब्रूअरी 1878 में[41] स्थापित की गई थीं। इन ब्रूअरियों में औसत वार्षिक उत्पादन लगभग 1,66,000 गैलन था।[42] तालिका 3.2 से इन ब्रूअरियों में मादक पेयों के वार्षिक उत्पादन का अनुमान लगाया जा सकता है…

तालिका 3.2 : नैनीताल व रानीखेत ब्रूअरियों में उत्पादित नशीले पेय (गैलन में)

	वर्ष					
स्थान	1877	1878	1879	1880	1881	1883
नैनीताल	108000	108000	81000	71712	134622	142020
रानीखेत	—	—	70000	61560	68850	66420
कुल	108000	108000	151000	133272	203472	208440

स्रोत—नैनीताल—ए गजेटियर

स्पष्ट है कि इस क्षेत्र में भी नशीले पदार्थों के उत्पादन तथा व्यापार की प्रक्रियाएँ तेजी से विकसित होती जा रही थीं। 1876-77 में कुमाऊँ, गढ़-वाल तथा तराई जिलों में आबकारी राजस्व क्रमशः रु० 24321.2.5,

रु० 1922.8.0 तथा रु० 25248.4.11 पहुँच चुका था।[43]

पर्वतीय क्षेत्रों में आबकारी का तेजी से होता जा रहा यह प्रसार बड़ी सीमा तक सैनिक उपभोक्ताओं पर निर्भर था। तत्कालीन कुमाऊँ कमिश्नर रामजे ने भी इस बात का उल्लेख किया था कि कुमाऊँ में नशे का प्रचार मूलतः सैनिकों तथा मैदानी भागों से आने वाले लोगों के कारण है।[44] यह एक महत्त्वपूर्ण तथ्य है कि यूरोपियन सैनिक टुकड़ियों के साथ आवागमन के समय मार्गों में स्थानीय विक्रेताओं द्वारा मादक पदार्थ (मुख्यतः लिकर) का व्यापार किया जाता था। इस व्यापार ने आबकारी आय को निश्चित रूप से प्रभावित किया था। अतः जनवरी 19, 1855 से बोर्ड आफ रेवेन्यू द्वारा ब्रिटिश टुकड़ियों को मार्गों में आबकारी पदार्थों की उपलब्धता अवैध घोषित की जाने के साथ-साथ प्रतिबंधित भी कर दी गई।[45] मादक पदार्थों के सेना में वितरण को लेकर जो औपनिवेशिक दृष्टि थी उसे इस तथ्य से समझा जा सकता है कि 1857 के विद्रोह से पूर्व ब्रिटिश सैनिकों को छोड़ अन्य (देशी) सैनिकों को यूरोपियन पद्धति से बनी शराब आदि उपलब्ध नहीं कराई जाती थी, लेकिन इस विद्रोह में दिल्ली के घेरे में सफलता प्राप्त कर लेने के उपलक्ष्य में पहली बार गोरखा बटालियन को कमीसुरेट विभाग द्वारा 'रम' दिए जाने के आदेश दिए गये।[46] सातवें दशक के आरम्भ के साथ ही सेनाध्यक्ष द्वारा सभी सैनिक टुकड़ियों के लिए अंग्रेजी शराब आपूर्ति की व्यवस्थाएँ कर दी गईं।[47] सेना में नशीले पेयों के प्रचलन ने जहाँ इनके उत्पादन तथा व्यापार के साथ आबकारी राजस्व को सीधे प्रभावित किया वहीं सैनिक छावनियों से लगे गाँवों में भी इसका प्रभाव स्पष्टतः दृष्टिगोचर होने लगा।[48] कुमाऊँ-गढ़वाल में सैन्य परिप्रेक्ष्य में आबकारी के प्रसार का एक अन्य प्रमुख कारण स्थानीय सैन्य जातियों के युवकों का सेना में आ जाना भी रहा। अन्य सरकारी विभागों की भाँति 1858 ई० में पिथौरागढ़ जैसे दूरस्थ क्षेत्र में पहला भर्ती कार्यालय खोला गया।[49] इस भर्ती से चौथी गोरखा राइफल का जन्म हुआ। इससे पूर्व की तीनों गोरखा सैनिक टुकड़ियों में पहाड़ की सभी सैन्य जातियाँ पर्याप्त संख्या में थीं।[50] पारम्परिक शराब के अभ्यस्त गोरखों के बसने तथा सेना में स्थानीय समुदाय के सम्पर्क से मादक पदार्थों का प्रचलन बढ़ना स्वाभाविक था। फिशर ने भी अपनी वार्षिक आबकारी रिपोर्ट में इस तथ्य को स्वीकार किया था कि इस दौर में आबकारी राजस्व की सभी शाखाओं, विशेषतः देशी शराब से मिलने वाले राजस्व में वृद्धि हुई।[51] इस अवधि में पिछले दशक की तुलना में कुमाऊँ में आबकारी राजस्व में लगभग दो गुनी वृद्धि हुई लेकिन गढ़वाल में यह पूर्ववत् ही था।

नवें दशक की शुरुआत के साथ औपनिवेशिक शोषण की पुरानी विधियों के माध्यम से ही नये लक्ष्यों की पूर्ति हेतु नशीले पदार्थों के व्यापार में 'ऊँचे करों'

की नीति को अपनाया गया। फलस्वरूप कर की दरें बढ़ाई जाने लगीं। 1880 ई० में कुमाऊँ में भी अंग्रेजी शराब के व्यापार हेतु लाइसेंस शुल्क में वृद्धि की गई, लेकिन अल्मोड़ा फार्म में, जहाँ एक दुकान थी, यह शुल्क 4 रु० प्रतिमाह रखा गया।[52] कुमाऊँ के तत्कालीन सीनियर ऐसिस्टेन्ट कमिश्नर का तर्क था कि अल्मोड़ा के लिए निर्धारित इस शुल्क का कारण सैनिक टुकड़ियों का इस क्षेत्र से चले जाना था, जिसके कारण इसके उपभोक्ताओं की संख्या सीमित हो गई थी।[53] स्पष्ट था कि यह वृद्धि पूर्णतः राजस्व केन्द्रित थी। उक्त तथ्यों से यह भी स्पष्ट होता है कि किसी भी स्तर पर आबकारी घटकों के मूल्यों का निर्धारण स्थानीय आबादी पर भी निर्भर था।

पर्वतीय क्षेत्रों में सैनिक आवागमन ने न केवल मादक पेयों के व्यवसाय को प्रभावित किया वरन् नशीली दवाओं का व्यापार भी इससे प्रभावित हुआ। यही कारण था कि इस दशक में नशीले पदार्थों के व्यापार हेतु लाइसेंस शुल्क पिछले वर्ष के अनुपात में कम किए जाने के बाद भी प्राप्त राजस्व अपेक्षाकृत अधिक था।[54] यह प्रसार तथा व्यवस्था कुमाऊँ की भाँति गढ़वाल फार्म में भी समान रूप से विकसित हो रही थी लेकिन फार्मिंग प्रणाली के कारण अपने मध्य बढ़ी प्रतियोगिता से जनित नुकसान को बचाने के उद्देश्य से इन पदार्थों की खपत को बढ़ाने का अधिकतम प्रयास फार्मरों ने किया।[55]

पर्वतीय क्षेत्रों में 19वीं शताब्दी के अन्तिम दशकों में औपनिवेशिक आबकारी नीति का एक और रोचक पक्ष उभरकर सामने आया। कुमाऊँ-गढ़वाल के उच्च हिमालयी क्षेत्रों में रह रही भोटिया जनजाति को औपनिवेशिक आबकारी व्यवस्था के आरम्भ से ही जनजातीय परम्परा के आधार पर आबकारी कानूनों के नियंत्रण से अलग रखा गया था। कुमाऊँ में जोहार-दारमा तथा गढ़वाल में नीति-माणा इलाकों में रह रही इन जनजातियों को अपने घरेलू प्रयोग हेतु मादक पदार्थों के उत्पादन का पूर्ण अधिकार था। अपने शरद प्रवास के दौरान निचली घाटियों की ओर विस्थापित होने तथा ग्रीष्म काल में पुनः उच्च हिमालयी इलाकों की ओर चले जाने वाली ये जनजातियाँ कहीं भी जाँण, चकती, छंग (देशी शराब) के उत्पादन हेतु स्वतन्त्र थीं।[56] लेकिन ब्रिटिश आबकारी प्रशासन, जिसके मुख्य आधार प्रत्यक्ष तथा अप्रत्यक्ष कर थे, के स्वार्थों से यह व्यवस्था अधिक लम्बे समय तक न बच सकी। 1881 में आबकारी अधिनियम XXII द्वारा मादक पदार्थों के उत्पादन तथा व्यापार पर पूर्ण प्रतिबन्ध लगाए जाने के साथ-साथ सरकारी नियंत्रण का दबाव और अधिक बढ़ा दिया गया। यह प्रतिबन्ध वस्तुतः खुले व्यापार को रोकने तथा ब्रिटिश एकाधिकार को अधिक मजबूत करने के उद्देश्य से बनाया गया था। इस परिवर्तन द्वारा इन जनजातियों के परम्परागत अधिकारों का सीमितीकरण स्वाभाविक था। अतः

स्थानीय जिला प्रशासन तथा कमिश्नर द्वारा इन जनजातियों को आबकारी अधिनियम के उक्त प्रावधानों से छूट दिलाए जाने हेतु एक प्रस्ताव सचिव बोर्ड आफ रेवेन्यू तथा सचिव उत्तर-पश्चिमी प्रान्त के पास भेजा गया। इस प्रस्ताव पर टिप्पणी करते हुए सचिव, उत्तर-पश्चिमी प्रान्त का कहना था—

"लेफ्टीनेंट गवर्नर ने डिवीजन कमिश्नरों तथा वरिष्ठ सहायक कमिश्नरों से वार्ता कर सीमित क्षेत्रों में छूट के प्रावधान को स्वीकार किया है। यह प्रावधान केवल उन्हीं परगनों में लागू होगा जो अधिसूचना में उल्लिखित किए जाएँगे...। यह भी स्पष्ट कर दिया जाना चाहिए कि जब ये लोग उल्लिखित परगनों की स्थानीय सीमा को छोड़ निचले पहाड़ी इलाकों को आएँगे तो उसी समय उक्त अधिनियम के अन्तर्गत आ जाएँगे और उन्हें इस बात की आज्ञा नहीं दी जाएगी कि वे अपने साथ शराब या स्प्रिट लाएँ अथवा बनाएँ।"[57]

प्रान्तीय तथा आबकारी प्रशासन के उक्त निर्णयों के आधार पर 1889-90 ई० में एक अधिसूचना जारी की गई। इस अधिसूचना में कहा गया था—

"लेफ्टीनेंट गवर्नर तथा मुख्य आयुक्त को आबकारी अधिनियम XXII 1881 के अनुच्छेद 56 के अन्तर्गत कुमाऊँ डिवीजन में कुमाऊँ जिले के जोहार तथा दारमा और गढ़वाल जिले में पैनखण्डा परगनों में रहने वाले भोटियों को आबकारी अधिनियम से छूट देते हुए प्रसन्नता हो रही है।"[58]

जनजातियों के लिए अपनाई जा रही उक्त नीति से स्पष्ट था कि आबकारी प्रशासन द्वारा इनके परम्परागत रीति-रिवाजों पर हस्तक्षेप कर अधिकारों के सीमितीकरण का प्रयास किया गया। वास्तव में स्थानीय समाज में मादक पेयों के प्रचार तथा प्रसार के साथ व्यापारिक लाभ के आकर्षण ने इन जातियों को भी अवैध व्यापार हेतु प्रेरित किया था। अत: इन अधिकारों को सीमित करने का उद्देश्य जनजातियों द्वारा उत्पादित नशीले पदार्थों के बाजार को रोकना था जिससे केवल अधिकृत तथा कर चुकाए हुए पेय ही जनता तक पहुँच सकें और आबकारी राजस्व सुरक्षित बना रहे।[59] 1894 में आबकारी घटकों के उत्पादन तथा व्यापार हेतु चली आ रही फार्मिग प्रणाली का नवीनीकरण किया गया। बड़े-बड़े फार्मों के कारण आबकारी से अधिकाधिक आय असम्भव थी। इसका कारण व्यक्तिगत लाभों से उत्प्रेरित अवैध व्यापार था। फार्म, जो सामान्यत: पूरे जिले थे, में फार्मर छोटे-छोटे व्यापारी नियुक्त कर व्यापार करने लगे थे जिन्होंने अवैध व्यापार को बढ़ावा दिया। अत: इस व्यापार को रोकने के साथ-साथ अधिकाधिक राजस्व सुरक्षित तथा सुनिश्चित करने के उद्देश्य से फार्मों का आकार छोटा किया गया।[60]

आबकारी नीति और नशीली औषधियाँ

आबकारी के एक घटक के रूप में जहाँ एक ओर नशीले पेयों का व्यापार तथा प्रशासन इन दशकों में तेजी से फलता-फूलता जा रहा था वहीं अफीम, भाँग आदि नशीली औषधियों के प्रशासन तथा व्यापार की प्रक्रियाएँ भी समानान्तर क्रम में विकसित की जा रही थीं।[61] यह उल्लेखनीय है कि आरम्भिक वर्षों में कुमाऊँ में अफीम का व्यापार प्रचलित नहीं था। वस्तुत: यहाँ पर अफीम का उत्पादन तथा खपत बहुत कम थी और यह कहा जा सकता है कि स्थानीय समाज इसके प्रयोग से अनभिज्ञ ही था।[62] परन्तु प्रकारान्तर में मुसलमानों के साथ प्रचलन में आई अफीम नैनीताल तथा तराई क्षेत्रों में तेजी से फैली। परिणामस्वरूप इस क्षेत्र में भी अफीम हेतु प्रान्तीय आबकारी कानून लागू किए गए। इस समय तक अल्मोड़ा जिले में अफीम उत्पादन प्रतिबन्धित था।[63] वस्तुत: पश्चिमोत्तर प्रान्त में केवल उन्हीं जिलों में अफीम उत्पादन किया जा सकता था जहाँ प्रान्तीय सरकार द्वारा अनुमति प्राप्त अफीम उत्पादक ऐजेन्सियाँ स्थापित की गई थीं।[64] अफीम के फुटकर व्यापार हेतु लिकर की भाँति ही फार्मिंग प्रणाली अपनाई गई। सामान्य विक्रय के लिए लीज पर या ठेकों पर छोटे-बड़े फार्म दिए गए। यह व्यवस्था औपनिवेशिक हितों की दृष्टि से अधिक सफल तथा उपयुक्त नहीं रही फलत: इस पद्धति को समाप्त कर अफीम के व्यापार की व्यवस्था सरकार ने अपने हाथ में ले ली। इस परिवर्तित व्यवस्था द्वारा अफीम का व्यापार निश्चित दरों पर सरकारी कार्यालयों, मुख्यत: तहसीलों, कोषागारों से किया जाने लगा।[65] वास्तव में अफीम भी अब आबकारी के प्रमुख घटक के रूप में उभर चुका था। 1866 में आबकारी राजस्व में तेजी से गिरावट आई। अत: इसकी क्षति-पूर्ति के लिए जहाँ शराब के उत्पादन तथा व्यापार हेतु नई प्रणाली विकसित की गई वहीं खपत को बढ़ाने के उद्देश्य से अफीम के मूल्य में भी कमी की गई।[66] फिर भी अपेक्षित आबकारी राजस्व प्राप्त नहीं किया जा सका। अत: एक बार फिर नशीली औषधियों के मूल्यों में पुन: वृद्धि की गई, जिसने अंतत: अवैध व्यापार को प्रेरित किया।[67] 1871 में ब्रिटिश सरकार द्वारा आबकारी अफीम (जो स्थानीय स्तर पर बिक्री के लिए उपलब्ध थी) के व्यापार हेतु नीतियों में परिवर्तन किया गया, फलत: प्रतिबन्धित व्यापार नियंत्रण समाप्त कर सभी क्षेत्रों में उत्पादन की आज्ञा दे दी गई।[68] लेकिन उत्पादन तथा व्यापार अभी भी लाइसेंसों के आधार पर किया जाना था।[69] 1877 तक अफीम की बिक्री हेतु कुमाऊँ तथा गढ़वाल जिलों में एक तथा तराई जिले में पाँच लाइसेंस दिए जा चुके थे। इन लाइसेंसों से शुल्क के रूप में प्राप्त होने वाला राजस्व क्रमश: रु० 50, 97 तथा 753.10.8 पैसा था। परन्तु शुल्क में वृद्धि से एक ही वर्ष में यह लाइसेंस शुल्क बढ़कर 859 रु०

2 आना, 48 रु० 12 आना तथा 1007 रु० 5 आना 4 पैसा हो गया था। 1878 में कुमाऊँ में अफीम के व्यापार से प्राप्त होने वाला राजस्व 4716 रु० 4 आना था।[70] आबकारी अफीम के व्यापार की यह प्रक्रिया नवें दशक में भी विकसित होती चली गई। 1881 ई० तक कुमाऊँ तथा गढ़वाल जिलों को अफीम के व्यापार हेतु 8.8 लाइसेंस दिए जा चुके थे, लेकिन तराई के इलाकों में यह संख्या पूर्ववत् ही बनी रही। इन लाइसेंसों के माध्यम से आबकारी प्रशासन को क्रमश: 688.8 0 रु० 161.0.0 रु०, तथा 944.0.0 रु० की आय हुई थी। साथ ही अफीम की बिक्री से कुमाऊँ डिवीजन में 6116.4.0 रु० राजस्व एकत्र किया गया।[71] वास्तव में यह परिवर्तन एक तरह से फार्मिंग प्रणाली के अन्तर्गत उत्पादन तथा व्यापार को औपनिवेशिक हितों के लिए विकसित करने के साथ-साथ एकाधिकार बनाए रखने की प्रक्रिया का हिस्सा थी। स्वयं आबकारी प्रशासन द्वारा यह स्वीकार किया जा रहा था कि शराब की बढ़ती खपत तथा करों में वृद्धि के बाद भी आबकारी राजस्व में हुए लाभ का प्रमुख कारण अफीम की बिक्री थी।[72] इन दशकों में आबकारी नीतियों में नित नये परिवर्तनों ने न केवल नशीले पदार्थों की खपत को बढ़ाया वरन् मूल्यों में लगातार हो रही वृद्धि से प्राप्त होने वाला राजस्व भी अधिकतम सीमा तक पहुँचा।

शराब, अफीम की भाँति भाँग के विभिन्न उत्पाद भी पश्चिमोत्तर प्रांत में आबकारी प्रशासन की वाणिज्यिक नीति का लक्ष्य बने। हालाँकि नशीली औषधियों आदि के रूप में बिक रहे भाँग व अन्य उत्पाद औपनिवेशिक आधिपत्य के साथ ही राजस्व का स्रोत बन चुके थे, लेकिन इनके उत्पादन पर पूर्ण प्रतिबंध अभी भी नहीं लगाया गया। वास्तव में भाँग का उत्पादन कुमाऊँ तथा गढ़वाल में बहुत पहले से चला आया था।[73] जंगली तौर पर भाँग इन क्षेत्रों में उगती थी।[74] कुमाऊँ के चौगर्खा, गंगोली, काली-कुमाऊँ तथा पाली पछाऊँ परगनों में भाँग तथा चरस का उत्पादन व्यापारिक तौर पर किया जाता था।[75] यही कारण था कि कुमाऊँ डिवीजन में इनके उत्पादन पर प्रतिबंध स्थापित करना असम्भव था। यहाँ पर यह उल्लेख करना प्रासंगिक होगा कि इस दौर में यारकन्द से आने वाली चरस, जिसकी माँग अपेक्षाकृत अधिक थी, में भी आबकारी नियंत्रण स्थापित किया गया था। यह स्पष्ट था कि स्थानीय चरस आदि की अपेक्षा इसकी माँग तथा खपत अधिक होने से इससे अधिकतम लाभ लिया जा सकता था। वास्तव में यह आयातित चरस राजस्व के रूप में दोहरा लाभ ('आयात कर' तथा 'आबकारी कर') दे रहा था। साथ ही यारकंद चरस द्वारा स्थानीय चरस प्रतिस्थापित होने लगी थी।[76] आबकारी प्रशासन का तर्क था कि स्थानीय उत्पाद मध्य एशिया तथा नेपाल से आयातित उत्पादों की अपेक्षा घटिया किस्म के हैं, लेकिन इस व्यवस्था के पीछे भी ब्रिटिश लाभ

के उद्देश्य केन्द्रित थे। ऊँची कीमतों वाली यारकंद तथा नेपाली चरस, जिस पर पहाड़ी चरस की अपेक्षा अधिक 'कर' था, से अधिक मुनाफा लिया जा सकता था। 1877 ई० तक कुमाऊँ-गढ़वाल तथा तराई जिलों में इन नशीली औषधियों के व्यापार हेतु क्रमश: 8, 1 तथा 5 आबकारी लाइसेंस दिए गए थे और इनसे प्राप्त होने वाला राजस्व भी 3715.10.0 रु०, 304.0.0 रु० तथा 1389.4.3 रु० था।[77] परंतु मात्र तीन वर्षों में इन लाइसेंसों तथा आबकारी राजस्व में असाधारण वृद्धि हुई। इस प्रकार 1880 तक कुमाऊँ, गढ़वाल तथा तराई में नशीली औषधियों के व्यापार हेतु क्रमश: 8, 8 तथा 7 लाइसेंस संस्तुत किए जा चुके थे। व्यापारिक केन्द्रों के विस्तार के साथ-साथ इससे प्राप्त राजस्व भी इसी अनुपात में बढ़ा। इस वर्ष यह क्रमश: 3457.11.4 रु० 625.0.0 रु० तथा 1520.0.0 रु० वार्षिक था।[78] इन आँकड़ों से यह स्पष्ट है कि नशीली औषधियों की खपत गढ़वाल में अपेक्षाकृत बढ़ती जा रही थी। वस्तुत: इसका मुख्य कारण स्थानीय जनता न होकर, यात्रा में जाने वाले तीर्थयात्री व मैदानी क्षेत्र के लोग अधिक थे।[79] कुमाऊँ में मदक तथा चंडू के व्यापार में भी आबकारी नियंत्रण स्थापित किया गया था और इसके व्यापार हेतु केवल एक लाइसेंस संस्तुत था। इससे 904 रु० वार्षिक राजस्व प्राप्त किया गया था।[80] इन व्यवस्थाओं ने नशीले पदार्थों के प्रसार को प्ररित करने के साथ ही आबकारी शोषण यंत्र को विकसित करने तथा जटिल बनाने में महत्त्वपूर्ण भूमिका निभाई। फलस्वरूप स्थानीय समाज के आर्थिक शोषण का भी तीव्रीकरण हुआ।

ठहराव और बदलाव

19वीं सदी के आठवें दशक तक आबकारी राजस्व के निम्न स्रोत उभर चुके थे—

1. डिस्टलरियों में स्टिल हेड ड्यूटी या अभिकर,
2. देशी शराब के फुटकर व्यापार हेतु लाइसेंस शुल्क,
3. फार्मिंग क्षेत्र,
4. अफीम, मदक तथा चंडू,
5. भाँग से बनने वाली औषधियाँ।

आबकारी नीति की इस विकास यात्रा से यह स्पष्ट है कि इस दौर में मादक पदार्थों का समाज में तेजी से प्रचलन तथा प्रसार हुआ। गढ़वाल के तत्कालीन सीनियर असिस्टेंट कमिश्नर ने इस प्रचलन पर टिप्पणी करते हुए कहा—

"उन क्षेत्रों में जहाँ नशीले पेयों या औषधियों के कोई फार्म नहीं हैं, लोग

नशे की हालत में दिखने लगे हैं।"[81]

यह उल्लेखनीय है कि 1886 ई० में ब्रिटिश तथा भारतीय उपनिवेश की टेंपरेंश समितियों द्वारा औपनिवेशिक आबकारी नीतियों का विरोध करते हुए देश में शराब तथा अन्य नशीली औषधियों के प्रचलन पर प्रतिबंध लगाने की सिफारिश की गई, परंतु सरकार ने इस तथ्य को स्वीकार करने से इंकार कर दिया कि उपनिवेश में इन मादक पदार्थों की खपत बढ़ रही थी।[82] वस्तुतः ब्रिटिश प्रशासन अपने आर्थिक हितों को कम या समाप्त नहीं करना चाहता था।

नवें दशक के मध्य तक कुमाऊँ में भी मादक पदार्थों का तेजी से प्रसार हुआ। 1884 ई० में यद्यपि अल्मोड़ा, बरमदेव (टनकपुर) आदि इलाकों में नशीले पदार्थों की विशेष खपत नहीं हुई, लेकिन भाबर, नैनीताल तथा रानीखेत में इसके प्रसार के साथ-साथ राजस्व भी असाधारण रूप से बढ़ा। यह वृद्धि मुख्यतः भाबर में रह रही आबादी की आर्थिक स्थितियों में सुधार का परिणाम थी। अल्मोड़ा, बरमदेव में खपत की कमी का मुख्य कारण गोरखा सैनिक टुकड़ियों तथा मजदूर वर्ग का एक अन्य क्षेत्रों की ओर चले जाना था।[83] इस दशक के अंत में आबकारी व्यवस्था में पुनः परिवर्तन किया गया। सैनिक छावनियों—विशेषतः रानीखेत छावनी—में शराब की बढ़ती माँग ने जहाँ आपूर्ति को सक्षम बनाया वहीं इस क्षेत्र में इसके नियंत्रण हेतु विशेष आबकारी प्रशासनिक व्यवस्था के प्रयास भी किए। फलतः रानीखेत में विशेष व्यवस्था हेतु 6 अगस्त 1887 को 1 मुहर्रिर तथा 4 चपरासियों की अस्थायी नियुक्ति की गई। इस आदेश में यह भी कहा गया कि 12 महीनों के अनुभवों तथा परिणामों के आधार पर इन व्यवस्थाओं को स्थायित्व दिया जाएगा।[84] 11 अप्रैल 1989 को सचिव उत्तर-पश्चिमी प्रांत ने दो और चौकीदारों की नियुक्ति के आदेश दिए।[85] यह उल्लेख करना उचित होगा कि उक्त व्यवस्था का उद्देश्य आबकारी कानूनों के उल्लंघन को रोकना तथा आबकारी अपराधों पर निगरानी रखना था न कि सामाजिक प्रतिमानों को बनाए रखने हेतु संयम (टेंपरेंस) को बढ़ावा देना। उक्त राजाज्ञा द्वारा आबकारी प्रशासनिक निकाय, रानीखेत में मुहर्रिर का पद समाप्त कर दिया गया और उसके सभी कार्य अब छावनी मजिस्ट्रेट के द्वारा किये जाने लगे। राजस्व प्रेरित आबकारी प्रशासन द्वारा अवैध व्यापार को रोकने के प्रयासों तथा सुदृढ़ व्यवस्था के परिणामस्वरूप कुमाऊँ डिवीजन से 72457 रु० 1 आना 6 पैसा आबकारी राजस्व प्राप्त हुआ।[86] यदि जिलेवार देखें तो कुमाऊँ-गढ़वाल तथा तराई जिलों के लिए क्रमशः 37644. 14. 3 रुपये, 5626 5. 3 रुपये तथा 29409. 0. 0. रु० था।[87] आँकड़ों से स्पष्ट है कि औपनिवेशिक हित पूर्ति गढ़वाल तथा तराई जिलों की अपेक्षा

कुमाऊँ में अधिक थी। यह एक रोचक पक्ष है कि अभी भी आबकारी प्रशासन द्वारा यही कहा जा रहा था कि कुमाऊँ में नशीले पदार्थों का प्रसार तथा नशे की प्रवृत्ति नहीं बढ़ी है वरन् यह वृद्धि भाबर तथा पहाड़ी पट्टियों में नशीले पदार्थों के व्यापक प्रसार हेतु अधिकृत लाइसेंस धारियों के मध्य बढ़ती प्रतियोगिता का परिणाम है। विशेषतः रानीखेत में जहाँ शराब आदि मादक पदार्थों की माँग अधिक थी, यह नीति अत्यधिक सफल रही।[88] लेकिन इसी दौर में फसल अच्छी न होने से स्थानीय जनता की आर्थिक स्थिति कमजोर हो गई थी साथ ही तीर्थयात्रियों की संख्या में कमी ने गढ़वाल जिले में नशीले पदार्थों की खपत तथा राजस्व दोनों को प्रभावित किया।[89]

नशीले पदार्थों के समाज में प्रचलन की गति तथा प्रयुक्त होने वाली मात्रा ने धार्मिक, सांस्कृतिक प्रतिमानों को भी बड़ी हद तक प्रभावित किया। इस शताब्दी के अंत तक धार्मिक प्रतिबंधों के बाद भी इन पदार्थों का असाधारण फैलाव हुआ। गढ़वाल का असिस्टेंट कमिश्नर लिखता है कि इस दशक तक बद्रीनाथ-केदारनाथ मन्दिर के कर्मचारियों में भी मादक पदार्थों का प्रचलन प्रारम्भ हो चुका था।[90] इन पदार्थों की आपूर्ति स्थानीय जनजातीय गाँवों (नीती-माणा आदि) से होने लगी थी। यह औपनिवेशिक हितों के लिए उचित अवसर था। अतः शीघ्र ही जे० एन० केम्पवेल द्वारा केदारनाथ के समीप फेगू तथा बद्रीनाथ के समीप जोशीमठ में शराब की दुकानें खोलने के आदेश दिए गए।[91] इस व्यवस्था से आबकारी प्रशासन को दोहरा लाभ हुआ। जहाँ एक ओर स्थानीय अवैध व्यापार को इस व्यवस्था द्वारा रोका गया वहीं दूसरी ओर इन दूरस्थ घाटियों को भी पहली बार आर्थिक शोषण के चक्र में लाया गया। आबकारी का यह प्रसार केवल इन क्षेत्रों में सीमित न था वरन् औपनिवेशिक भारत में यह क्रम देखा जा सकता था। नशीले पदार्थों के समाज में प्रचलन के साथ ही अत्र सरकार द्वारा इसके व्यापार को व्यापक और विस्तृत सुविधाएँ दी जा रही थीं। इसी दशक में आर्थिक शोषण का तीव्रीकरण हुआ। मादक पदार्थों के व्यापार तथा प्रसार पर नियन्त्रण हेतु आबकारी नीति में पुनः परिवर्तन लाए गए। फलस्वरूप 29 फरवरी 1890 को भारत सरकार द्वारा निम्न संशोधित नीति निर्धारित की गई[92]—

1. नशीले पदार्थों पर अधिकतम कर लगाया जाय। कुछ मामलों में तो अधिकतम सम्भावित कर लगाया जाय।

2. शराब तथा अन्य नशीले पदार्थों के व्यापार पर सतर्कता तथा कानूनी नियंत्रण बनाए रखने हेतु पुलिस प्रशासन को आबकारी सम्बन्धी शक्तियाँ दिए जाने के लिए रेग्यूलेशन निर्धारित किया जाय।

3. स्थानीय परिस्थितियों के अनुसार नशीले पदार्थों के विक्रय हेतु स्थान

का निर्धारण उचित आधार पर कड़ाई से किया जाय।

इस नीति का एक महत्त्वपूर्ण पक्ष यह था कि इसके द्वारा स्थानीय आबकारी प्रशासन से सम्बन्धित क्षेत्रों में नशीले पदार्थों के उत्पादन तथा व्यापार हेतु अपनायी जा रही नीति के प्रति स्थानीय जनता की भावनाओं का पता लगाने का प्रावधान भी किया गया। हालांकि यह पक्ष कभी भी व्यावहारिक रूप नहीं ले सका था।

उक्त विवरणों से यह स्पष्ट है कि ब्रिटिश आबकारी नीति वस्तुतः दोहरी नीति थी। जहाँ एक ओर आबकारी व्यवस्था के प्रति स्थानीय भावनाओं का पता लगाने का प्रावधान रखा गया वहीं दूसरी ओर अधिकतम् सम्भावित करारोपण इस बात का स्पष्ट संकेत था कि औपनिवेशिक उद्देश्य राजस्व केंद्रित बने रहें। स्वयं भारत सचिव ने आबकारी नीति के इस दोहरे स्वरूप को और अधिक स्पष्ट करते हुए कहा—

"खपत और उसे बढ़ाने के प्रयासों पर प्रतिबंध यदि आवश्यक है, तो भी असम्भव है।"[93]

फलतः उक्त संशोधित नीति प्रांतीय सचिव द्वारा स्वीकार कर लागू का गई।

1891 में कुमाऊँ जिले का प्रशासनिक दृष्टि से पुनर्गठन किया गया और इसे दो प्रशासनिक निकायों—अल्मोड़ा तथा नैनीताल में बाँटा गया।[94] इस व्यवस्था के अनुरूप ही आबकारी प्रशासन में भी परिवर्तन लाए गए। फलस्वरूप आबकारी प्रशासनिक व्यवस्था को सम्बन्धित जिलों के कलक्टरों के अधीन लाया गया। इस परिवर्तन में तराई जिले के आबकारी प्रशासन को भी नैनीताल जिले के अधीन कर दिया गया था। परंतु बरमदेव (टनकपुर) के क्षेत्र को अल्मोड़ा जिले में शामिल किया गया। इस समय तक नैनीताल जिले में देशी शराब के व्यापार हेतु 41 लाइसेंस दिए गए थे लेकिन प्रशासनिक इकाइयों के फेर-बदल से अब नैनीताल में 38 लाइसेंस ही रहे। इन लाइसेंसों का वितरण निम्न प्रकार किया गया था—नैनीताल शहर हेतु दो, एक-एक लाइसेंस क्रमशः हल्द्वानी, कालाढूंगी तथा रामनगर को दिया गया। काशीपुर परगने में 4 लाइसेंस दिए गए थे। शेष 29 लाइसेंस तराई क्षेत्रों के लिए संस्तुत किए गए थे।[95] अल्मोड़ा जिले में देशी शराब के व्यापार हेतु केवल 8 लाइसेंस दिए गए थे।[96] तालिका 3.3, 3.4 तथा 3.5 से इस अवधि में कुमाऊँ, गढ़वाल तथा तराई जिलों में नशीले पदार्थों के वितरण हेतु जारी किए गए लाइसेंसों की झलक देखी जा सकती है—

तालिका 3.3 : कुमाऊँ फार्म में नशीले पदार्थों के व्यापार हेतु जारी किए गए लाइसेंस

वर्ष	देशी शराब	अंग्रेजी शराब थोक/फुटकर	अफीम	नशीली औषधियाँ
1876	8	13/12	1	8
1877	8	13/12	1	8
1878	8	14/12	7	8
1879	8	13/11	8	8
1880	8	12/12	8	8
1881	8	9/12	8	8
1882	8	8/11	—	—
1883	8	— —	—	—

स्रोत—रिपोर्ट आन एक्साइज एडमिनिस्ट्रेशन आफ नार्थ वेस्टर्न प्रोविन्स आगरा एण्ड अवध (1876-1883)

तालिका 3.4 : गढ़वाल फार्म में नशीले पदार्थों के व्यापार हेतु जारी लाइसेंस

वर्ष	देशी शराब	अंग्रेजी शराब थोक/फुटकर	अफीम	नशीली औषधियाँ
1876	3	—	1	1
1877	3	—	1	1
1878	3	—	7	7
1879	3	—	1	1
1880	3	—	8	8
1881	3	—	8	8

स्रोत—रिपोर्ट आन ए० एड० आफ एन० डब्ल्यू० पी० आगरा एंड अवध

तालिका 3.5 : तराई फार्म में नशीले पदार्थों के व्यापार हेतु जारी लाइसेंस

वर्ष	देशी शराब	अंग्रेजी शराब	अफीम	नशीली औषधियाँ
1877	36	—	5	5
1878	36	—	—	1
1879	36	—	5	7
1880	36	—	5	7
1881	36	—	5	5

स्रोत—रिपोर्ट आन एक्साइज एडमिनिस्ट्रेशन आफ एन० डब्ल्यू० पी० आगरा एंड अवध (1877-1881)

सदी के अंतिम दशक में देशी शराब के साथ-साथ यूरोपियन पद्धति से बनी शराब की तेजी से बढ़ती माँग को देखते हुए नैनीताल जिले में 13 दुकानें खोली गई थीं।[97] 1897 ई० में आबकारी पेयों के दूसरे घटक ह्विस्की के निर्माण हेतु नैनीताल ब्रूअरी को लाइसेंस दिया गया।[98] परन्तु इस वर्ष आए भूस्खलन से डिस्टलरी के टूट जाने से यह योजना सफल न हो सकी। आबकारी व्यवस्था के इस फैलाव से मादक पदार्थों की खपत में वृद्धि के साथ-साथ लाइसेंसों से मिलने वाले राजस्व में दुगनी वृद्धि हुई। 1896 में यह राजस्व 4710 रु० था जबकि इस वर्ष इससे 8445 रु० प्राप्त हुए।[99] आबकारी आयुक्त जे० एम० होम्स ने अपनी रिपोर्ट में इस बात का उल्लेख किया था कि केवल गढ़वाल जिले को छोड़, जहाँ अकाल तथा प्लेग ने स्थानीय अर्थव्यवस्था को कमजोर करने के साथ-साथ तीर्थयात्रा के दबाव को कम किया था[100] शेष कुमाऊँ डिवीजन में आबकारी राजस्व असाधारण रूप से बढ़ा था।[101] 1897-98 में कुमाऊँ तथा गढ़वाल से क्रमशः 21784-3-2 रु० तथा 5536-0-6 रु० आबकारी राजस्व एकत्र किया गया। नशीले पदार्थों के इस प्रसार, नियंत्रण तथा ऊँचे करों ने कुमाऊँ डिवीजन में अवैध उत्पादन तथा व्यापार को भी त्वरा दी। देशी रियासतों (टिहरी-रामपुर) से लगी सीमाओं में यह अवैध व्यापार व्यापक रूप लेने लगा था। वास्तव में देशी रियासतों में नशीले पदार्थों के मूल्य कम होने से अवैध व्यापार उभरना स्वाभाविक था। फलतः इस व्यापार को रोकने हेतु औपनिवेशिक प्रशासन ने जहाँ एक ओर देशी रियासतों की सीमा से लगे क्षेत्रों में आबकारी करों में वृद्धि के लिए कहा वहीं अपनी सीमाओं से लगे क्षेत्रों में अनेक दुकानें खोलीं। 1897 में टिहरी रियासत में चटवाल गाँव

की दुकान से अवैध व्यापार पर नियंत्रण हेतु बोह में लिकर तथा लोहवा (गैरसैंण) में नशीली औषधियों की दुकानें खोली गईं ।[102]

1895 में ब्रिटिश भारत में आबकारी नीति तथा नशे के प्रचलन तथा प्रभावों की जांच हेतु विशेष आयोग भारत आया। यह आयोग 'हेम्प ड्रग कमीशन' कहलाया। इस आयोग ने औपनिवेशिक आबकारी व्यवस्था के पूर्ण विश्लेषण तथा जांच के आधार पर भारतीय उपनिवेश में शराब तथा नशीली औषधियों के व्यापार पर नियंत्रण तथा प्रतिबंध लगाए जाने की सिफारिश की।[103] इस कमीशन का सुझाव था कि चरस तथा भाँग पर यथासम्भव प्रतिबंध लगाने के साथ ही गोदामों से निर्गत की जा रही मात्रा के अनुपात में कर आरोपित किया जाना चाहिए। साथ ही भाँग के उत्पादन पर कर लगाए जाने के साथ-साथ नशीली औषधियों का उत्पादन लाइसेंसों के आधार पर किए जाने की व्यवस्था का सुझाव दिया गया था।[104] वास्तव में अब तक इन नशीली औषधियों के उत्पादन पर कोई प्रतिबंध न था। केवल व्यापार सरकारी नियंत्रण पर किया जा रहा था। हेम्प ड्रग कमीशन की उक्त सिफारिशें 1 अक्टूबर 1896 से लागू की गईं। यह उल्लेख करना प्रासंगिक होगा कि कुमाऊँ तथा गढ़वाल में भाँग का उत्पादन जंगली तौर पर होने से उक्त नीतियों को लागू नहीं किया जा सका। इस कमीशन द्वारा अफीम के व्यापार हेतु भी नई व्यवस्था लागू की गई। दवा के रूप में प्रयोग हेतु अफीम के व्यापार के लिए निःशुल्क लाइसेंस दिए गए। इस कमीशन द्वारा व्यक्तिगत तौर पर नशीली औषधियाँ रखने का अधिकार दिया गया परंतु इसकी सीमा निर्धारित की गई थी[105]—

1. ऐसी अफीम तथा नशीली औषधियाँ जो धूम्रपान हेतु प्रयुक्त की जाती थीं, एक तोला रखी जा सकती थीं तथा

2. वह अफीम तथा नशीली औषधियाँ जो धूम्रपान हेतु प्रयोग में न आएँ—3 तोला।

अफीम के मूल्य 15 रु० से 40 रु० प्रति सेर निर्धारित किए गए थे।[106] 1896-97 में कुमाऊँ में आयात की गई नशीली औषधियों की मात्रा तालिका 3.6 में दर्शायी गई है—

तालिका 3 6 : कुमाऊँ डिवीजन में आयात की जा रही चरस तथा भाँग

वर्ष	1896-97	1897-98
चरस	144.5 सेर	212.5 सेर
भाँग	260.0 सेर	262.5 सेर

स्रोत—रिपोर्ट आन एक्साइज एडमिनिस्ट्रेशन आफ एन० डब्ल्यू० पी० आगरा एंड अवध (1899)

आउटस्टिल प्रणाली

आबकारी नीतियों में लाए जा रहे इन परिवर्तनों के क्रियान्वयन हेतु 1896 में एक अधिनियम पारित किया गया। दूसरी ओर इन्हीं वर्षों में कुमाऊँ डिवीजन में लागू आबकारी नीतियों में महत्त्वपूर्ण परिवर्तन किया गया। प्रांतीय सरकार तथा बोर्ड आफ रेवेन्यू की संस्तुति पर कुमाऊँ में औपनिवेशिक आधिपत्य के साथ ही विकसित हुई नशीले पदार्थों के उत्पादन तथा व्यापार की फार्मिंग प्रणाली को समाप्त कर आउटस्टिल प्रणाली लागू की गई।[107] हालांकि शेष पश्चिमोत्तर प्रांत में यह प्रणाली आठवें दशक की शुरुआत के साथ ही लागू कर दी गई थी लेकिन कुमाऊँ की विशिष्ट भौगोलिक परिस्थितियों में तब इसे उपयुक्त नहीं समझा गया था। अब फार्मिंग प्रणाली से अधिकतम आय की आशा नहीं की जा सकती थी और न ही इस उद्देश्य के लिए प्रयास ही किए जा सकते थे। फार्मिंग प्रणाली के अंतर्गत अधिकांश फार्मरों द्वारा गुटबंदी कर लेने से न्यूनतम राशि ही राजस्व के रूप, में दी जा रही थी। अत: फार्मों को समाप्त कर अलग-अलग स्थानों के स्टिल (भट्टियाँ) स्थापित की गई तथा शराब बेचने का अधिकार अलग-अलग ठेकेदारों को दिया गया।[108] यद्यपि यह प्रणाली अपने स्वरूप में फार्मिंग के समान थी लेकिन मुख्य असमानता यह थी कि फार्मिंग की निश्चित सीमाओं के विपरीत इसमें व्यापार हेतु कोई सीमा निर्धारित न थी। आबकारी प्रणाली में आए इन परिवर्तनों के कारण कुमाऊँ में नशीले पेयों का असाधारण प्रचार तथा प्रसार हुआ। आउटस्टिल व्यवस्था के अंतर्गत निश्चित सीमा न होने से आबकारी व्यापारियों (ठेकेदारों) ने अधिकाधिक लाभ की सम्भावनाओं से ग्रामीण इलाकों में दूर-दूर तक व्यापार करना आरम्भ कर दिया था। नशीले पेयों की शक्ति निर्धारित न होने से तेज-से तेज शक्ति की शराब व्यक्तिगत मुनाफों के लिए बेची जाने लगी। ये पदार्थ डिस्टलरी उत्पादों के मूल्य की अपेक्षा पाँचवाँ हिस्सा थे अत: दिन-प्रतिदिन शराब की खपत बढ़ती चली गई।[109]

इस शताब्दी के अन्त तक कुमाऊँ में यूरोपियन पद्धति से बनी शराब का भी असाधारण प्रसार हो चुका था। विभिन्न विभागों के खुल जाने के साथ-साथ एक लम्बे समय से पाश्चात्य जीवन-पद्धति के लगातार सम्पर्क ने स्थानीय मध्यम वर्ग के बीच एक ऐसा समुदाय उत्पन्न कर दिया था जो अपने रहन-सहन तथा मानसिकता में बड़ी सीमा तक अंग्रेज हो चुका था। इतना ही नहीं अंग्रेजी सेना की शान-शौकत ने भी स्थानीय सैनिकों तथा युवकों को आकर्षित तथा प्रभावित करने में अपनी अहम् भूमिका निभाई। फलत: अंग्रेजी तौर-तरीकों के साथ-साथ अंग्रेजी शराब का प्रचलन भी बढ़ता चला गया। इस दशक के अंत

तक कुमाऊँ के लिए जारी की गई विदेशी शराब की झलक तालिका 3.7 में दृष्टिगोचर होती है[110]—

तालिका 3.7 : कुमाऊँ के लिए जारी की गई विदेशी शराब की मात्रा

वर्ष	1897-98	1898-99
अल्मोड़ा	71,150 गैलन	1,16,343 गैलन
नैनीताल	1,54,769 गैलन	1,93,056 गैलन

स्रोत—रिपोर्ट आन एक्साइज एडमिनिस्ट्रेशन आफ एन० डब्ल्यू० पी० आगरा एंड अवध (1900-1901)

सेना में इसकी बढ़ती माँग के कारण 1 अप्रैल 1897 से सैनिकों को दी जाने वाली विदेशी शराब के मूल्यों में वृद्धि कर दी गई। यह वृद्धि 12 आना थी।[111] लेकिन यह परिवर्तन औपनिवेशिक आबकारी हितों के विरुद्ध साबित हुआ। अंग्रेजी शराब के मूल्यों में लगातार वृद्धि ने देशी शराब की खपत को प्रेरित किया जो अपेक्षाकृत सस्ती थी। यह बताना उचित होगा कि 1897 में पहली बार सेना को दी जाने वाली शराब (रम) में आबकारी कर आरोपित किया गया था।[112]

नशीले पेयों की भाँति अन्य नशीले पदार्थों—चरस (यारकंद) आदि के व्यापार से भी मुनाफा प्राप्त करने की औपनिवेशिक कोशिशें लगातार जारी रही थीं। 1896 में यारकंद चरस, जिसकी बिक्री तथा माँग अब तक विकसित हो चुकी थी, की लागू ड्यूटी में दुगनी वृद्धि कर दी गई।[113] फलस्वरूप इन औषधियों से प्राप्त होने वाले राजस्व में भी दुगनी वृद्धि हुई। 19वीं सदी के अंतिम वर्षों तथा 20वीं सदी के आरम्भ में नशीली औषधियों की खपत तथा राजस्व का स्वरूप तालिका 3.8 से स्पष्ट होता है—

आबकारी नीति तथा प्रणाली में लाए गए उक्त परिवर्तनों के फलस्वरूप नशीले पदार्थों के फैलते व्यापार के साथ-साथ सामाजिक प्रतिमान भी बदल गए। फलस्वरूप इस दौर में आबकारी नीति के विरुद्ध विरोध के स्वर उभरने लगे। स्थानीय समाचार पत्रों में तो 9वें दशक के आरम्भ से ही आबकारी नीति के विरोध में लिखा जाने लगा था। इसकी एक झलक तत्कालीन अल्मोड़ा अखबार में देखी जा सकती है—

"सरकार को लानत है कि वह सिर्फ आबकारी रेवेन्यू की प्राप्ति के लिए इस प्रकार की स्थिति को शह दे रही है। यह सिफारिश की जाती है कि सभी नशीले पेयों व दवाओं पर रोक लगे।"[114]

तालिका 3.8 : नशीली औषधियों की खपत तथा राजस्व का स्वरूप

वर्ष	अल्मोड़ा जारी लाइसेंस		गढ़वाल जारी लाइसेंस		नैनीताल जारी लाइसेंस	
1895-96	मात्रा (सेर)	फीस (रु०)	मात्रा (सेर)	फीस (रु०)	मात्रा (सेर)	फीस (रु०)
1895-96	201	327	102	256	467	2256
1896-97	181	333	93	217	447	1122
1897-98	172	325	89	747	448	1521
1898-99	194	276	106	242	452	1695
1899-1900	172	366	112	236	440	1615
1900-01	138	925	119	414	297	4426
1901-02	155	1081	124	536	323	3260
1902-03	156	901	167	742	345	2963
1903-04	166	1468	137	844	336	3263

स्रोत—रिपोर्ट आन एक्साइज एडमिनिस्ट्रेशन आफ एन० डब्ल्यू० पी० आगरा एंड अवध

रिपोर्ट आन एक्साइज एडमिनिस्ट्रेशन आफ यूनाइटेड प्रोविन्स

ब्रिटिश संसद में भी भारत में हो रहे शराब के इस प्रचार पर गरमागरम बहसें हुईं।[115] लंदन के बिशप ने टेंपरेंश कांग्रेस की ओर से तत्कालीन भारत सरकार पर यह आरोप लगाया था कि आउटस्टिल प्रणाली से हिंदुस्तान में शराब का अंधाधुंध प्रचार हो गया है।[116] लेकिन इन विरोधों के बावजूद भी सरकार द्वारा इस प्रसार पर रोक लगाने के कोई प्रयास नहीं किए गए वरन् ब्रिटेन को भेजे एक प्रस्ताव में भारत सरकार द्वारा यह स्पष्ट किया गया था कि साधारणता नशीले पदार्थों के व्यापार हेतु आउटस्टिल प्रणाली का प्रचार नहीं किया जाएगा, परंतु उन दूरस्थ क्षेत्रों में जो किसी देशी रियासतों के सन्निकट

हैं या जहाँ यातायात के समुचित साधन नहीं हैं, सरकार इस प्रणाली को लागू करने के लिए विवश है।[117] वास्तव में औपनिवेशिक प्रशासन ऐसी किसी भी व्यवस्था को समाप्त करने को तैयार न था जो उसके हितों को पूर्ण करने में अधिकतम सफल रही थी। आबकारी प्रशासन की यह व्यवस्था 20वीं शताब्दी के प्रथम दशक तक पूर्ववत् ही बनी रही। लेकिन इस विरोध ने पुन: सरकार को आबकारी नीति तथा प्रशासनिक ढाँचे की पूर्ण जाँच करने को बाध्य किया। फलस्वरूप 1905 में उक्त कार्यों हेतु आबकारी कमेटी गठित की गई। वास्तव में अब तक औपनिवेशिक आबकारी नीति का मूल आधार नशे के प्रचलन में किसी तरह का हस्तक्षेप न करना रहा था, लेकिन कमेटी द्वारा आबकारी नीति तथा प्रचलित पद्धतियों की नए सिरे से व्याख्या कर संशोधन किए गए। इन सुधारों का मुख्य उद्देश्य खपत को नियंत्रित तथा प्रतिबंधित करना था। इसी नीति को 1907 में भारत सरकार ने संस्तुति दे दी। 16 मई 1907 को वित्त विभाग, भारत सरकार द्वारा आबकारी नीति सम्बन्धी प्रस्ताव सामने लाया गया। इस प्रस्ताव में आबकारी नीति की व्याख्या निम्न प्रकार की गई—

"भारत सरकार की यह बिल्कुल इच्छा नहीं है कि जो लोग कम मात्रा में शराब पीते हैं उनके मामलों में वह हस्तक्षेप करे। सरकार का यह मत है कि ऐसे लोगों के लिए आबकारी नियमों में आवश्यक व्यवस्था करे। फिर भी सरकार चाहती है कि जो लोग इसका प्रयोग नहीं करते उनमें नशीले पेयों के लालच को कम किया जाए तथा उन लोगों में इसके प्रचलन को हतोत्साहित किया जाए जो अधिक सेवन करते हैं।"[118]

इस नीति का वित्तीय पक्ष अधिक महत्त्वपूर्ण था और उसके अनुपालन हेतु अपनाए जाने वाली पद्धति को निम्न प्रकार परिभाषित किया गया—

"नशीले पदार्थों की खपत के संदर्भ में भारत सरकार की नीति यह है कि नशीले पेयों पर इतना अधिकतम सम्भावित 'कर' कारोपित किया जाए जिससे न तो अवैध व्यापार उत्प्रेरित हो और न ही लोग हानिकारक औषधियों या घटिया मादक पेयों की ओर आकर्षित हों। साथ ही आबकारी दुकानों की संख्या तथा स्थानों में भी जहाँ तक सम्भव हो प्रतिबंध लगाया जाय। यह भी महत्त्वपूर्ण है कि बेची जाने वाली शराब उत्तम हो जिससे लोगों के स्वास्थ्य पर असर न पड़े।"[119]

आबकारी नीति के उद्देश्यों तथा लक्ष्यों में परिवर्तन के साथ-साथ आबकारी कमेटी ने वर्तमान आबकारी प्रणाली (आउटस्टिल) को समाप्त कर सम्पूर्ण ब्रिटिश भारत में कान्ट्रेक्ट प्रणाली लागू करने की भी सिफारिश की थी। ये व्यवस्था 1907 के बाद ही लागू की जा सकी। इसी दौर में आबकारी प्रशासन ने नशीली औषधियों हेतु अपनायी जा रही नीति में पुन: परिवर्तन किया।

आबकारी नीति हेतु कमेटी के सुझावों के आधार पर पूरे संयुक्त प्रांत में 1 अक्टूबर 1906 से चरस में 'कर' (ड्यूटी) 8 रु० प्रति सेर की गई। लेकिन अल्मोड़ा तथा गढ़वाल जिले इसके अपवाद थे।[120]

इस दौर में विभिन्न नशीले पदार्थों में लागू आबकारी 'कर' (ड्यूटी) में आए परिवर्तन की झलक तालिका 3.9 में स्पष्टतः दृष्टिगोचर होती है—

तालिका 3.9 : विभिन्न नशीले पदार्थों में लागू आबकारी कर (ड्यूटी)

(रु० आना, पैसा में)

वर्ष	देशी शराब प्रति एल० पी० गैलन	अफीम प्रति सेर	गाँजा प्रति सेर	चरस प्रति सेर	भाँग प्रति माउंड	विदेशी शराब प्रति एल० पी० गैलन
1891	2.0.0	18.0.0	—	—	—	4.0.0
1896	—	—	9.0.0	2.8.0	—	—
1899	2.8.0	—	—	4.0.0	—	—
1901	3.0.0	—	—	—	—	—
1903	—	—	—	6.0.0	—	—
1906	—	—	11.0.0	8.0.0	4.0.0	7.0.0
1909	3.8.0	—	—	—	—	—
1910	—	22.0.0	—	—	—	9.6.0

स्रोत—रिपोर्ट आन एक्साइज एडमिनिस्ट्रेशन आफ नार्थ वेस्टर्न प्रोविंस आगरा एंड अवध

रिपोर्ट आन एक्साइज एडमिनिस्ट्रेशन आफ यूनाइटेड प्रोविंस, रिपोर्ट आफ यूनाइटेड एक्साइज कमेटी, 1921

इसी वर्ष कुमाऊँ में नशीली औषधियों के लिए अपनायी जा रही नीति में महत्त्वपूर्ण परिवर्तन किया गया। बोर्ड आफ रेवेन्यू ने आबकारी कमिश्नर की सिफारिशों पर इस क्षेत्र में पहली बार स्थानीय चरस के उत्पादन तथा नेपाल से उसके आयात पर पूर्ण प्रतिबंध लगाया।[121] इन नशीली औषधियों का

व्यापार मुख्यत: तीर्थयात्रा मार्गों में फैला हुआ था। रानीखेत तथा टनकपुर के इलाकों में स्थानीय चरस का व्यापार नहीं था। सम्भवत: इन परिवर्तनों का मुख्य कारण भाँग तथा चरस का वार्षिक उत्पादन 6-7 माउंड तक बढ़ जाने के बाद भी नपी-तुली राशि ही लाइसेंस फीस के रूप में पहुँचने के कारण हुई राजस्व हानि के साथ मध्य एशिया से आयातित यारकंद चरस के उभरते व्यापार को त्वरा देना रहा होगा।

1908 में आबकारी कमेटी की सिफारिशों के क्रियान्वयन में गतिशीलता आई। फलस्वरूप पूरे संयुक्त प्रांत को कांट्रेक्ट सप्लाई प्रणाली के अंतर्गत लाने की कोशिशें आरम्भ हुईं। इस क्रम में कुमाऊँ डिवीजन के केवल तराई इलाकों में परिवर्तन लाए गए। 1 अक्टूबर 1908 से तराई में नशीले पेयों के उत्पादन तथा व्यापार हेतु डिस्टलरी प्रणाली आरम्भ की गई। इन क्षेत्रों के लिए लिकर आपूर्ति काशीपुर-किच्छा तथा पीलीभीत डिस्टलरियों से की जानी थी।[122] इसके साथ ही काली महावत (खटीमा) में लिकर तथा ढिकुली (रामनगर) में नशीली औषधि की दुकान खोली गई।[123] डिस्टलरी प्रणाली के अंतर्गत तराई में अभिकर की विशेष दर एक रु० प्रति प्रूफ गैलन लागू की गई थी। कुमाऊँ डिवीजन के अन्य भागों में आउटस्टिल प्रणाली ही लागू रही। कुमाऊँ में आबकारी प्रशासन तथा नीति के इस स्वरूप में अगले दो वर्षों तक कोई परिवर्तन नहीं लाए गए। लेखाचित्र 3.1 से कुमाऊँ, गढ़वाल तथा तराई फार्मों में आबकारी राजस्व के स्वरूप को समझा जा सकता है।

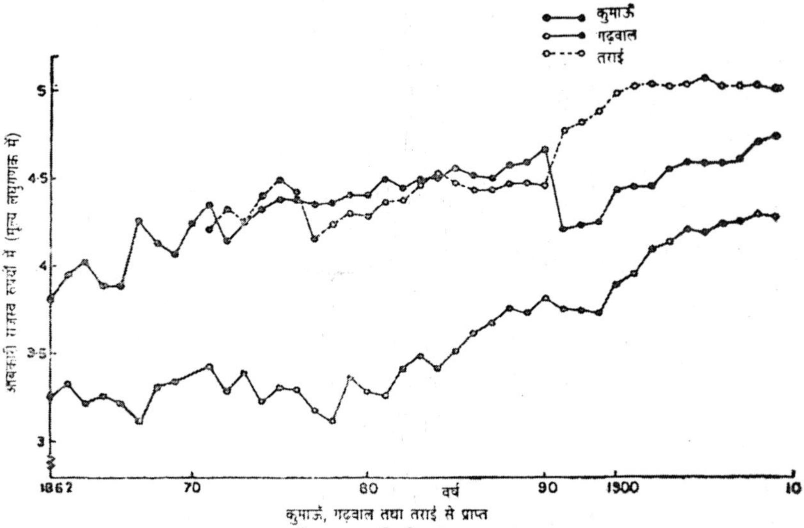

कुमाऊँ, गढ़वाल तथा तराई से प्राप्त
आबकारी राजस्व का लेखाचित्र (1862-1910)

तालिका 3.10 : कुमाऊँ गढ़वाल तथा तराई से प्राप्त आबकारी राजस्व (1871-1890)

(रु० आना पैसा में)

वर्ष	कुमाऊँ	गढ़वाल	तराई
1871	22580-6-0	2664-12-6	16164-6-0
1872	14133-11-7	1876-3-10	21036-10-8
1873	17511-0-6	2427-0-2	18141-15-10
1874	20989-0-9	1648-12-3	25107-8-5
1875	23844-10-6	1992-10-9	31075-0-0
1876	24321-2-5	1922-8-0	25248-14-11
1877	22073-0-8	1469-8-0	14267-5-3
1878	225-80-5-9	1288-7-4	17150-14-8
1879	25347-9-0	2283-8-8	20010-0-0
1880	25635-0-5	1886-0-0	19276-4-0
1881	31275-11-0	1766-8-0	22899-0-0
1882	27568-8-0	2530-0-0	23739-10-8
1883	30274-10-2	3031-3-0	29015-2-0
1884	31686-8-5	2564-0-0	34174-11-8
1885	36034-15-5	3187-0-0	30020-5-0
1886	32687-7-5	4083-8-0	26674 12-4
1887	31220-7-4	4648-8-0	26921-9-0
1888	37644-14-3	5626-5-0	29185-14-0
1889	38645-10-4	5330-14-0	29409-0-0
1890	45835-13-4	6555-1-4	28646-15-6
	अल्मोड़ा	गढ़वाल	नैनीताल
1891	16055-6-6	5546-15-9	57899-3-0
1892	16915-11-3	5505-12-0	63813-7-9
1893	17830-8-10	5316-2-10	74534-9-3
1900	26991-00	7719.00	94369-00
1901	28189.00	9030-00	104162.00
1902	30735-00	12215.00	106334.00
1903	35785-00	13730.00	102716.00
1904	39106.00	16414.00	107174.00

	अल्मोड़ा	गढ़वाल	नैनीताल
1905	38731.00	15594.00	115832:00
1906	38464.00	17102.00	103881.00
1907	40508.00	18164.00	103647.00
1908	50351.00	19403.00	105037.00
1909-10	54762.00	19143.00	100261.00

स्रोत—रिपोर्ट आन एक्साइज एडमिनिस्ट्रेशन आफ एन० डब्ल्यू० पी० आगरा एंड अवध 1871-1901

रिपोर्ट आन एक्साइज एडमिनिस्ट्रेशन आफ यूनाइटेड प्रोविंस 1902-1910

आबकारी व्यवस्था की इस विकास यात्रा के साथ ही आबकारी अपराधों की संख्या भी बढ़ती चली गई। वास्तव में मादक पदार्थों के व्यापार से लाभ के आकर्षण ने अवैध व्यापार को इन दशकों में तेजी से उभारा। 1869 में पश्चिमोत्तर प्रांत में आबकारी कानून के विरुद्ध कार्य कर रहे लोगों की संख्या 961 थी, लेकिन 1870-71 में यह संख्या 1358 हो गई थी। आठवें दशक के मध्य तक इन अपराधों में असाधारण तेजी आई। 1884-85 में लगभग 77.11 प्रतिशत आबकारी अपराध बढ़े। अगले दो वर्षों में इसमें 84.12 प्रतिशत की वृद्धि हो गई। इसके विपरीत आबकारी कानूनों के विरुद्ध कार्यों का यह सिलसिला कुमाऊँ में बहुत कम था। इस दशक में केवल 5 लोगों को आबकारी अपराधी घोषित किया गया था।

वास्तव में 19वीं शताब्दी के उत्तरार्द्ध में एक जटिल औपनिवेशिक शोषक तंत्र के रूप में उभरी इस आबकारी व्यवस्था ने जहाँ औपनिवेशिक सत्ता को सुदृढ़ आर्थिक आधार दिया वहीं दूसरी ओर स्थानीय-सामाजिक-आर्थिक ढाँचे को भी गम्भीर रूप से प्रभावित किया। ब्रिटिश आबकारी व्यवस्था के इस विकास क्रम में इस बदलाव तथा क्षति को पृथक् करके नहीं देखा जा सकता है। वास्तव में औपनिवेशिक आधिपत्य के साथ उभरी पश्चिमी सभ्यता का इस दौर में असाधारण प्रसार हुआ। अंग्रेजी शान-शौकत तथा रहन-सहन से प्रभावित स्थानीय समाज इस सभ्यता की ओर आकर्षित होता चला गया। इसी क्रम में मादक पदार्थ भी तेजी से स्थानीय समाज के जीवन के अंग बन गए। इसका प्रभाव निम्न वर्ग में अपेक्षाकृत अधिक था। कैप्टेन मैशन ने स्थानीय समाज में नशे के प्रचलन पर लिखा था कि—

"देशी क्लर्क, जो सरकारी सेवा में हैं, पिछले वर्षों से मादक पदार्थों के अत्यधिक आदी हो चुके हैं और ये मादक पदार्थ आवश्यकता से कम मिलें तो उन्हें बेचैनी होने लगती है...फिर भी यह प्रचलन निम्न वर्ग में कहीं अधिक है।"[124]

नशे की इस लत ने न केवल लोगों के आर्थिक पक्ष को कमजोर करना आरम्भ किया था वरन् उन्होंने अपने स्वास्थ्य को भी बुरी तरह खोया।[125] 1904 में गवर्नर जनरल इन काउंसिल में नशीले पदार्थों के सामाजिक प्रभावों पर बहस करते हुए मि० लिली ने कहा कि ऐसे नौजवानों ने स्वयं अपने तथा परिवार के जीवन-स्तर को नशे की आदत के कारण खो दिया है।[126] सरकार द्वारा यह स्वीकार किया गया था कि एक सभ्य सरकार का यह कर्तव्य है कि वह यूरोप की भाँति ही भारत में भी ऐसी आबकारी व्यवस्था लागू करे जो नशे के प्रसार पर रोक लगा सके।[127] लेकिन इन पहलुओं को कभी भी व्यावहारिक रूप देने का प्रयास नहीं किया गया।

यह उल्लेख करना प्रासंगिक होगा कि औपनिवेशिक शोषण की यह प्रक्रिया पूर्णतः कृषि अर्थव्यवस्था से जुड़ी थी। आबकारी राजस्व के अतिरिक्त औपनिवेशिक आय का ऐसा कोई अन्य स्रोत न था जो कृषि अर्थव्यवस्था से सीधा प्रभावित होता हो।[128] जहाँ एक ओर अच्छी कृषि पैदावारों से आबकारी उत्पादों हेतु कच्चा माल कम कीमतों में उपलब्ध होता था वहीं दूसरी ओर कृषक मजदूर वर्ग की आर्थिक स्थितियों में सुधार नशीले पदार्थों की खपत को प्रेरित करते थे। आबकारी रिपोर्टों में यह तथ्य स्वीकार किया गया था कि इस दौर में अकाल या अन्य कारणों से भू-राजस्व में किसानों को जो छूट दी गई थी तथा मजदूरी की दरों में जो वृद्धि हुई थी वह अतंतः नशीले पदार्थों की खरीद में ही गई। वास्तव में इन परिस्थितियों का ब्रिटिश आबकारी प्रशासन द्वारा पूर्ण लाभ उठाया गया। एक ओर लोगों की आर्थिक स्थिति में सुधार के दावे किए जाते थे, दूसरी ओर उस लाभ को लील लेने के लिए शोषण का तीव्रीकरण किया जाता था। इसकी झलक आबकारी प्रशासन की वार्षिक रिपोर्ट में मिलती है। 1871-72 की रिपोर्ट में यह स्पष्ट कहा गया था कि कृषि पैदावार अधिक होने से आम आदमी की स्थिति सुदृढ़ हुई, अतः इस सम्पन्नता को देखते हुए मादक पदार्थों के मूल्य बढ़ाए गए।[129]

वास्तव में इस अवधि में आबकारी प्रशासन के अध्ययन से यह स्पष्ट है कि इस दौर में आबकारी व्यवस्था के विकास के साथ-साथ आबकारी राजस्व का भी असाधारण विकास हुआ। लेखाचित्र 3.2 तथा तालिका 3.11 से इस अवधि में आबकारी विकास-क्रम को समझा जा सकता है।

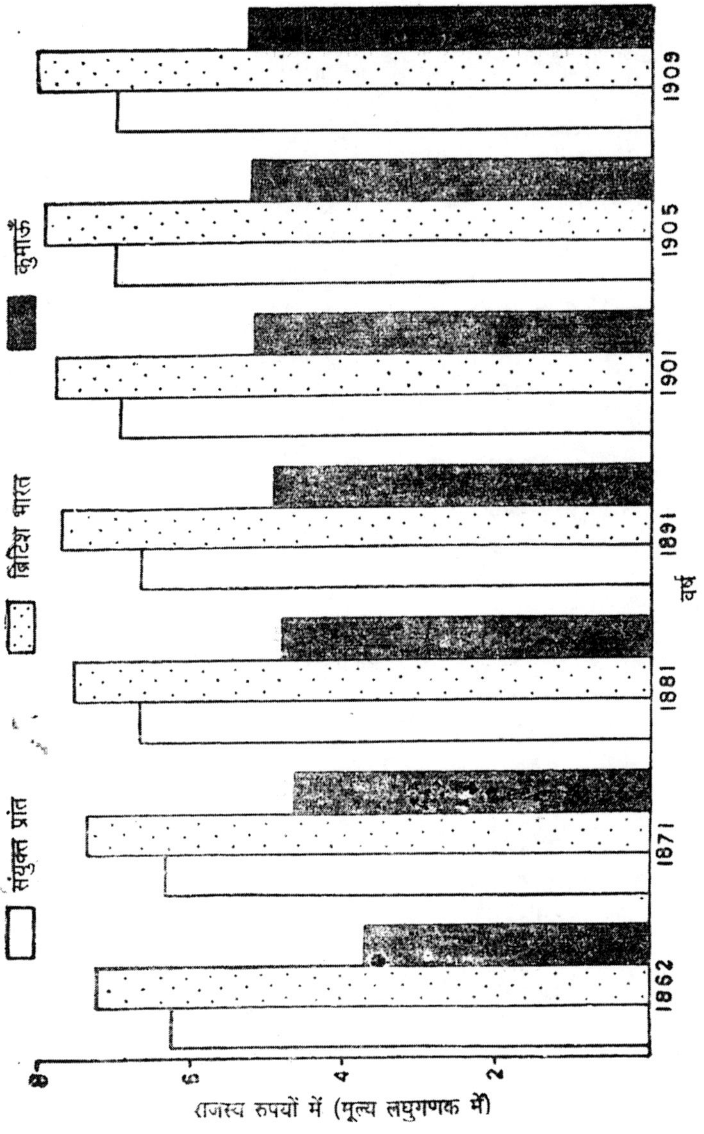

संयुक्त प्रांत, ब्रिटिश भारत तथा कुमाऊँ से प्राप्त आबकारी राजस्व का तुलनात्मक स्तम्भ आरेख (1862-1909)

तालिका 3.11 : कुमाऊँ, पश्चिमोत्तर प्रांत तथा भारत में आबकारी राजस्व की तुलनात्मक तालिका
(रुपये में)

वर्ष	कुमाऊँ	पश्चिमोत्तर प्रांत	भारत
1861-62	—	—	17861570
62-63	5058	1718473	—
63-64	11207	1724841	—
64-65	12487	2148476	—
65-66	9516	2014102	—
66-67	9773	—	—
67-68	19589	—	—
68-69	15383	—	—
69-70	13793	—	—
70-71	20099	—	—
71-72	41408	223925(स्टर्लिंग में)	23691090
72-73	37045	199698(स्टर्लिंग में)	—
73-74	38074	—	—
74-75	47744	2049941	—
75-76	56911	2304355	—
76-77	51491	2266218	—
77-78	37809	—	—
78-79	41018	—	—
79-80	47640	—	—
80-81	46797	—	—
81-82	55940	—	34272740
82-83	53837	4752000	—
83-84	62320	5190000	—
84-85	68424	5144000	—
85-86	69241	5560000	—
86-87	63443	5778000	—
87-88	62789	—	—
88-89	72455	—	—

वर्ष	कुमाऊँ	पश्चिमोत्तर प्रांत	भारत
1989-90	73384	—	
90-91	81036	—	51172640
91-92	79500	—	—
92-93	86233	—	—
93-94	97680	—	—
94-95	—	—	—
95-96	—	—	—
96-97	—	—	—
97-98	—	4229650	—
98-99	—	4843308	—
99-1900	—	(संयुक्त प्रांत)	—
1900-1901	129070	7054264	—
01-02	141381	7968832	61150215
02-03	147284	8752172	66369630
03-04	152231	9733689	74701440
04-05	162694	10225065	80301360
05-06	170157	9975729	85317300
06-07	159447	9211374	88473285
07-09	162319	8934546	94405150
08-09	174791	8559871	95844420
09-10	174166	8680607	98067310

स्रोत—रिपोर्ट आन एक्साइज एडमिनिस्ट्रेशन आफ एन० डब्ल्यू० पी० आगरा एण्ड अवध

शाह, के० टी०—सिक्सटी इयर्स आफ इण्डियन फाइनेंस

उक्त विकास क्रम के संदर्भ में संक्षेप में यह कहा जा सकता है कि इस अवधि में जहाँ एक ओर आबकारी नीति में परिवर्तन की प्रक्रिया आरम्भ हुई वहीं आबकारी व्यवस्था का जटिलीकरण हुआ। आबकारी तंत्र के विकास के साथ-साथ सामाजिक व्यवस्था में तेजी से परिवर्तन आया। नशे के असाधारण प्रसार ने ग्रामीण अंचलों तक को अपनी गिरफ्त में ले लिया।

तालिका 3.12—कुमाऊँ तथा पश्चिमोत्तर प्रांत से प्राप्त आबकारी राजस्व, भू-राजस्व तथा जनसंख्या की तुलनात्मक तालिका

वर्ष	कुमाऊँ		पश्चिमोत्तर प्रांत		जनसंख्यां	
	आबकारी राजस्व रु०	भू-राजस्व रु० में	आबकारी राजस्व रु०	भू-राजस्व रु० में	कुमाऊँ	पश्चिमोत्तर प्रांत
1	2	3	4	5	6	7
1862-63	5058	199673	1717473	38072935	—	—
63-64	11207	196217	1724841	38506345		
64-65	12487	193755	2148476	38363927		
65-66						
66-67						
67-68	19589	226682	—	38715358		
68-69	15383	225433		37209447		
76-77	51491	494585	2366218	42220850	928823	42002004
77-78	37809	492748		41514501		
78-79	41018	478432		42395264		
79-80	47640	480379		42615348		
80-81	46797	492980		41844953	1046263	44149959
83-84	62320	501713	5190000	42215511		

1	2	3	4	5	6	7
1884-85	68424	502442	5244000	42667182		
85-86	69241	499422	5560000	42534607		
86-87	63443	502588	5778000	42587917		
87-88						
89-90	73384	486361		42305886		
90-91	81036	502634		44339599		
91-92	79500	451863		58856119	1181567	46905512
92-93	86233	507647		58926754		
92-94	97680	506170		59275291		
1902-03	147284	562867	8752172	62973152	1207030	47692277
04-05	162694	582434	10225065	59252452		
09-10	174166	575961	8680607	64829465		

स्रोत—रिपोर्ट आन एक्साइज एडमिनिस्ट्रेशन आफ एन० डब्ल्यू० पी० आगरा एंड अवध 1862-1893,
—रिपोर्ट आन एक्साइज एडमिनिस्ट्रेशन आफ यूनाइटेड प्रोविंस 1902-1910,
—रिपोर्ट आन रेवेन्यू एडमिनिस्ट्रेशन आफ एन० डब्ल्यू० पी० एंड यूनाइटेड प्रोविंस,
— सैन्सस आफ इंडिया—1911, वा० XV, पार्ट-II, 1912.

यद्यपि ईस्ट इंडिया कम्पनी का शासन इस दौर के आबकारी प्रशासन के प्रारम्भ होने पर नहीं रहा था लेकिन इससे कोई नीतिगत परिवर्तन नहीं आया। दूसरी ओर इन लगभग पाँच दशकों (1857-1909) में आबकारी प्रशासन में अनेक बदलाव हुए। इस क्रम में एक ओर आबकारी से मिलने वाली राजस्व राशि असाधारण गति से बढ़ी वहीं दूसरी ओर नशीले पदार्थों का प्रचलन, तीव्र प्रसार नगरों-छावनियों और कस्बों से आसपास के ग्रामीण अंचलों की ओर बढ़ा।

आबकारी कमेटी (1905) की इंग्लैंड की तरह आबकारी नीति भारत में भी लागू किए जाने के सुझावों को न मानना भी इस दृष्टिकोण का संकेत था कि औपनिवेशिक शासकों को अपनी दूसरी श्रेणी की प्रजा के 'स्वास्थ्य' तथा 'सुख-शान्ति' की चिंता आबकारी से मिलने वाले राजस्व के मुकाबले बहुत कम थी।

यह कहना भी यहाँ जरूरी होगा कि अब तक वन विभाग ने धीरे-धीरे स्थानीय लोगों के वनाधिकारों को सीमित कर दिया था और कुली बेगार की शोषक प्रथा का आतंक कस्बों के भद्र समाज पर भी असर करने लगा था। कुमाऊँ के स्थानीय प्रतिरोधों और राष्ट्रीय स्तर पर हो रही हलचल ने अब कुमाऊँ को एक दूरस्थ कटे इलाके के मुकाबले शेष देश से घनिष्ट रूप से जुड़े इलाके का रूप दे दिया था। इस स्थिति में यह अस्वाभाविक नहीं था कि आबकारी व्यवस्था का अगला रूप स्थानीय सामाजिक प्रतिरोधों को झेलने को बाध्य हुआ।

संदर्भ

1. पाठक, शेखर— उत्तराखण्ड में कुली बेगार प्रथा, पृ० 99
2. मुकुल—उपनिवेशों में यूरोप के टुकड़े, पहाड-2, पृ० 179
3. पाठक, शेखर—नशा एक षड्यंत्र, पृ० 3
4. एक्साइज फाइल नं० 634 ए० पृ० 77
5. वैष्णव, य० द० (अशोक)— मद्य निषेध, पा० लि०, पृ० 2
6. उक्त
7. उक्त
8. रिपोर्ट आफ सेवरल प्रेसीडेंसीज एंड प्रोविंसेज आफ ब्रिटिश इंडिया पार्ट 1, पृ० 65
9. रिपोर्ट आन एनुअल एक्साइज एडमिनिस्ट्रेशन आफ एन० डब्ल्यू० पी० एंड अवध…1861-62

10. उक्त
11. एनुअल एडमिनिस्ट्रेटिव रिपोर्ट आफ एन० डब्ल्यू० पी० एंड अवध 1882-87, पृ० 95
12. शाह, के० टी०—सिक्सटी इयर्स आफ इंडियन फाइनेंस, पृ० 261
13. वैष्णव, य० द० (अशोक)— मद्य निषेध, पा०, लि० पृ० 2
14. एनुअल एक्साइज एडमिनिस्ट्रेशन आफ एन०डब्ल्यू०पी० एंड अवध (रिपोर्ट) 1863-64, पृ० 9
15. उक्त, पृ० 14
16. एनुअल एडमिनिस्ट्रेटिव रिपोर्ट आफ एन० डब्ल्यू० पी० एंड अवध, 1862-63
17. वैष्णव य० द० (अशोक)—मद्य निषेध, पा० लि०, पृ० 2
18. एनुअल एडमिनिस्ट्रेटिव रिपोर्ट आफ एन० डब्ल्यू० पी० एंड अवध, 1871-72, पृ० 9
19. वैष्णव य० द० (अशोक— मद्य निषेध, पा० लि०, पृ० 4
20. एक्साइज फाइल न० 634 ए, पृ० 80
21. एनुअल एडमिनिस्ट्रेटिव रिपोर्ट, 1865-66, पृ० 30
22. वैष्णव, (अशोक)—मद्य निषेध, पा० लि०, पृ० 3
23. उक्त
24. एनुअल एडमिनिस्ट्रेटिव रिपोर्ट आफ एन० डब्ल्यू० पी० एंड अवध, 1865-68, पृ० 30
25. उक्त
26. उक्त, पृ० 100
27. उक्त
28. रिपोर्ट आन एनुअल एक्साइज एडमिनिस्ट्रेशन आफ एन० डब्ल्यू० पी० एंड अवध, 1865-68
29. उक्त, 1863-64
30. फाइनेंस डिपार्टमेंट प्रोसीडिंग्स (एक्साइज) 23, 1876, पृ० 20
31. उक्त, पृ० 28
32. उक्त
33. उक्त
34. पांडे, बद्रीदत्त— कुमाऊँ का इतिहास, पृ० 474
35. फाइनेंस डिपार्टमेंट प्रोसीडिंग्स (एक्साइज) 23, पृ० 28
36. मेहता जे० के० एंड अग्रवाल, एस० एन०—पब्लिक फाइनेंस, वाल्यूम-2, पृ० 515

37. एनुअल एडमिनिस्ट्रेटिव रिपोर्ट आफ एन० डब्ल्यू० पी० एंड अवध, 1876-77
38. उक्त, 1878-79, पृ० 165
39. उक्त
40. नेविल, एच० आर०—नैनीताल ए गजेटियर, पृ० 177
41. वाल्टन, एच० जी०अल—मोड़ा ए गजेटियर, पृ० 154
42. नेविल, एच० आर०— नैनीताल ए गजेटियर, पृ० 177
43. रिपोर्ट आन एनुअल एक्साइज एडमिनिस्ट्रेशन, 1876-77
44. बैकेट, जे० ओ० बी०—फाइनल सेटिलमेंट रिपोर्ट आफ कुमाऊँ 1863-64, पृ० 26
45. जनरल रिपोर्ट आन एडमिनिस्ट्रेशन आफ सेवरल प्रेसीडेंसीज एंड प्रोविंसेज आफ ब्रिटिश इंडिया, पार्ट-1, पृ० 65
46. एक्साइज फाइल नं० 620 ए०/1900, पृ० 39
47. उक्त
48. पाठक, शेखर—शा एक षड्यंत्र है, पृ० 4, 39
49. उक्त
50. लारेन पीटर—द फर्स्ट किंग जार्ज ऑन गोरखा राइफल्स, पार्ट-1, पृ० 8, 69, 75, 88
51. रिपोर्ट आन एनुअल एक्साइज एडमिनिस्ट्रेशन आफ एन० डब्ल्यू० पी० एंड अवध (कुमाऊँ) 1879-80
52. उक्त, 1880-81, पृ० 13
53. उक्त
54. उक्त
55. उक्त
56. उक्त
57. एक्साइज फाइल सं० 14/1906
58. ड्राफ्ट एम० आइ० एल०/XIII-211 1990 एक्साइज फा० 14/1906
59. रिपोर्ट आन एनुअल एक्साइज एडमिनिस्ट्रेशन, 1887-88
60. एक्साइज फाइल नं० 634 ए, पृ० 80
61. बनर्जी, पी० एन०— ए स्टडी इन इंडियन इकोनोमिक्स, पृ० 250
62. नेविल, एच० आर०—नैनीताल ए गजेटियर, पृ० 178
63. वाल्टन, एच० जी—अलमोड़ा, ए गजेटियर, पृ० 155
64. रिपोर्ट आन एडमिनिस्ट्रेशन आफ सेवरल प्रेसीडेंसीज एंड प्रोविंसेज आफ ब्रिटिश इंडिया, पार्ट-1, पृ० 65

65. उक्त
नेविल, एच० आर०—नैनीताल ए गजेटियर, पृ० 178
66. एनुअल एडमिनिस्ट्रेटिव रिपोर्ट आफ एन० डब्ल्यू० पी० एंड अवध, 1866-67, पृ० 38
67. उक्त, 1873-74
68. उक्त
69. बनर्जी, पी० एन० : ए स्टडी आफइंडियन इकोनोमिक्स, पृ० 251
70. रिपोर्ट आन एनुअल एक्साइज एडमिनिस्ट्रेशन आफ एन० डब्ल्यू० पी० एंड सवल, 1777-78
71. उक्त, 1880-81
72. उक्त, 1871-72
73. वाल्टन, एच० जी० : अलमोड़ा ए गजेटियर, पृ० 154
74. एनुअल एडमिनिस्ट्रेटिव रिपोर्ट आफ एन० डब्ल्यू० पी० एंड अवध, 1873-74
75. एक्साइज फाइल नं० 714, पृ० 22
76. उक्त, पृ० 2
77. रिपोर्ट आन एनुअल एक्साइज एडमिनिस्ट्रेशन—1877-78
78. उक्त, 1880-81
79. वाल्टन, एच० जी०—अल्म ब्रिटिश गढ़वाल गजीटियर, पृ० 105
80. रिपोर्ट आन एनुअल एक्साइज एडमिनिट्रेशन आफ एन० डब्ल्यू० पी० एंड अवध, 1880-81
81. उक्त, 1882-83, पृ० 11
82. अग्रवाल एंड मेहता—पब्लिक फाइनेंस, वा० 2, पृ० 413
83. रिपोर्ट आन एनुअल एक्साइज एडमिनिस्ट्रेशन-1880-81
84. जी० ओ० 217/XIII 159, एक्साइज फा० 9/1889
85. जी० ओ० 130/XIII 89 ए, एक्साइज फा० 9/1889
86. रिपोर्ट आन एनुअल एक्साइज एडमिनिस्ट्रेशन—1889-90
87. उक्त
88. उक्त
89. उक्त
90. उक्त, 1891
पाठक, शेखर—नशा एक षड्यंत्र है, पृ० 4
91. उक्त
92. एक्साइज एडमिनिस्ट्रेशन इन इंडिया एक्साइज फा० 852 ए

93. एक्साइज एडमिनिट्रेशन इन इंडिया, एक्साइज फा० 852 ए
94. नैनीताल गजट, 2,
सांकृत्यायन, राहुल—कुमाऊँ, पृ० 123
95. रिपोर्ट आन एनुअल एक्साइज एडमिनिट्रेशन— 1891-92, पांडे, बद्रीदत्त कुमाऊँ का इतिहास, पृ० 474
96. पांडे, बद्रीदत्त, कुमाऊँ का इतिहास, पृ० 474
97. उक्त
98. रिपोर्ट आन एनुअल एक्साइज एडमिनिस्ट्रेशन, 1897-98, पृ० 26-27
99. उक्त, पृ० 31
100. रिपोर्ट आन एनुअल एक्साइज एडमिनिस्ट्रेशन आफ एन० डब्ल्यू० पी० एंड अवध (एक्सट्रेक्ट फ्राम डिस्ट्रिक्ट एक्साइज रिपोर्ट) 1897-98, पृ० 31
101. उक्त
102. उक्त (एक्सट्रेक्ट फ्राम डिस्ट्रिक्ट एक्साइज रिपोर्ट—गढ़वाल) 1897-98
103. मेहता, जे० के० : पब्लिक फाइनेंस, पृ० 515, 515 एवं 413
104. उक्त
105. उक्त
106. उक्त
107. रिपोर्ट आन एनुअल एक्साइज एडमिनिस्ट्रेशन, 1898-99, एक्साइज फा० नं० 573 ए/1899
108. रिपोर्ट आन एनुअल एक्साइज एडमिनिस्ट्रेशन, 1888 1899-1900
109. लेटर आफ एक्साइज कमिश्नर टु जौइण्ट सेक्रेटरी बोर्ड आफ रेवेन्यू, 14 मार्च 1900
110. उक्त
111. एक्साइज फाइल नं० 620 ए/1900
112. उक्त
113. नेविल, आर० : नैनीताल ए गजेटियर, पृ० 177
114. अल्मोड़ा अखबार, 2 जनवरी 1893
115. वैष्णव, यमुनादत्त 'अशोक' : मद्य निषेध, पा० लि०, पृ० 6
116. उक्त
117. एक्साइज फाइल नं० 78/1905, पृ० 5
118. एक्साइज फाइल नं० 29, 78/1905
119. उक्त
120. एक्साइज फाइल नं० 39/1906

121. उक्त, 71/1906
122. उक्त, 7/1905
123. उक्त, 17/1905
124. रिपोर्ट ऑन एनुअल एक्साइज एडमिनिस्ट्रेशन आफ एन० डब्ल्यू० पी० एंड अवध, 1882-83
125. एक्साइज फाइल नं० 714
126. प्रोसीडिंग्स आफ गवर्नर जनरल इन काउंसिल—एक्साइज फाइल नं० 9
127. एनुअल एडमिनिस्ट्रेटिव रिपोर्ट आफ एन० डब्ल्यू० पी० एंड अवध—1882-87, पृ० 100
128. रिपोर्ट आन एनअल एक्साइज एडमिनिस्ट्रेशन आफ एन० डब्ल्यू० पी० एंड अवध—1897-98, पृ० 142
129. रिपोर्ट आन एनुअल एक्साइज एडमिनिस्ट्रेशन आफ एन० डब्ल्यू० पी० एड अवध—1871-72

देसी रियासत
स्थान
शराब
औषधियाँ
छावनी/नशीले पदार्थ
अन्तर्राष्ट्रीय सीमा
जनपद सीमा
बाहर से वितरण

बीसवीं शताब्दी के पूर्वार्द्ध में नशीले पदार्थों के फैलाव का स्वरूप

चार

कुमाऊँ में आबकारी नीति का स्वरूप

(1910-47)

प्रथम आबकारी अधिनियम से माउंट फोर्ड सुधारों तक

औपनिवेशिक सत्ता के कुमाऊँ में आधिपत्य के साथ उभरी आबकारी व्यवस्था के आरम्भ और लगभग शताब्दी भर के विकास का अध्ययन तथा विश्लेषण किया जा चुका है। वस्तुतः इस समूचे दौर में ब्रिटिश सरकार द्वारा अधिकतम राजस्व सुरक्षित करने हेतु न केवल नई-नई नीतियाँ निर्धारित की गईं वरन् बहुमुखी लाभ की सम्भावनाओं को देखते हुए आम जनता तक नशीले पदार्थों को उपलब्ध कराने का भी भरपूर प्रयास किया गया। यही कारण था कि इस दौर में आबकारी तंत्र असाधारण रूप से फैला और मजबूत हुआ। यह उल्लेखनीय है कि विकास की यह गति केवल कुमाऊँ में ही सीमित न थी वरन् देश के विभिन्न भागों में इसे देखा जा सकता था। इस दौर में अन्य अनेक नीतियों की तरह आबकारी भी औपनिवेशिक हित साधन में ही हमेशा जुटी रही और यह एकपक्षीय दृष्टिकोण कभी भी भारतीय समाज के हितों को प्राथमिकता नहीं दे सका।

1910 में आबकारी नीति तथा प्रशासन के इतिहास में एक नया मोड़ आया। आबकारी प्रशासन तंत्र को मजबूत करने और इसे नई ऐतिहासिक परिस्थितियों के अनुकूल बनाने के लिए औपनिवेशिक प्रशासन, आबकारी प्रणाली में महत्त्वपूर्ण परिवर्तन करने के लिए विवश हो गया था। यह वह समय था जब एक ओर औपनिवेशिक सत्ता तथा भारतीय समाज के मध्य संघर्ष का दौर आरम्भ हो गया था वहीं दूसरी ओर औपनिवेशिक व्यवस्था का जटिलीकरण किया जा रहा था। यह उल्लेखनीय है कि जहाँ एक ओर इन प्रशासनिक परिवर्तनों ने कुल मिलाकर आबकारी तंत्र के अंतिम शोषक स्वरूप को उभारा वहीं दूसरी ओर इस दौर में उभरे प्रतिरोधों ने भी अनेक बार आबकारी व्यवस्था में

परिवर्तन हेतु दबाव डाला। सर्वप्रथम इस काल में आबकारी नीति में आए परिवर्तनों को देखना प्रासंगिक होगा।

1898 में ही आबकारी से अधिकतम आय की सम्भावनाओं को देखते हुए नशीले पदार्थों के उत्पादन तथा व्यापार हेतु आउटस्टिल के रूप में नई प्रणाली आरम्भ की गई थी, लेकिन यह परिवर्तन औपनिवेशिक हितों के अनुरूप नहीं रहा। आबकारी राजस्व तेजी से गिरा और यह कमी आने वाले वर्षों में भी बनी रही।[1] फलस्वरूप सरकार को एक बार पुन: आबकारी नीति तथा प्रणाली में परिवर्तन की आवश्यकता महसूस हुई। 1908 ई० में समूचे संयुक्त प्रांत में (कुछ इलाकों को छोड़कर) नशीले पदार्थों, मुख्यत: देशी शराब के उत्पादन तथा व्यापार हेतु 'कांट्रेक्ट सप्लाई' या ठेका आपूर्ति प्रणाली आरम्भ की गई।[2]

कांट्रेक्ट सप्लाई प्रणाली के अंतर्गत देशी शराब की निश्चित दरों में थोक आपूर्ति का पूर्ण अधिकार ठेकेदारों या डिस्टलरियों को निश्चित समयावधि के लिए दिया जाता था। कोई भी डिस्टलर निविदा के माध्यम से यह अधिकार प्राप्त कर सकता था।[3] ठेका दिए जाने से पूर्व आबकारी विभाग द्वारा यह भी निश्चित तथा निर्धारित कर लिया जाता था कि डिस्टलर द्वारा आपूर्ति किया जाने वाला नशीला पेय किस शक्ति का होगा।[4] वास्तव में आबकारी दस्तावेजों से अनेक ऐसे तथ्य सामने आए हैं कि इस व्यवस्था का मूल उद्देश्य सस्ती तथा निश्चित दरों में शराब को फुटकर व्यापारियों तक उपलब्ध कराना था।[5] परंतु इस बात से भी इंकार नहीं किया जा सकता है कि इन परिवर्तनों का उद्देश्य प्रत्यक्ष अथवा परोक्ष रूप से अवैध व्यापार से होने वाली राजस्व हानि को बचाने के साथ-साथ आम जनता तक इन मादक पदार्थों को सरलता से उपलब्ध कराना भी रहा होगा।

इस नई पद्धति की एक विशेषता यह भी थी कि इसके अधीन ठेकेदारों का फुटकर व्यापारियों से सीधा सम्पर्क समाप्त कर दिया गया था। फलस्वरूप व्यापार से पूर्व नशीले पदार्थ बंधित गोदामों में संगृहित किए जाने लगे थे।[6] इन गोदामों में, जो मुख्यत: तहसील में थे, शराब आदि के भंडारण हेतु ठेकेदारों को अतिरिक्त शुल्क नहीं देना होता था।[7] लेकिन इन गोदामों पर सरकार का पूर्ण नियंत्रण बनाए रखा गया था। ऐसे प्रत्येक गोदाम को आबकारी निरीक्षक के नियंत्रण में रखा गया था। यद्यपि गोदामों में डिस्टलरियों के एजेंट भी नियुक्त होते थे तथापि शराब आदि की निकासी आबकारी निरीक्षण की उपस्थिति में ही की जा सकती थी। नशीले पदार्थों के फुटकर विक्रेता भी निर्धारित गोदामों से ही इनकी निकासी के लिए बाध्य थे।[8] कांट्रेक्ट सप्लाई प्रणाली के अधीन नशीले पदार्थों की बंधित गोदामों से व्यापार हेतु निकासी

सम्बन्धित पदार्थ का पूर्ण मूल्य तथा उस पर आरोपित अभिकर चुकाए जाने के बाद ही की जा सकती थी। इस पद्धति द्वारा लाया गया एक अन्य महत्त्वपूर्ण परिवर्तन यह था कि अब डिस्टलर फुटकर व्यापारियों से अपने क्षेत्र में किसी दुकान हेतु साझा नहीं कर सकता था।

कांट्रेक्ट सप्लाई प्रणाली आरम्भ में कुछ ही जिलों या क्षेत्रों में अस्तित्व में आई परंतु इसी वर्ष (1910) इस परिवर्तन से प्रांतीय आबकारी राजस्व में हुई असाधारण वृद्धि को देखते हुए शीघ्र ही प्रांत के शेष भागों में भी इसे क्रियान्वित किया गया। इसी दौर में कुमाऊँ डिवीजन को भी कांट्रेक्ट सप्लाई प्रणाली के अंतर्गत लाने के प्रयास किए जाने लगे। संयुक्त प्रांत के तत्कालीन आबकारी आयुक्त ने कुमाऊँ में इस प्रणाली को लागू किए जाने के संदर्भ में संयुक्त सचिव, बोर्ड आफ रेवेन्यू (संयुक्त प्रांत) को लिखा था—"सम्पूर्ण नैनीताल जिले, अल्मोड़ा तहसील (केवल जोहार परगने को छोड़) तथा गढ़वाल के तल्ला सलाण में कांट्रेक्ट प्रणाली लागू की जानी चाहिए।"[9] इस नवीन पद्धति के इन दूरस्थ क्षेत्रों में विस्तार को लेकर आबकारी आयुक्त का तर्क था कि "नैनीताल के पहाड़ी क्षेत्रों, रानीखेत, अल्मोड़ा तथा लैंसडौन में लिकर के मुख्य उपभोक्ता आमतौर पर गोरखा सिपाही, नौकर, शिविरों में रहने वाले विभिन्न विभागीय कर्मचारियों के साथ-साथ बोझ ढोने वाला श्रमिक वर्ग हैं। हल्द्वानी, भीमताल, कालाढूंगी, रामनगर, कोटद्वार आदि इलाकों से जाने वाले लोगों में भी अधिसंख्य इन्हीं वर्गों के लोग हैं। ये सभी लोग अच्छा वेतन लेते हैं अतः ऊँचे कर लगाई गई महंगी शराब खरीद सकते हैं।"[10] परंतु स्थानीय अधिकारियों द्वारा आबकारी व्यवस्था में लाए जा रहे इन परिवर्तनों को अनुचित बताते हुए आपत्तियाँ उठाई गईं। इन अधिकारियों का मानना था कि ये परिवर्तन समय से पूर्व किए जा रहे हैं। गढ़वाल के तत्कालीन आबकारी निरीक्षक ने इस व्यवस्था पर टिप्पणी करते हुए लिखा था—

"इतने अल्प समय में कोटद्वार, दुगड्डा आदि इलाकों में कांट्रेक्ट सप्लाई प्रणाली हेतु व्यवस्था करना अत्यधिक कठिन होगा···गढ़वाल में किसी भी आबकारी व्यापारी को इस नई प्रणाली का अनुभव नहीं है। साथ ही वे लोग इस परिवर्तन के इच्छुक भी नहीं हैं।···ऐसी स्थिति में दुकानों को पाने की इच्छा से भी बहुत कम लोग आएँगे।"[11]

अल्मोड़ा तथा नैनीताल जनपद में स्थिति इससे भिन्न थी। नैनीताल के तत्कालीन कलेक्टर द्वारा इस परिवर्तन को उचित बताते हुए इसे शीघ्र लागू किए जाने की सिफारिश की गई थी।[12] यद्यपि स्वयं आबकारी आयुक्त द्वारा इन क्षेत्रों में इस परिवर्तन से होने वाली सफलता पर संदेह प्रकट किया जाने लगा था[13] तथापि लेफ्टीनेंट गवर्नर की संस्तुति पर 1 अप्रैल 1910 से जिला

नैनीताल (इसके तराई क्षेत्र में लगभग इसी तरह की डिस्टलरी प्रणाली पिछले साल ही आरम्भ कर दी गई थी), अल्मोड़ा तहसील तथा तल्ला सलाण में कांट्रेक्ट सप्लाई प्रणाली द्वारा आपूर्ति किए जाने के आदेश दिए गए।[14] प्रणाली में लाए गए इन परिवर्तनों के साथ ही व्यापार तथा आपूर्ति हेतु चली आ रही व्यवस्था को पुनर्संगठित तथा स्थापित किया गया। अल्मोड़ा तथा नैनीताल जिलों के लिए शराब की आपूर्ति हेतु हल्द्वानी में एक बंधित गोदाम खोला गया था। इस गोदाम के अतिरिक्त पीलीभीत तथा बहेड़ी के बंधित गोदामों से भी लगातार आपूर्ति की व्यवस्था की गई थी। इसी वर्ष आबकारी आयुक्त द्वारा काशीपुर में भी बंधित गोदाम खोले जाने का प्रस्ताव रखा गया। यह उल्लेख करना उचित होगा कि इस समय तक काशीपुर में शराब की दो दुकानें खोली जा चुकी थीं।[15] गढ़वाल जिले में नशीले पदार्थों की आपूर्ति हेतु नजीबाबाद के बंधित गोदाम को अधिकार दिए गए थे। इस दौर में एक अन्य परिवर्तन गढ़वाल में नशीले पदार्थों के व्यापार को लेकर किया गया था। इसके द्वारा पट्टी बुंगी की दोग्याना आउटस्टिल को समाप्त कर कांट्रेक्ट प्रणाली लागू की गई। इस प्रकार 1910 तक अल्मोड़ा, गढ़वाल तथा नैनीताल जिलों में थोक आपूर्ति हेतु क्रमशः 8, 15 तथा 9 आउटस्टिल लाइसेंस शेष थे।[16] कुमाऊँ डिवीजन के तराई इलाकों में शराब की आपूर्ति अलग-अलग बंधित गोदामों द्वारा किए जाने की व्यवस्था की गई। फलस्वरूप पश्चिमी तराई इलाकों को हल्द्वानी तथा बहेड़ी गोदामों के अधिकार क्षेत्र में लाया गया था। जबकि शेष भाग, मुख्यतः खटीमा की दुकानों हेतु पीलीभीत गोदाम को आपूर्ति के आदेश दिए गए थे।[17] नशीले पदार्थों के सुनियोजित उत्पादन तथा व्यापार हेतु आबकारी विभाग द्वारा हल्द्वानी बंधित गोदाम की व्यवस्था हेतु एक आबकारी निरीक्षक तथा दो चपरासियों की नियुक्ति की गई। आबकारी निरीक्षक को इसके साथ-साथ हल्द्वानी, काठगोदाम, भीमताल, नैनीताल, कालाढूंगी, आदि इलाकों में आबकारी सम्बन्धी अपराधों पर निगरानी रखने तथा रोकथाम आदि अतिरिक्त कार्यों की जिम्मेदारी भी दी गई थी।[18]

अल्मोड़ा तथा नैनीताल जिले के बंधित गोदामों हेतु शराब की आपूर्ति मैं० क्रो एंड कम्पनी द्वारा की जानी थी जबकि गढ़वाल जिलों के लिए यह कार्य 'रामरेखा मल एंड कम्पनी' को दिया गया था।[19] देशी शराब के व्यापार में नियंत्रण हेतु व्यवस्था बनाए जाने के साथ-साथ इस वर्ष यूरोपीय पद्धति से बनने वाली शराब 'रोजा रम' के व्यापार के निर्धारण का अधिकार डिप्टी कलक्टरों को दिए जाने का प्रस्ताव रखा गया। आबकारी व्यवस्था के विस्तार का क्रम भी इन वर्षों में देखने को मिला। इन परिवर्तनों के साथ ही अल्मोड़ा जिले में गणाई तथा बागेश्वर की अंग्रेजी शराब की दुकानों के लिए अलग-अलग लाइसेंस

जारी न करके इन्हें क्रमशः रानीखेत तथा अल्मोड़ा की दुकानों के साथ रखे जाने की सिफारिश की गई थी।[20] लाइसेंसों की बिक्री नीलामी पद्धति द्वारा किए जाने का प्रावधान किया गया था। इन परिवर्तनों के परिणामस्वरूप नशीले पदार्थों का असाधारण प्रसार हुआ। अब कुमाऊँ के अधिकांश भागों में नशीले पेयों का प्रसार और प्रचलन बढ़ गया था।

उन्नीसवीं सदी के अंतिम तथा बीसवीं शताब्दी के पहले दशक में सम्पूर्ण उत्तराखंड के तराई में रेल मार्गों के विस्तार से यातायात तथा परिवहन व्यवस्था में तेजी से बदलाव आया। हल्द्वानी, 1904 में देहरादून[21], 1907 में रामनगर[22] तथा 1897 में कोटद्वार में रेल यातायात की शुरुआत के साथ-साथ इस दशक में लालकुँआ, काशीपुर तथा रामनगर को भी आपस में रेल मार्गों से जोड़ा गया।[23] यद्यपि यह रेल यातायात पहाड़ों की जड़ों तक ही पहुँचता था तथापि इसके प्रभाव से मंडियों के रूप में उभरे विभिन्न रेल शीर्षों को शेष कुमाऊँ के दूरस्थ अंचलों से जोड़ने की आवश्यकता ने पर्वतीय क्षेत्रों में सड़कों के विकास तथा सुधार की प्रक्रिथा को जन्म दिया। रेलों, सड़कों के रूप में उपलब्ध हुई इस सुविधा के साथ ही नशीले पदार्थों के इस क्षेत्र में प्रसार को असाधारण गति मिली। यातायात तथा परिवहन सुविधा का उल्लेख करते हुए तत्कालीन आबकारी कमिश्नर ने लिखा था—

"भाबर से आउटस्टिल प्रणाली हटाए जाने पर परिवहन की कोई परेशानी नहीं होगी। अब लालकुँआ से काशीपुर व काशीपुर से रामनगर तक रेलवे लाइन है···। वे दुकानें जो अब तक नामनगर से आपूर्ति लेती थीं, अब सरलता से हल्द्वानी से भी यह आपूर्ति ले सकती हैं क्योंकि ये क्षेत्र अब रेलवे लाइन से जोड़ दिए गए हैं···कोटद्वार के मामले में थोड़ी रेल यात्रा होगी और दुगड्डा के इलाकों को बैलगाड़ी रोड से अतिरिक्त यात्रा कर आपूर्ति की जा सकती है।"[24]

यह उल्लेखनीय है कि अल्मोड़ा जिले का भाबरी इलाका आबकारी प्रशासन की दृष्टि से टनकपुर आदि जिला अल्मोड़ा से सम्बद्ध थे। तथा चम्पावत तहसील के साथ-साथ गढ़वाल जिले का गंगा सलाण परगना यातायात सुविधाओं के न होने के कारण ही कांट्रेक्ट सप्लाई प्रणाली के अधीन नहीं लाया गया।[25] इन इलाकों हेतु शराब की आपूर्ति के लिए आउटस्टिल प्रणाली को अपनाया गया था। इस समय तक गंगा सलाण के आउटस्टिल—थल व फुलारी में शराब की खपत 225 एल० पी० गैलन तक बढ़ चुकी थी। जबकि कुमाऊँ में इस खपत का अनुमान 28000 गैलन लगाया गया था। कुमाऊँ में आबकारी पद्धति में परिवर्तन के साथ ही आबकारी अभिकर में भी बृद्धि का प्रस्ताव रखा गया था। इस बृद्धि का मुख्य तात्पर्य नशीले पदार्थों के विक्रय मूल्यों में वृद्धि था। स्वयं बोर्ड आफ रेवेन्यू ने इस बात को स्वीकार किया था कि करों में वृद्धि

निःसंदेह शराब आदि की कीमतों को बढ़ाएँगी।[26] सरकार का तर्क था कि बढ़े हुए मूल्य पर्वतीय क्षेत्र की जनता द्वारा वहन किए जा सकते हैं। अतः वृद्धि अनुचित नहीं है। यह भी एक रोचक प्रसंग है कि जिला स्तरीय अधिकारियों द्वारा करों में वृद्धि किए जाने का विरोध इस संदर्भ में तो किया गया कि इस वृद्धि के परिणामस्वरूप मूल्य बढ़ने से अवैध व्यापार, विशेष रूप से थारू-बोक्साओं, में बढ़ेगा तथा राजस्व में हानि होगी। लेकिन सामाजिक-आर्थिक ढाँचे में आने वाले परिवर्तनों को हमेशा नजरअंदाज किया गया था। यद्यपि तत्काल ये नीतियाँ क्रियान्वित नहीं की गई थीं वरन् प्रणाली में लाए गए परिवर्तनों के परिणामों के आधार पर आने वाले बर्षों में लागू किए जाने के आदेश दिए गए। आबकारी के उत्तरोत्तर विकास के साथ ही पुनः इसके प्रशासन में सुधारों की जरूरत महसूस की जाने लगी। अतः 1910 में ही आबकारी प्रशासन में सुधारों की दृष्टि से एक अन्य महत्त्वपूर्ण कदम उठाया गया जिसके द्वारा पूरे संयुक्त प्रांत में आबकारी प्रशासन को सुदृढ़ तथा सक्षम बनाने हेतु एक अधिनियम पारित किया गया। यह अधिनियम सयुक्त प्रांत आबकारी अधिनियम कहलाया। वस्तुतः यह अधिनियम आबकारी प्रशासन के क्षेत्र में प्रांतीय स्तर पर सक्षम व्यवस्था बनाने की दिशा में पहला कदम था। इस अधिनियम द्वारा आवकारी प्रशासन के समग्र ढाँचे को न केवल पुनर्संगठित किया गया वरन् आबकारी अधिकारियों को नये विशेषाधिकार भी दिए गए। इस अधिनियम के अनुच्छेद 4 (2) द्वारा अन्य प्रावधानों के साथ-साथ आबकारी पेयों (देशी तथा विदेशी शराब) की व्याख्या नये सिरे से की गई। ऐसी सादी स्प्रिट जो आमतौर पर चावल, महुआ, गुण, जौ, से बनाई जाती थी तथा जिस पर ब्रिटिश भारत में आयात हेतु निर्धारित दरों पर ड्यूटी नहीं लगाई जाती थी, के साथ-साथ देशी पद्धति से उक्त पदार्थों के किण्वन द्वारा बनी शराव तथा ताड़ी को अब 'देशी शराब' के अंतर्गत शामिल किया गया था।[27] जबकि ऐसी स्प्रिट तथा लिकर जो ब्रिटिश भारत में आयात की जाती थी तथा भारतीय टैरिफ एक्ट 1894 के अधीन ड्यूटी हेतु उत्तरदायी थी, को 'विदेशी शराब' के अंतर्गत वर्गीकृत किया गया था। इतना ही नहीं वरन् ब्रिटिश भारत में बनाई जाने वाली बीयर, व्हिस्की, ब्रांडी, जिन, भारत में बनी सुगंधित स्प्रिट तथा अशुद्ध स्प्रिट के साथ-साथ ऐसी शुद्ध स्प्रिट, जिस पर आबकारी कर लिया जाता था, को भी 'विदेशी शराब' घोषित किया गया। इस अधिनियम की एक अन्य प्रमुख विशेषता यह थी कि इसके अनुच्छेद 14 (ए) द्वारा संयुक्त प्रांत में भांग के आयात को पूर्णतः अवैध घोषित कर दिया गया था।[28]

आबकारी प्रणाली तथा आबकारी प्रशासन में नए सुधारों तथा विकास के साथ-साथ नशीले पदार्थों का प्रसार लगातार बढ़ता चला गया। यह कहना

अतिशयोक्तिपूर्ण न होगा कि 20वीं सदी के प्रारम्भ में देशी शराब, बीयर तथा अन्य नशीले पेयों का उत्पादन नियमित उद्योग बन चुका था और अधिकाधिक लाभ हेतु यह उद्योग भी अन्य उद्योगों की भाँति चलाया जाने लगा था। विस्तार की यह प्रक्रिया देश के साधन-सम्पन्न बड़े शहरों या कस्बों तक ही सीमित न थी वरन् यह कुमाऊँ के दूरस्थ क्षेत्रों में भी विकसित होते देखी जा सकती थी। हालाँकि उभरते विरोध को देखते हुए सरकार द्वारा बार-बार यह दोहराया जा रहा था कि उसकी आबकारी नीतियों का उद्देश्य अधिकतम कर आरोपित कर नशीले पदार्थों की खपत को कम करना है, लेकिन इसका व्यावहारिक स्वरूप कुछ और ही था। उस समय के उपलब्ध आँकड़ों से इसकी खपत की स्पष्ट झलक मिलती है। 1903-04 में देशी शराब की दुकानों की औसत संख्या 1,00,000 आबादी में 15 थी और 1912 में यद्यपि यह अनुपात 10 तक पहुँचा[29] लेकिन वहीं दूसरी ओर होटल, डाक बँगलों, सिनेमा घरों, रेस्टोरेंटों और रेलवे के रसोईयानों तक में नशीले पेय बेचे जाने के विशेष अधिकार ने अप्रत्यक्ष रूप से नशीले पदार्थों के प्रवाह, फलस्वरूप राजस्व वृद्धि को बनाए रखा। 1910 तक अल्मोड़ा जिले में डाक बँगलों को शराब की बिक्री के विशेष लाइसेंस जारी किए गए थे।[30] फिर भी होटलों, जलपान गृहों में यह सुविधा नहीं दी गई थी। वहीं दूसरी ओर नैनीताल जिले में इसका रूप कहीं अधिक व्यवस्थित तथा विकसित था। इस जिले में 4 डाक बँगलों, 2 जलपान गृहों के साथ-साथ 7 होटलों को नशीले पेयों की बिक्री का अधिकार प्राप्त था।[31] यह उल्लेखनीय है कि इस दौर में गढ़वाल में उक्त विशेषाधिकार प्राप्त होटल आदि नहीं खोले गए थे। अगले दो वर्षों में जहाँ नैनीताल जिले को दो अतिरिक्त लाइसेंस और स्वीकृत किए गए वहीं अल्मोड़ा जिले में इनकी संख्या में कमी आई।[32] तालिका 4-1 से यह स्थिति अधिक स्पष्ट होती है—

तालिका 4.1 : होटल, रेस्टोरेंट, क्लब तथा डाक बँगलों को दिए गए विशेष लाइसेंसों की संख्या

वर्ष	जिला अल्मोड़ा	जिला गढ़वाल	जिला नैनीताल
1910	8	—	13
1911	8	—	14
1912	7	—	15
1913	7	—	17
1914	7	—	18
1615	—	—	—
1916	4	—	12

स्रोत : रिपोर्ट आन एक्साइज एडमिनिस्ट्रेशन ऑफ यूनाइटेड प्रोविंस, 1910-1916.

इस औपनिवेशिक व्यवस्था ने आबकारी नीति ने नशीले पेयों की अधिकतम बिक्री और राजस्व प्राप्त करने के उद्देश्यों को बनाए रखने में महत्त्वपूर्ण भूमिका निभाई। कांटेक्ट प्रणाली के रूप में उभरी नई आपूर्ति व्यवस्था तथा प्रशासनिक सुधार, जिनका मूल उद्देश्य अवैध व्यापार को रोकना तथा राजस्व को सुरछित करना था, के साथ-साथ इस नई व्यवस्था ने आबकारी राजस्व को तेजी से बढ़ाया। परिणामस्वरूप कुमाऊँ डिवीजन से 1,99,250 रु० आबकारी राजस्ब प्राप्त हुआ था। यदि विभिन्न जिलों के संदर्भ में देखें तो यह आय अल्मोड़ा, नैनीताल तथा गढ़वाल के लिए क्रमशः 59,881, 1,18,269 तथा 2,10,90 रु० थी।[33]

इस दौर में आबकारी प्रशासन द्वारा नशीले पेयों—मुख्यतः देशी शराब को छोड़कर अन्य नशीले पदार्थों के व्यापार तथा नियंत्रण हेतु नीतियों में कोई विशेष परिवर्तन नहीं आया। नशीलीं औषधियों—चरस, अफीम तथा भाँग—के व्यापार और नियंत्रण के संदर्भ में फार्मिग व्यवस्था को ही बनाए रखा गया[34] लेकिन सचिव बोर्ड आफ रेवेन्यू द्वारा एक बार पुनः इन वर्षों में नशीली औषधियों में 'कर' बढ़ाने का प्रस्ताव रखा गया। सचिव बोर्ड आफ रेवेन्यू ने इस वृद्धि के संदर्भ में कहा—"इस प्रस्तावित वृद्धि का मुख्य कारण लाइसेंस शुल्क का ड्यूटी (कर) की अपेक्षा अधिक होना है। यह शुल्क ड्यूटी की अपेक्षा दुगना है। इस तरह आबकारी राजस्व के रूप में होने वाली आय एक ही स्रोत पर निर्भर है और यह इन पदार्थों की खपत से भी सीधे सम्बन्धित नहीं है।"[35] स्पष्ट है कि लाइसेंस शुल्क के रूप में एक सीमित धनराशि ही सरकार के पास पहुँच रही थी जबकि उक्त औषधियों में प्रति इकाई बढ़ाए जाने वाले करदाता खपत के समानांतर अपेक्षाकृत अधिकतम राजस्व सुरक्षित किया जा सकता था। अतः बोर्ड आफ रेवेन्यू के इस प्रस्ताव को जहाँ एक ओर समर्थन मिला वहीं इस वृद्धि का विरोध भी किया गया। अल्मोड़ा के तत्कालीन जिला आफीसर ने कुमाऊँ कमिश्नर को चरस में ड्यूटी बढ़ाए जाने का समर्थन करते हुए लिखा—"यद्यपि ड्यूटी बढ़ाए जाने से चरस के मूल्य में बृद्धि के कारण अवैध व्यापार बढ़ सकता है तथापि आम धारणा यह है कि यहाँ पर अब तस्करी की सम्भावनाएँ कम रह गई हैं, मैं नहीं समझता कि इससे कोई हानि होगी।"[36] लेकिन वहीं दूसरी ओर गढ़वाल के डिप्टी कमिश्नर ने इस वृद्धि को अनुचित बतलाया। उसका मत था कि इस वृद्धि के परिणामस्वरूप गढ़वाल में चरस के प्रचलित मूल्यों में वृद्धि से नशीली औषधियों का अवैध उत्पादन प्रेरित होगा।[37] यह उल्लेखनीय है कि यद्यपि सरकार की नीति का प्रशासनिक विरोध या अधिक उचित शब्दों में कहें तो आपत्तियाँ कभी-कभार उठीं लेकिन इन्हें सामाजिक हितों को ध्यान में रखकर कभी नहीं उठाया गया

था। इनका मुख्य उद्देश्य राजस्व केंद्रित ही था। चरस के बढ़े मूल्यों से प्रेरित शेष औषधियों की खपत पर नियंत्रण तथा राजस्व सुरक्षित करने के उद्देश्य से बोर्ड आफ रेवेन्यू द्वारा उनमें भी ड्यूटी बढ़ाए जाने की सिफारिश की गई।[38] ताकि अपेक्षित राजस्व प्राप्त होता रहे। इन परिवर्तनों के साथ-साथ बिक्री केंद्रों की संख्या भी बढ़ाई जाती रही। 1911 में तराई में शराब की 4 अतिरिक्त दुकानों[39] के साथ ढिकुली (रामनगर) में एक दुकान नशीली औषधियों[40] की भी खोले जाने के आदेश दिए गए। तराई में इन दुकानों के खोले जाने का कारण इस क्षेत्र की थारू-बोक्सा जनजातियों को अधिकाधिक सुविधा दिलाना बताया गया था।[41] यह एक महत्त्वपूर्ण पक्ष है कि इस अवधि में जनजातियों के नशीले पदार्थों के उत्पादन सम्बन्धी अधिकारों को सीमित करने के प्रयास भी किए गए थे। 1889 ई० में आबकारी व्यवस्था में संशोधन द्वारा जनजातियों को नशीले पदार्थों के उत्पादन में लगे प्रतिबंधों से मुक्त रखा गया था परंतु उनका यह अधिकार कुछ परगनों तक ही सीमित था। शीतकाल में उच्च हिमालयी भोटांतिकों से निचली घाटियों को विस्थापित होने वाली इन जनजातियों के लिए अस्थायी प्रवास क्षेत्रों में नशीले पेयों के उत्पादन पर प्रतिबंध था। वस्तुत: यह प्रतिबंध स्थानीय गैर जनजातीय लोगों, क्षेत्रों के साथ अवैध व्यापार को रोकने के उद्देश्य से लगाया गया था। लेकिन संयुक्त प्रांत के आबकारी कमिश्नर द्वारा प्रतिबंधित क्षेत्रों में इन जनजातियों को नशीले पेयों के उत्पादन हेतु लाइसेंसों के माध्यम से अधिकार देने का प्रस्ताव रखा गया।[42] इससे स्पष्ट है कि अब तक आर्थिक शोषण की इस प्रक्रिया से बची जनजातियों को स्वत: इस जाल में फंसने का अवसर दिया जाना औपनिवेशिक नीतियों का उद्देश्य था। यह व्यवस्था केवल भोटिया जनजाति के लिए ही नहीं की जानी थी वरन् तराई की थारू बोक्सा जनजातियों को भी इसमें सम्मिलित किए जाने का प्रावधान रखा गया था। परंतु लाइसेंस शुल्क का आधार आर्थिक स्थितियाँ रखी गई थीं। आबकारी आयुक्त का मत था कि भोटियों के लिए लाइसेंस शुल्क कुछ अधिक होना चाहिए क्योंकि वे थारू-बोक्साओं से अपेक्षाकृत बेहतर स्थिति में हैं।[43] इस प्रकार दिए जाने वाले लाइसेंसों का शुल्क 4 रु० निर्धारित किया गया था।[44]

अल्मोड़ा, गढ़वाल तथा नैनीताल जिलों के डिप्टी कमिश्नर, परगनाधिकारियों ने इन प्रस्तावित नीतियों पर टिप्पणी करते हुए इन्हें अनुचित बताया था। अधिकारियों का मत था कि भोटियों को लाइसेंस दिए जाने से स्थानीय शराब विक्रेताओं के व्यापार में सीधा प्रभाव पड़ेगा। साथ ही आबकारी राजस्व भी गिरेगा।[45] इस प्रकार राजस्व क्षतिपूर्ति उक्त लाइसेंसों के माध्यम से नहीं की जा सकेगी। फिर भी प्रकारांतर में इस परिवर्तन को लागू कर दिया

गया था और यह व्यवस्था औपनिवेशिक शासन काल में पूरे समय तक बनी रही। इससे जहाँ एक ओर नशीले पदार्थों के प्रचलन को त्वरा मिली वहीं इस दौर में आबकारी राजस्व भी असाधारण रूप से बढ़ा।

1914 में आरम्भ हुए विश्वयुद्ध के दौरान भारतीय आर्थिक स्थिति तथा सरकारी नीतियों में तेजी से परिवर्तन आया। फलस्वरूप भारत में प्रत्यक्ष तथा अप्रत्यक्ष ब्रिटिश लूट और तेज हो गई। इसी दौर में नशीले पदार्थों, विशेषतः शराब की खपत, प्रसार तथा उससे प्राप्त आबकारी राजस्व तीनों में ही असाधारण वृद्धि हुई। नशीली पेयों की इस बढ़ती माँग का टेंपरेंस सुधारकों द्वारा घोर विरोध किया जाने लगा। ब्रिटेन तथा भारत की संसदों में टेंपरेंस समर्थकों द्वारा प्रतिवेदन किए गए।[46] फलतः 1914 में भारत सरकार की आबकारी नीति का पुनः निरीक्षण किया गया।[47] परंतु उसके बाद भी आबकारी नीति में कोई परिवर्तन नहीं लाया गया। 1910 से 1916 तक कुमाऊँ के तीनों जिलों में निम्न जनसंख्या पर शराब की एक दुकान थी—

तालिका 4.2 : प्रति आबकारी दुकान जनसंख्या का विवरण

वर्ष	अल्मोड़ा	गढ़वाल	नैनीलाल
1910	58,237	28,660	8,190
1911	58,237	28,660	9,154
1912	75,014	32,011	8,295
1913	75,015	30,010	8,987
1914	75,015	30,010	8,744
1815	—	—	—
1916	75,015	30,010	8,295

स्रोत—रिपोर्ट आन एक्साइज़ एडमिनिस्ट्रेशन आफ यूनाइटेड प्रोविंस, 1910-1916

नशे के बढ़ते प्रचलन को देखते हुए टेंपरेंश सुधारकों, गोखले तथा तिलक जैसे राष्ट्रवादियों आदि के सतत विरोध के कारण स्थानीय आबकारी मामलों पर जनता की भागीदारी हेतु 1 अप्रैल 1916 से नगरपालिकाओं में आबकारी परामर्शदात्री समिति गठित की गई।[48] इस समिति को स्थानीय आबकारी मामलों, शराब की नई दुकानों का खुलना, स्थान तथा बिक्री के समय का निर्धारण आदि पर सलाह देने का अधिकार दिया गया था। इस परामर्शदात्री

समिति हेतु 2 सदस्य कलक्टर द्वारा मनोनीत किए जाते थे तथा शेष चार सदस्य नगरपालिका द्वारा चुने जाते थे।[49] परंतु अपने सीमित अधिकारों के कारण आबकारी परामर्शदात्री समिति सफल न हो सकी थी। 1921 में आबकारी नीति की जाँच हेतु गठित समिति ने भी इस बात को स्वीकार किया था कि सीमित अधिकारों के साथ-साथ सुझावों के क्रियान्वित न होने से सदस्यों ने इसके प्रति रुचि खो दी है।[50] वास्तव में उक्त समितियों के स्वरूप तथा कार्यप्रणाली को देखते हुए यह कहा जा सकता है कि इनका गठन आबकारी के विरुद्ध उठ रहे विरोधों को कम करना ही अधिक रहा होगा।

1917 तक आबकारी नीति में अन्य परिवर्तन नहीं आए बल्कि इसी व्यवस्था को बनाए रखा गया। मई 1918 में सरकार द्वारा पुनः पूरे संयुक्त प्रांत में नशीले पदार्थों हेतु ड्यूटी में परिवर्तन लाए जाने के उद्देश्य से फाइनेंस कमेटी की बैठक बुलाई गई। इस कमेटी द्वारा ड्यूटी बढ़ाए जाने के संदर्भ में निम्न मुख्य सिफारिशें की गई[51]—

1. सरकार को लिकर, अफीम तथा नशीली औषधियों में ड्यूटी बढ़ानी चाहिए,
2. नशीले पदार्थों की खपत को कम करने के लिए आबकारी दुकानों की संख्या को कम किया जाना चाहिए।

कमेटी की उक्त सिफारिशों के आधार पर 18 जुलाई 1918 को एक अन्य बैठक में इन सुझावों को स्वीकार करते हुए नशीले पदार्थों में आबकारी ड्यूटी 'कर' बढ़ाए जाने के आदेश दिए गए।[52] फलतः अफीम के लगभग मूल्यों में 2 रु० प्रति सेर की वृद्धि की गई। फलस्वरूप इसका मूल्य 11 रु० से 13 रु० प्रति सेर हो गया। इसी वर्ष भारत सरकार द्वारा सैनिकों को दी जाने वाली लिकर में भी ड्यूटी बढ़ाई गई। यह वृद्धि 26 अक्तूबर 1918 से लागू की गई।[53] आबकारी करों में की गई इस वृद्धि के परिणामस्वरूप आबकारी राजस्व असाधारण रूप से बढ़ा। तालिका 4.3 से इस दशक में कुमाऊँ में आबकारी राजस्व के विस्तार को समझा जा सकता है।

इस दशक में हालाँकि आबकारी प्रशासन हेतु कोई नई नीतियाँ लागू नहीं की गईं तथापि विभिन्न नशीले पदार्थों में समय-समय पर बढ़ाई गई ड्यूटियों (करों) ने आबकारी राजस्व की वृद्धि को लगातार बनाए रखा। इस दौर में लागू की गई नीति के संदर्भ में सरकार द्वारा यह दोहराया जा रहा था कि आबकारी नीति का उद्देश्य उन लोगों के लिए, जो सामान्यतः नशीले पदार्थों का संयमित प्रयोग करते हैं, इनकी माध्यम आपूर्ति को बनाए रखना है। लेकिन इसके साथ ही सरकार ने कम-से-कम खपत द्वारा अधिकतम राजस्व सुरक्षित

तालिका : 4.3 : कुमाऊँ के जिलों में आबकारी राजस्व (रुपयों में)

वर्ष	अल्मोड़ा	गढ़वाल	नैनीताल
1910	59,881	21,090	1,18,269
1911	66,011	23,093	1,45,270
1912	65,550	22,583	1,68 005
1913	57,024	23,643	1,78.005
1914	51,828	22,682	1,79,668
1915	—	—	—
1916	28,145	26,326	1,54,008
1917	49,447	30,690	1,57,717
1918	62,603	28,067	1,80,539
1919	72,952	23,783	2,23,806
1920	52,288	34,947	2,34,171

स्रोत—रिपोर्ट आन एक्साइज एडमिनिस्ट्रेशन आफ यूनाइटेड प्रोविंस, 1910-1920

करने की नीति को अपनाए रखा। इस नीति के पीछे सरकार का तर्क था कि करों में वृद्धि करने से मूल्यों में वृद्धि होगी और खपत में कमी आएगी।[54] यदि देखा जाए तो खपत केवल मूल्यों पर निर्भर नहीं थी वरन् उपभोक्ता की आर्थिक स्थिति भी इसका प्रमुख कारण थी।[55] अतः इस बात को स्वीकार नहीं किया जा सकता था कि करों में वृद्धि द्वारा सरकार का उद्देश्य केवल नशे के प्रसार को रोकना रहा होगा। 1918 में फाइनेंस कमेटी ने भी इस बात को स्वीकार किया था कि पिछले वर्षों की तुलना में संयुक्त प्रांत में करों की दर बहुत ऊँची होने के बावजूद नशीले पदार्थों की खपत पिछले वर्षों की तुलना में कहीं अधिक है।[56] तालिका 4.4 कुमाऊँ में लिकर की खपत की वृद्धि को प्रदर्शित करती है।

इन आँकड़ों से स्पष्ट है कि नशे के प्रसार को रोकने की दृष्टि से यह नीति जो 1920 तक बनी रही, सफल नहीं रही।[57] 1910 से 1929 तक कुमाऊँ में शराब की खपत तथा प्राप्त राजस्व का क्रम देखने पर 1913 से 16 के बीच, जो कि प्रथम विश्वयुद्ध के सक्रियतम वर्ष थे, इन दोनों में उतार नजर आता है। कदाचित् इसका कारण इन जिलों से सेना का युद्ध के मोर्चों पर चले जाना होगा। नैनीताल में यह उतार कम है। इसका कारण इस जिले में सैनिक

तालिका 4.4 : कुमाऊँ में लिकर खपत (एल० पी० गैलन में) (1911-1922)

वर्ष	अल्मोड़ा	गढ़वाल	नैनीताल
1911	6,243	1,113	21,156
1912	5,399	2,069	23,205
1913	4,933	769	27,403
1914	4,730	737	22,809
1915	—	—	—
1916	3,302	1,114	22,305
1917	3,810	2,213	23,358
1918	4,535	2,034	24,064
1919	5,458	2,297	26,336
1920	3.767	1.783	20,790
1921	4,233	2,223	23.809
1922	3,933	1,302	27 056

स्रोत—रिपोर्ट आन एक्साइज एडमिनिस्ट्रेशन आफ यूनाइटेड प्रोविंस—1911-1922.

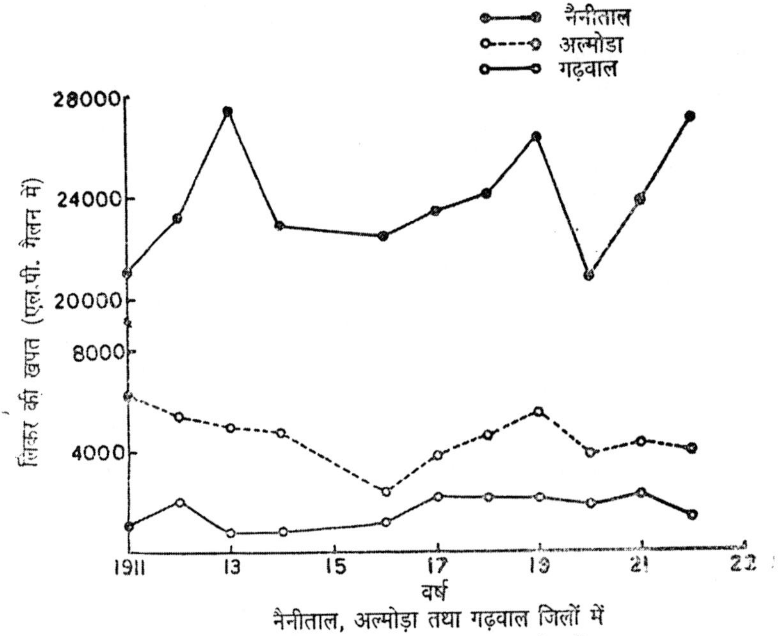

नैनीताल, अल्मोड़ा तथा गढ़वाल जिलों में
लिकर की खपत का तुलनात्मक लेखाचित्र

छावनियों या आबादी का कम होना रहा होगा। जिला गढ़वाल में उतार की गति के ज्यादा रहने का कारण 1913 से ही गढ़वाली सेना का विश्वयुद्ध के मोर्चों पर चला जाना था।

असहयोग आन्दोलन और उसके बाद

1919 में आबकारी के इतिहास में एक महत्त्वपूर्ण परिवर्तन आया। मोन्टेग्यू-चैम्सफोर्ड सुधारों के रूप में आये 1919 के भारत सरकार एक्ट के साथ ही आबकारी राजस्व तथा आबकारी नीतियों को प्रान्तीय विषय घोषित किया गया।[58] इस प्रकार लिकर, अफीम तथा नशीली औषधियाँ प्रांतीय राजस्व के स्रोत बने। यह उल्लेखनीय है कि यद्यपि राजस्व सम्बन्धी विषय प्रांतों को सौंपे गये थे परंतु नीतियों के निर्धारण, दिशा निर्देशन का अधिकार केंद्र सरकार के पास भी बना रहा।[59] इन सुधारों के साथ-साथ प्रांतीय सरकार द्वारा कम या अधिक रूप में नशीले पदार्थों की खपत को रोकने की नीति अपनाने के प्रयास भी किये गये थे।[60] इसी दौर में उभरे असहयोग आंदोलन ने भी आबकारी नीति को प्रभावित किया। कांग्रेस द्वारा एक लम्बे समय से सरकार की आबकारी नीति का विरोध किया जा रहा था। गांधी युग में मद्य निषेध को राष्ट्रीय कार्यक्रम का प्रमुख हिस्सा बनाया गया था। कांग्रेसियों का मानना था कि आबकारी नीतियों का अंतिम लक्ष्य मद्य निषेध होना चाहिए और यह तभी सम्भव है जब सरकार नशीले पदार्थों की खपत में प्रतिबंध लगाने की नीति अपनाएगी। अत: असहयोग आंदोलन के दौर में शराब, अफीम, गाँजा, भाँग आदि विभिन्न नशीले पदार्थों का बहिष्कार किया गया। स्थानीय जनता ने नशीले पदार्थों के व्यापार के विरोध में जुलूस निकाले। सरकार से आबकारी दुकानों को बंद करने का आग्रह किया गया। एक प्रकार से औपनिवेशिक आबकारी नीति का पहली बार राष्ट्रीय स्तर पर विरोध उभरा था। इस आंदोलन ने ब्रिटिश उद्देश्यों को अत्यधिक प्रभावित किया। नशीले पदार्थों के बहिष्कार के कारण इस वर्ष आबकारी से होने वाली आय में असाधारण गिरावट आई। पर यह बताना भी उचित होगा कि समूचे संयुक्त प्रांत में नशीले पदार्थों की खपत में कमी के कारण राजस्व में गिरावट आयी थी लेकिन यह कुमाऊँ में अपेक्षाकृत कम थी, जो तालिका 4.5 से स्पष्ट है।

ऐसा प्रतीत होता है कि 1921 में आबकारी करों की दर में वृद्धि और सैनिकों के बीच रहने वाली शराब की स्थायी खपत के कारण कुमाऊँ में यह गिरावट अपेक्षाकृत कम थी। आबकारी नीति के लगातार हो रहे विरोध तथा परिवर्तन की आवश्यकता से बाध्य होकर सरकार ने 1921 में आबकारी प्रशासन तथा नीति की जांच तथा परिवर्तन की सम्भावनाओं का पता लगाने हेतु

तालिका : 4.5 : आबकारी राजस्व (रुपये में)

वर्ष	कुमाऊँ
1921	3,29,636
1922	3,45,864
1923	2,68,643
1925	2,63,714

स्रोत—रिपोर्ट आन एक्साइज एडमिनिस्ट्रेशन आफ यूनाइटेड प्रोविन्स,
रिपोर्ट आफ यूनाइटेड प्रोविन्स एक्साइज कमेटी—1921

तालिका : नशीले पदार्थों में अभिकर की दरें (रु० आना० पैं० में)

वर्ष	देशी शराब,	अफीम	गाँजा	चरस	भाँग	विदेशी शराब
1913	4 8.0					
1914			12.0.0			
1915	5.0.0	25.0.0				
1916		27.8.0	16.0.0	18 0.0	10.0.0	11.4.0
1917						
1918	6 0.0	32.8.0				
1919	7.8.0	40.0.0	20.0.0	25 0.0	12.8.0	
1920		45.0.0				
1921	10.0.0	55.0.0	30.0.0	35.0.0	20.0.0	18.12.0

स्रोत—रिपोर्ट आन एडमिनिस्ट्रेशन आफ यूनाटेड प्रोविन्स,
रिपोर्ट ऑफ यूनाइटेड प्रोविन्स एक्साइज कमेटी, 1921.

ए० डब्ल्यू० पिम की अध्यक्षता में 7 सदस्यीय आबकारी कमेटी का गठन किया गया।[61] इस कमेटी को जिन विषयों की जाँच करनी थी उनके मुख्य अंश निम्न प्रकार थे[62]—

1. देशी शराब के व्यापार हेतु नीलामी प्रणाली को बनाए रखा जाय या उसके स्थान पर निश्चित फीस (सरचार्ज) प्रणाली लागू की जाय।

2. आबकारी परामर्शदात्री समितियों के स्थान पर लाइसेंसिंग बोर्ड बने ।
3. नशीले पदार्थों, मुख्यत: शराब की दुकानों की संख्या का पुन: निर्धारण हो ।
4. आबकारी करों में वृद्धि की संभावनाओं के साथ-साथ मेलों, उत्सवों आदि में नशीले पदार्थों की अस्थायी दुकानें खोले जाने की स्थितियों की जाँच हो ।

इस कमेटी द्वारा आबकारी नीति तथा प्रशासन की जाँच और विश्लेषण के पश्चात् वर्तमान आबकारी व्यवस्था में अनेक परिवर्तनों का सुझाव दिया गया। ये प्रस्ताव सरकार द्वारा स्वीकार भी कर लिए गए। आबकारी कमेटी की सिफारिशों के क्रियान्वयन के साथ ही आबकारी नीति तथा आबकारी प्रशासन में महत्त्वपूर्ण परिवर्तन आया ।

इन सुझावों के आधार पर नशीले पदार्थों के व्यापार हेतु लाइसेंसों के वितरण की सरचार्ज प्रणाली लागू की गई ।[63] इससे पूर्व उक्त लाइसेंसों का वितरण नीलामी पद्धति द्वारा किया जाता था और ऊँची बोली बोलने वाले को ही यह अधिकार दिया जाता था । इस व्यवस्था में ठेकेदारों को फुटकर मूल्यों के निर्धारण का पूर्ण अधिकार था। वास्तव में इस प्रणाली का मुख्य उद्देश्य ठेकेदारों के लाभ के साथ-साथ सरकार के लिए अधिकतम राजस्व बनाये रखना था ।[64] लेकिन सरचार्ज प्रणाली द्वारा लाभ का पूर्ण अधिकार सरकार के हाथों में समेट लिया गया। इस पद्धति द्वारा नशीले पदार्थों के फुटकर व्यापार हेतु उक्त पदार्थ प्रति गैलन या प्रति सेर पर निर्धारित कर चुकाये जाने के बाद ही प्राप्त किये जा सकते थे। इस प्रणाली का एक अन्य महत्त्वपूर्ण पक्ष यह था कि खपत अधिक होने के साथ-साथ करों की दरें भी बढ़ती जाती थी परंतु व्यापारी आबकारी प्रशासन द्वारा घोषित मूल्यों पर ही नशीले पदार्थ बेचने को बाध्य था ।[65] किसी स्थान विशेष के लिए करों की दर में परिवर्तन भी इस पद्धति द्वारा किया जा सकता था। यह उल्लेख करना उचित होगा कि इन परिवर्तनों को लागू करते हुए हालांकि सरकार द्वारा यही कहा जा रहा था कि इसका मुख्य उद्देश्य सयम को बढ़ावा देना तथा नशीले पेयों की खपत को कम करना है ।[66] परतु इन परिवर्तनों में दोहरी औपनिवेशिक नीति को स्पष्टत: देखा जा सकता है। इसकी एक झलक तत्कालीन आबकारी आयुक्त के निम्न वक्तव्य में स्पष्टत: मिलती है –

"यह परिवर्तन सरचार्ज प्रणाली एक तरीका था न कि सिद्धांत इससे लाभ का अधिकांश भाग विक्रेता की अपेक्षा राज्य की झोली में आ जाता था ।"[67]

नशीले पदार्थों के व्यापार हेतु यह परिवर्तन केवल लिकर तक ही सीमित न था वरन् नशीली औषधियों, जिनका व्यापार अभी तक फार्मिग पद्धति द्वारा किया जाता था, को भी कांट्रेक्ट आपूर्ति प्रणाली के माध्यम से सरचार्ज पद्धति के अधीन किया गया।[68] कुमाऊँ में सर्वप्रथम नैनीताल जिसे को इस पद्धति के अधीन लाया गया और 1924 तक लगभग संयुक्त प्रांत के सभी भागों में यह परिवर्तन लागू किया जा चुका था।[69]

नशीले पदार्थों के उत्पादन तथा व्यापार हेतु निर्धारित प्रणालियों के अतिरिक्त लाइसेंसों के वितरण की प्रक्रिया को भी सुसंगठित किया गया। लाइसेंसों के वितरण हेतु कमेटी की सिफारिशों के आधार पर नगरों, कस्बों में लाइसेंस परिषदों (लाइसेंसिग बोर्ड) की स्थापना की गई। यह संस्था अपने स्वरूप में पूर्णतः गैर सरकारी थी तथापि अप्रत्यक्ष रूप से इस पर सरकारी दबाव देखा जा सकता था। टेंपरेंस समितियों द्वारा प्रेरित आंदोलन को बढ़ाने के साथ-साथ किसी भी स्थान पर आबकारी दुकान खोले जाने तथा लाइसेंस दिये जाने का पूर्ण अधिकार इस संस्था को दिया गया। प्रत्येक लाइसेंसिग बोर्ड हेतु सदस्यों की संख्या आठ निर्धारित थी, का चुनाव किया जाता था। विद्यालय, आबकारी व्यापारी, मजदूर, टेंपरेंश सोसाइटी तथा नगरपालिका आदि विभिन्न संस्थाओं तथा वर्गों से एक-एक सदस्य का प्रतिनिधित्व निर्धारित किया गया था।[70] वास्तव में इस प्रतिनिधित्व का उद्देश्य मुख्यत. टेंपरेंस प्रक्रियाओ को विभिन्न वर्गों तक ले जाना था। लेकिन यह व्यवस्था केवल नगरों तथा कुछ बड़ी नगरपालिकाओं तक ही सीमित रही। कस्बों तथा करीबी ग्रामीण अचलो हेतु, आबकारी परामर्शदात्री समितियों में तीन सदस्य जिला परिषद द्वारा चुने जाते थे, इन समितियों को ही बनाये रखा गया। इस समिति के दो सदस्यो को जिलाधिकारी द्वारा मनोनीत किये जाने का प्रावधान रखा गया। कुमाऊँ में हर जिले के लिए एक-एक समिति का गठन किया गया था।[71] यद्यपि ये समितियाँ लम्बे समय से कार्य कर रही थीं परंतु आबकारी कमेटी (1921) की सिफारिशों पर इनके अधिकारों को पहले की अपेक्षा अधिक विस्तृत किया गया। लेकिन ये समितियाँ भी अपने उद्देश्यों में खरी नहीं उतरीं। हालांकि टेंपरेंश सोसाइटियों और परामर्शदात्री समितियों ने देशी शराब तथा अन्य नशों के प्रसार को रोकने तथा उनके व्यापारिक प्रबंध का कार्य लिया लेकिन विदेशी शराब के प्रसार को रोकने का प्रयास इनके द्वारा नहीं किया गया। 1926 में अल्मोड़ा जिला आबकारी परामर्शदात्री समिति द्वारा पिथौरागढ़ शहर में अंग्रेजी शराब की एक नयी दुकान तथा चौखुटिया-गनाई में देशी शराब की दुकान पुनः खोलने का प्रस्ताव रखा गया था। इस बैठक में गोविंद बल्लभ पंत ने इसका विरोध करते हुए इन्हें न खोले जाने का प्रस्ताव रखा।[72] अनेक बार इन समितियों में उन लोगों का निर्वाचन किया

जाता था जिनके हित किसी-न-किसी रूप में नशे से जुड़े थे ।[73] चाहे वह सेवन हो या व्यापार । इन स्थितियों ने भी समितियों के वास्तविक स्वरूप को नहीं उभरने दिया ।

1928 ई० के आबकारी प्रशासन की रिपोर्ट में इस बात को स्वीकार किया गया था कि लाइसेंसिंग बोर्ड तथा जिला आबकारी सलाहकार समिति, जो कि सामान्यत: देशी शराब, नशीली औषधियों आदि के विरुद्ध कड़ा रुख अपनाती है, विदेशी शराब की दुकानों को खोलने के विरुद्ध नहीं दिखती है ।[74] यह स्वाभाविक था कि स्वयं प्रशासन द्वारा भी विदेशी शराब के प्रसार पर प्रतिबंध के कोई ठोस कदम नहीं उठाये गये थे । आज भी उत्तराखंड के पूर्ण नशाबंदी के अंतर्गत घोषित जिलों में अंग्रेजी शराब की परमिट वाली दुकानें खोली गयी हैं जो इस स्थिति का स्पष्ट संकेत देती हैं कि औपनिवेशिक आबकारी दृष्टि आज की स्थिति से ज्यादा भिन्न न थी । काउंसिलों में भी विदेशी शराब के प्रसार तथा आबकारी प्रशासन की दोहरी नीतियों का विरोध हो रहा था । बैरिस्टर मुकुंदीलाल ने इस प्रसार तथा सरकारी टेंपरेंस नीति की आलोचना करते हुए कहा कि 1920 से 1924 के बीच 4 वर्षों में विदेशी शराब की फुटकर दुकानों की संख्या 50 से बढ़कर 69 हो चुकी है। यदि देशी शराब की दुकानों की संख्या घटाकर विदेशी शराब की दुकानों की संख्या बढ़ाएँ तो इसका परिणाम पूर्ववत् ही रहेगा ।[75] तथापि इस दौर में आबकारी राजस्व में लगातार कमी आती गयी । यह कहा जा सकता है कि आबकारी नीति से कहीं अधिक नशीले पदार्थों के विरुद्ध चलाये जा रहे अभियानों ने औपनिवेशिक हितों को प्रभावित किया । नशीले पदार्थों के बहिष्कार से रानीखेत (अलमोड़ा) तथा ज्योलीकोट (नैनीताल) की स्थानीय बूआरियों के उत्पादन में क्रमश: 19.3 प्रतिशत तथा 82.6 प्रतिशत की कमी आई ।[76] तालिका 4.6 में इन वर्षों में गिरते उत्पादन की स्थिति दृष्टिगोचर होती है—

	1921-22	1922-23
रानीखेत	60,658 गैलन	48,843 गैलन
नैनीताल	15,115 गैलन	2,629 गैलन

उत्पादन में इस गिरावट के पीछे सरकार का तर्क था कि यह कमी मुख्यत: पहाड़ी इलाकों में रहने वाली सैनिक टुकड़ियों के यहाँ कम प्रवास के कारण हुई थी[77] लेकिन इस बात से इंकार नहीं किया जा सकता है कि कांग्रेस द्वारा चलाए जा रहे नशा विरोधी कार्यक्रमों ने इस क्षेत्र में बड़ी सीमा तक जन-समर्थन

प्राप्त किया। विभिन्न उत्सवों, होलियों तथा विवाहों में नशीले पदार्थों के प्रचलन में कमी आई। स्वयं आबकारी आयुक्त ने इस पर आश्चर्य प्रकट करते हुए कहा था—

"यदि नशे की प्राचीन परम्परा पूर्णतः छूटी नहीं भी तो, सामान्यतः यह एक घटना के रूप में कुछ समय के लिए स्थगित अवश्य हुई है।"[78]

परंतु यह क्रम अधिक समय तक नहीं बना रह सका। राजस्व हानि से चिंतित सरकार ने इस गिरावट के कारण जानने या अधिक उचित शब्दों में कहें तो अप्रत्यक्ष रूप से दबाव डालने की नीयत से लगातार आबकारी निरीक्षकों को लिखना आरम्भ कर दिया था।[79] साथ ही इस दौर में, यह कहते हुए कि 'कर' वृद्धि के पीछे सरकार का उद्देश्य नशे के प्रचलन में 'संयम' लाना है, एक बार पुनः करों में वृद्धि की गयी। इस वृद्धि ने आबकारी राजस्व को तेजी से बढ़ाया।

दिसम्बर 1924 में इलाहाबाद में स्थानीय सरकार द्वारा संयुक्त प्रांत आबकारी नीति के मूल्यांकन तथा उसमें आवश्यक परिवर्तनों की संभावनाओं के उद्देश्य से आबकारी सम्मेलन का आयोजन किया गया।[80] इस सम्मेलन में सचिव, बोर्ड आफ रेवेन्यू, आबकारी सांसद तथा अन्य सदस्यों के साथ-साथ कुमाऊँ के दो कांउसिल के सदस्यों मुकुंदीलाल तथा गोविंद वल्लभ पंत को भी चुना गया। इस सम्मेलन में 1921 की आबकारी कमेटी की सिफारिशों को ही दुहराते हुए आबकारी नीतियों में परिवर्तन हेतु लगभग 20 सुझाव रखे गये।[81] सम्मेलन में सरकार से आबकारी नीति के मूल्यांकन हेतु प्रांतीय आबकारी परिषद् गठित किये जाने की सिफारिश की गई थी। इस सम्मेलन का महत्त्वपूर्ण प्रस्ताव सरकार की आबकारी नीति में परिवर्तन लाये जाने सम्बन्धी था। सम्मेलन द्वारा यह सुझाव दिया गया कि सरकार को ऐसी पद्धति लागू करनी चाहिए जो स्थानीय विकल्प के सिद्धांत पर आधारित हो। इस पद्धति द्वारा किसी भी व्यक्ति को यह स्वयं निर्धारित करना होता था कि क्या उसे लिकर या अन्य नशीली औषधियों में लिप्त रहना चाहिए या पूर्णतः मद्य निषेध का पालन करना चाहिए।[82] यह उल्लेख करना उचित होगा कि 1888 में भी एक बार भारत सरकार ने इस प्रणाली पर राय देने हेतु प्रांतीय सरकारों को इसकी सूचना दी थी।[83] हालांकि तब भी इस पर कोई कदम नहीं उठाया गया था। इस आबकारी सम्मेलन में आबकारी प्रशासन की 'अधिकतम राजस्व' तथा 'न्यूनतम खपत' की नीति की कड़ी आलोचना करते हुए 'पूर्ण मद्य निषेध' को आबकारी नीति का अंतिम लक्ष्य बनाने का सुझाव रखा गया था। इस समिति का एक अन्य सुझाव लिकर की सीलबंद बोतलों के रूप में आपूर्ति किए जाने से सम्बन्धित था।[84] इन सिफारिशों को लेकर प्रांतीय काउंसिल में भी गरमा-

गरम बहसें हुईं। बैरिस्टर मुकुंदीलाल ने सरकार की नीतियों की आलचोना करते हुए कहा था—

"मादक पेयों से राजस्व प्राप्त कर सरकार एक ऐसी गम्भीर नैतिक हत्या कर रही है जैसी कि शायद ही किसी युग में किसी देश के वीरों ने की हो।"[85]

31 मार्च 1925 को मुकुन्दीलाल ने प्रांतीय काउन्सिल में, इलाहाबाद सम्मेलन के सुझावों को तुरन्त लागू करने की माँग की। साथ ही आबकारी नीति को लेकर एक प्रस्ताव भी रखा गया। मुकुन्दीलाल ने इस प्रस्ताव पर टिप्पणी करते हुए कहा कि यह काउन्सिल सिफारिश करती है कि आबकारी नीति का लक्ष्य तथा उद्देश्य पूर्ण मद्य निषेध है। आबकारी सम्मेलन में सुझाए गए बिन्दुओं को तुरन्त लागू करने के लिए उपाय तथा साधन, जैसे—स्थानीय विकल्प, पंजीकरण तथा राशनिंग पद्धति आदि ढूँढ़ लेने चाहिए जिसके इसके उद्देश्यों तक तेजी से पहुँचा जा सके। गोविंद बल्लभ पंत ने इस प्रस्ताव का समर्थन करते हुए सरकार से इसे तुरंत लागू करने की माँग की।[86] बाद में आबकारी मेम्बर द्वारा इन प्रस्तावों पर विचार करने तथा इन्हें क्रियान्वित करने का आश्वासन दिया गया।

यह उल्लेखनीय है कि इसी वर्ष नैनीताल जिले में भी आबकारी प्रणाली को एक बार पुनः व्यवस्थित किया गया। तराई की थारू-बोक्सा जनजातियों में नशीले पेयों के प्रचलन को देखते हुए लिकर की शक्ति बढ़ाए जाने की संस्तुति दी गई। आबकारी प्रशासन का तर्क था कि जलवायुगत परिस्थितियों को ध्यान में रखते हुए इन जनजातियों को तेज या उच्च तीव्रता की लिकर दिया जाना आवश्यक था।[87] शराब की तीव्रता में वृद्धि के साथ ही तराई इलाकों के लिए जारी आबकारी करों में भी वृद्धि कर दी गई। आबकारी आयुक्त का यह भी सुझाव था कि ये जनजातियाँ अपने घरेलू प्रयोग हेतु निश्चित सीमाओं के अन्तर्गत नशीले पदार्थों के उत्पादन हेतु लाइसेंस ले सकती हैं। परतु ये लाइसेस आवेदन करने पर ही दिए जा सकते हैं। लाइसेंस हेतु सामान्य शुल्क भी निर्धारित किया गया था।[88] 1927 में अफीम के सुरक्षित डिपो बनाए जाने की पद्धति को भी समाप्त कर दिया गया था। नशीली औषधियों के व्यापार हेतु इसी वर्ष अल्मोड़ा, गढ़वाल तथा प्रांत के कुछ मैदानी जिलों में सील्ड पैकेट प्रणाली व्यवहार में लाई गई।[89] साथ ही देशी शराब की दुकानों के लिए मासिक लाइसेंस शुल्क की दरों में पुनः संशोधन कर वृद्धि की गयी थी।[90] परतु फुटकर मूल्यों को स्थिर रखा गया था।

आबकारी नीति में आए उक्त परिवर्तन इस बात के स्पष्ट संकेत थे कि तीसरे दशक के अन्त में पुनः अधिकतम आबकारी राजस्व प्राप्त करने के प्रयास किए जाने लगे थे। 1927-28 तक असहयोग आंदोलन के कारण उठा नशा-

विरोधी ज्वार भी हल्का पड़ चुका था। इस वर्ष पूरे संयुक्त प्रांत मे लीकर, अफीम तथा भाँग से प्राप्त राजस्व में पिछले वर्ष की तुलना में 7.3 प्रतिशत, 13.9 प्रतिशत तथा 2.03 प्रतिशत की वृद्धि हुई।[91]

आबकारी के साथ-साथ यदि सरकार की अन्य नीतियों का तुलनात्मक विश्लेषण करें तो यह तथ्य सामने आते हैं कि जितना विकास आर्थिक शोषण से जुड़ी नीतियों का हुआ उतना शायद ही किसी अन्य नीति का हुआ हो। यह बात आबकारी के सन्दर्भ में निर्विवाद रूप से खरी उतरती है। 1923-24 में सम्पूर्ण भारत में शराब की 45,500 दुकानें तथा भाँग, चरस और अफीम आदि की 14,878 दुकानें थीं वहीं दूसरी ओर मात्र 56,800 स्कूल या कालेज खोले गये थे। 1927 में 88,12,000 रु० की पुस्तकें मँगाई गई थीं, जबकि 8,59,88,000 रु० की विदेशी शराब का आयात किया गया था।[92] सम्भवत: यह अनुपात कहीं और अधिक होता यदि इस दौर में आबकारी के विरुद्ध जन-विरोध न उभरता। वास्तव में इन विरोधों ने आबकारी नीति तथा उसके उद्देश्यों को अत्यधिक प्रभावित किया। तालिका 4.7 इस दशक में लिकर से प्राप्त राजस्व के तुलनात्मक विवरण को प्रदर्शित करती है—

तालिका 4.7 : राजस्व (रुपयों में)

वर्ष	कुमाऊँ	यूनाइटेड प्रोविन्स
1920	2,35,574	11,38,030
1921	2,43,781	5,76,881
1922	2,40,702	4,73,077
1927	1,89,068	3,87,303
1928	10,979	3,46,349
1930	2,14,279	2,88,266

स्रोत—आबकारी प्रशासन की वार्षिक रिपोर्ट व अन्य प्रशासनिक रपटें (1920-1930)

सविनय अवज्ञा से अंतरिम सरकारों तक

1930 में सविनय अवज्ञा आन्दोलन की शुरुआत के साथ ही कांग्रेस द्वारा पुन: आबकारी नीति के विरोध में राष्ट्रीय अभियान आरम्भ किया गया। नशीले पदार्थों की दुकानों में धरने दिए जाने लगे। अनेक स्थानों में इन धरनों ने उग्र

रूप भी धारण किया था।[93] इस आन्दोलन ने एक बार फिर आबकारी राजस्व में कमी उत्पन्न कर दी थी। ब्रिटिश सत्ता द्वारा इन आन्दोलनों का विरोध यह कहते हुए किया जाने लगा कि ये नशे के प्रसार को कम करने की अपेक्षा बढ़ा रहे हैं। अपनी वार्षिक रिपोर्ट में तत्कालीन आबकारी आयुक्त ने लिखा था—"इस राजनैतिक आन्दोलन ने जो मुख्यतः आबकारी नीति विरोधी आन्दोलन था, जनशक्ति तथा उसके ध्यान को आबकारी दुकानों में केन्द्रित कर दिया है जिससे नशीले पदार्थों का अवैध व्यापार तेजी से फैलता जा रहा है। यह आंदोलन यद्यपि वैध खपत तो कम कर सके लेकिन सुधारात्मक प्रभाव उत्पन्न करने में पूर्णतः असफल रहे। वस्तुत इनका उद्देश्य अवैध व्यापारियों को आपूर्ति दिलाना अधिक था।"[94] आबकारी प्रशासन ने कांग्रेस पर यह भी दोषारोपण करना आरम्भ किया कि उसकी इन नीतियों से सरकार द्वारा मद्य निषेध के लिए किए जा रहे प्रयासों को आघात पहुँचा है। 1931 में गांधी-इरविन समझौते के साथ ही सविनय अवज्ञा आंदोलन समाप्त कर दिया गया, लेकिन इस समझौते में नशीले पदार्थों के प्रचलन को समाप्त करने हेतु शांतिपूर्ण धरने दिए जाने को वैध ठहराया गया था। फलस्वरूप यह क्रम लगभग एक वर्ष तक चलता रहा।[95] इसी क्रम में नशीली औषधियों के व्यापार तथा नियन्त्रण हेतु पहली बार डेंजरस ड्रग एक्ट लागू किया गया। साथ ही विदेशी शराब में लागू ड्यूटी को रु० 21.4.0 से घटाकर रु० 17.7.0 कर दिया गया। सैनिकों को दी जाने वाली शराब में ड्यूटी बढ़ाई गई और यह वृद्धि रु० 10 0 0 से बढ़ाकर रु० 17.8.0 तथा अन्ततः रु० 24 6 0 तक पहुँचाई गई। आबकारी प्रशासन का मत था कि राजस्व इस वृद्धि का उद्देश्य नहीं है वरन् यह वृद्धि क्रम 'असंयम' को रोकने के लिए हैं।[96]

आबकारी राजस्व पर दृष्टि केंद्रित करने से स्पष्ट होता है कि उक्त प्रक्रियाओं ने निश्चित रूप से सरकार की आय को गिरा दिया था। साथ ही इस दौर में औपनिवेशिक शासन को आर्थिक संकटों का सामना भी करना पड़ा था। अतः आय बढ़ाने के उद्देश्य से आबकारी की ओर पुनः ध्यान दिया गया, फलतः 1 मई 1932 से शराब के व्यापार के लिए प्रचलित सरचार्ज प्रणाली को समाप्त कर पुनः नीलामी प्रणाली लागू की गई।[97] आरम्भ में यह प्रणाली संयुक्त प्रांत के केवल 15 जिलों में ही लागू की गई थी।[98] इस परिवर्तन से आबकारी आय में असाधारण वृद्धि हुई और आर्थिक संकट के बावजूद भी 1931-32 तक क्रम बना रहा। अतः और अधिक आय की दृष्टि से 1932-33 में प्रांत के शेष भागों में भी नीलामी प्रणाली लागू कर दी गई। यह उल्लेखनीय है कि औपनिवेशिक शासन की समाप्ति के बाद आज तक यह प्रणाली कुछ संशोधनों के साथ चली आ रही है। आबकारी से लाभ हेतु किए गए उन परिवर्तनों के

साथ-साथ शराब के मूल्यों तथा लागू 'करों' की दर में कमी की गई,[99] वहीं दूसरी ओर अफीम, बीयर आदि के करों में वृद्धि की गई। इस वृद्धि के परिणाम-स्वरूप अफीम के मूल्य 48.6.0 प्रति सेर के स्थान पर अब 57.7.0 प्रति सेर पहुँच गये थे।[100] इस वर्ष एक अन्य परिवर्तन सैनिकों को देशी शराब (सफेद रम/ठर्रा) की आपूर्ति को संस्तुति दिया जाना था। अब तक रोजा रम या अन्य यूरोपीय पद्धति से बनी शराब ही सैनिकों को दी जाती थी। सम्भवतः यह परिवर्तन देशी शराब की बढ़ती खपत तथा ऊँचे कर से अधिकाधिक लाभ की सम्भावनाओं के कारण किया गया होगा। व्यवस्था में परिवर्तन के इसी क्रम में अवैध व्यापार, जो प्रांतीय आय को घटा रहा था, में नियंत्रण लगाए जाने हेतु नशीले पदार्थों के संग्रह पर, चाहे वह किसी भी मात्रा में हो, पूर्ण प्रतिबंध लगाया गया। केवल यात्रियों को एक निर्धारित मात्रा में नशीली औषधियाँ रखने का अधिकार था। ये निर्धारित मात्रा विभिन्न औषधियों के लिए निम्नवत् थी[101]—

भाँग—10 तोला, गाँजा – 2 तोला, चरस—2 तोला।

1933 में आबकारी व्यवस्था में कुछ और परिवर्तन किया गया। सैनिकों को दी जाने वाली शराब तथा देशी शराब के करों में पुनः कमी कर दी गई। इनकी दरें 1931 के समान ही कर दी गईं। दूसरी ओर अफीम के मूल्यों में इस वर्ष वृद्धि की गई। यह कमी या वृद्धि मूलतः औपनिवेशिक आर्थिक स्थितियों पर केंद्रित थी जिसका उद्देश्य एक ओर सस्ते मादक पेय उपलब्ध करा कर खपत बढ़ाना था वहीं दूसरी ओर अफीम की खपत को कम करना था, क्योंकि अफीम के विक्रय से अधिकतम आय की सम्भावना नहीं थी। हालाँकि आबकारी घटकों की खपत प्रत्यक्षतः ठेकेदारों के लिए लाभदायक थी लेकिन इसने जहाँ एक ओर करों के माध्यम से आबकारी प्रशासन को लाभ दिया वहीं दूसरी ओर व्यापार के इच्छुक ठेकेदारों में प्रतियोगिता स्थापित कर ऊँची कीमतों में लाइ-सेंस की निकासी द्वारा भी सरकार को दोहरा लाभ पहुँचाया।

चौथे दशक के मध्य तक आबकारी दुकानों में दिए जाने वाले धरने पूर्णतः समाप्त हो चुके थे, क्योंकि गोलमेज सम्मेलनों के बाद सविनय अवज्ञा की लहर लगभग समाप्त हो गई थी और 1935 के एक्ट के कारण कांग्रेस द्वारा नए चुनाव की तैयारी की जाने लगी थी। अवैध व्यापार में रोक के साथ-साथ इन प्रशासनिक परिवर्तनों से आबकारी राजस्व में असाधारण वृद्धि हुई।[102] 1935 में रुहेलखंड की तरह ही पूरे कुमाऊँ डिवीजन में देशी शराब में लागू ड्यूटी रु० 11.4.0 से रु० 7.8.0 प्रति गैलन कर दी गई।[103] आबकारी करों की दर में कमी ने आम फुटकर मूल्यों को प्रभावित किया। कदाचित् मादक पदार्थों की गिरती कीमत ने इसके प्रयोग तथा प्रसार की गति को बढ़ाया। 1936 में शराब की भाँति अफीम या अन्य औषधियों की नीलामी भी आरम्भ कर दी

गई। आबकारी नीति में परिवर्तन का यह क्रम 1937 तक चलता रहा। 1937 में प्रांतों को शासन में मिली स्वायत्तता के साथ ही संयुक्त प्रांत सहित 7 प्रांतों में पहली कांग्रेसी सरकार स्थापित हुई। नए प्रशासन से यह अपेक्षा की जाने लगी कि वह वर्तमान परिप्रेक्ष्य को देखते हुए आबकारी नीति में परिवर्तन का प्रयास करेगा। वास्तव में यह अपेक्षित भी था क्योंकि देश की आर्थिक-सामाजिक स्थिति को सुदृढ़ बनाने के लिए ब्रिटिश आबकारी नीति का विरोध करते हुए कांग्रेस ने इससे पूर्व मद्य निषेध लागू करने पर जोर डाला था। 1937 में कांग्रेसी सरकारों ने मद्य निषेध लागू करने की कोशिश की। नशीले पदार्थों में प्रतिबन्ध के साथ-साथ इसके प्रचलन को निरुत्साहित करने के प्रयास किए गए। अनेक स्थानों को नशीले पदार्थों के सन्दर्भ में 'सूखा' (ड्राई योजना) घोषित किया गया और प्रकारान्तर में इन क्षेत्रों में मद्यनिषेध लागू किया गया। सूखा योजना मूलतः पूर्ण मद्य निषेध की दिशा में एक चरण थी। इस योजना के अन्तर्गत कुछ परमिट धारियों को उचित कीमतों में एक निश्चित मात्रा में नशीले पदार्थों को खरीदने, रखने का अधिकार था, परंतु आबकारी व्यवस्था में परिवर्तन का यह क्रम अन्य प्रांतों की अपेक्षा संयुक्त प्रांत में धीरे-धीरे लागू किया गया था। शुरुआती दौर में 2 जिलों में मद्य निषेध के साथ-साथ कुछ भागों को सूखा घोषित किया गया था। आगामी वर्षों में कुछ अन्य इलाकों में प्रतिबंध लगाया गया। इस योजना के अंतर्गत संयुक्त प्रांत की लगभग 20 प्रतिशत आबकारी दुकानें बंद कर दी गईं। इतना ही नहीं वरन् आबकारी घटकों के प्रसार को रोकने के उद्देश्य से प्रांत के अनेक भागों में स्टेट मैनेजमेंट व्यवस्था भी लागू की गई। इसके अंतर्गत सम्बन्धित क्षेत्रों में आबकारी दुकानों में नशीले पदार्थों के विक्रय हेतु वांछित कर्मचारी सरकार द्वारा नियुक्त किए गए थे।[104] फिर भी कांग्रेसी सरकार वाले प्रांतों में मद्य निषेध योजना उतना प्रभावशाली रूप न ले सकी थी जैसी कि अपेक्षा थी। गांधी ने इस संदर्भ (24-12-1938 को) हरिजन सेवक में टिप्पणी करते हुए लिखा था—कांग्रेस जन इस बात को महसूस करते हुए नहीं मालूम पड़ते थे कि मद्य निषेध से लाखों लोगों को नयी जिंदगी मिलेगी।[105] सरकार द्वारा नीलामी पद्धति लागू किए जाने से बढ़ने वाली खपत को रोका जा सकता था। कांग्रेस की नीति ने एक बार पुनः आबकारी से होने वाली राजकीय आय को निःसंदेह कम किया।

यह दुर्भाग्यपूर्ण था कि ऐसी स्थिति में भी इन दूरस्थ अंचलों में नशीले पदार्थों के प्रसार को प्रतिबंधित करने का प्रयास नहीं किया गया। जहाँ एक ओर प्रांत के कुछ इलाकों में नशाबंदी योजना के क्रियान्वयन की प्रक्रिया जारी थी वहीं कुमाऊँ में अभी भी पुरानी व्यवस्था को ही कायम रखा गया था। उक्त नीति से स्पष्ट था कि कांग्रेसी सरकार भी औपनिवेशिक सत्ता की भांति

व्यापारिक लाभों के आकर्षण से बच न सकी। स्वयं तत्कालीन आबकारी मंत्री डा० कैलाशनाथ काटजू ने कहा—"वे आमदनी में कोई नुकसान नहीं चाहते हैं लेकिन लोग शराब, अफीम तथा नशीली चीजों से अलग रहें।"

1939 में कांग्रेस मंत्रिमंडल के त्याग पत्र के साथ एक बार पुनः गवर्नर का प्रशासन आरंभ हुआ। परिणामस्वरूप कांग्रेस द्वारा लागू की गई मद्य निषेध की प्रारम्भिक योजनाओं को धीरे-धीरे समाप्त कर नशीले पदार्थों के व्यापार को पुनः मुक्त कर दिया गया। तत्कालीन आबकारी आयुक्त ने इन परिवर्तनों पर टिप्पणी करते हुए कहा—"अपने कुप्रभावों के कारण राज्य प्रबंध प्रणाली को समाप्त कर दिया गया है।" परंतु जो दुकानें पहले इस प्रबंध के अंतर्गत थीं अब वे इस प्रकार नीलाम की गईं कि ग्राहक दुकानों में शराब न पी सकें। फुटकर व्यापार हेतु निश्चित मूल्य निर्धारित करने की प्रणाली सफल न होने के कारण हटा ली गई। देशी शराब व अंग्रेजी शराब में ड्यूटी पुनः बढ़ा दी गई। उक्त परिवर्तनों का उद्देश्य स्पष्टतः राजस्व केंद्रित था। इस वर्ष सरकार को इस स्रोत से कुल 1,57,00,000 (एक करोड़ सत्तावन लाख रुपया) राजस्व प्राप्त हुआ। तालिका 4.8 तथा 4.9 से कुमाऊँ, संयुक्त प्रांत तथा ब्रिटिश भारत से आबकारी राजस्व तथा भू-राजस्व का अनुमान लगाया जा सकता है।

1943 तक संयुक्त प्रांत में मद्य निषेध योजना हटा ली गई और इसके स्थान पर नीलामी प्रणाली लागू की गई।

द्वितीय विश्व युद्ध के दौर में औपनिवेशिक आबकारी व्यवस्था को एक बार पुनः फैलाने का अवसर मिला।[106] वस्तुतः इस युद्ध के समय सेना में पुनः युवकों को भर्ती किए जाने का सिलसिला तेज हुआ। यह प्रक्रिया पर्वतीय क्षेत्रों में अपेक्षाकृत अधिक तीव्र थी। फलतः जहाँ एक ओर अधिकाधिक पर्वतीय आबादी को सैन्य जीवन में नशीले पदार्थों के इस्तेमाल का अवसर मिला वहीं दूसरी ओर सुदूर अंचलों तक इसका प्रसार भी हुआ। यह कहना अनुचित न होगा कि इस दौर में स्वयं अनेक अंग्रेज अधिकारी भी इन क्षेत्रों में नशीले पदार्थों के प्रचार-प्रसार में सहायक रहे। गढ़वाल में सैनिकों की भर्ती हेतु गाँवों में जाते समय तत्कालीन जिलाधिकारी आर० वी० बर्नाड ड्रमों में शराब ले गया था। बर्नाड तो शराब पीकर सार्वजनिक रूप से नाचता भी था।[107]

दूसरे विश्व युद्ध के समय ही गौचर (गढ़वाल) में सैनिकों को सेना में लिए जाने तथा व्यापार हेतु मेले का आयोजन प्रारम्भ हुआ। इस मेले में शराब का सार्वजनिक सम्मान तथा प्रदर्शन हुआ।[108] यह परिदृश्य केवल गढ़वाल का ही न था वरन् सभी पर्वतीय क्षेत्रों में सैनिकों की भर्ती का नशीले पदार्थों के मुक्त प्रवाह से सम्बन्ध देखा जा सकता था। नशीले पदार्थों के इस प्रचार तथा प्रसार से जहाँ एक ओर इनकी खपत बढ़ती चली गई वहीं सरकारी आमदनी

तालिका : 4.8 (कुमाऊँ संयुक्त प्रांत तथा ब्रिटिश भारत में आबकारी राजस्व का तुलनात्मक विवरण (रु० में)

वर्ष	कुमाऊँ	संयुक्त प्रांत	ब्रिटिश भारत
1910	1,99,240	1,02,76,766	10,54,54,710
1911	2,28,374	1,15,51,741	11,41,46,285
1912	1,74,402	1,26,17,033	12,41,68,787
1913	2,58,684	1,33,13,998	13,34,14,505
1914	2,54,178		12,28,53,214
1915		1,22,10,396	12,94,83,132
1916	2,08,479	1,34,13,322	13,82,38,495
1917	2,37,854	1,34,46,308	15,24,25,500
1918	2,71,209	1,59,30,623	17,33,62,773
1919	3,30,541	1,74,40,755	19,25,94,029
1920	3,21,406	1,80,25,374	20,43,65,359
1921	3,29,636		17,18,61,914
1923	2,68,643		19,40,51,689
1925	2,63,714		
1927	2,56,567		
1929	2,77,562		
1930	2,83,138		16,70,00,000
1933	2,85,151	1,33,00,000	
1935	3,59,916	1,47,00,000	
1939	3,20,887		11,52,00,000

स्रोत—आबकारी प्रशासन की वार्षिक रिपोर्ट (1910-39)

भी। यह क्रम 1945-46 तक चलता रहा। युद्ध समाप्त होने के बाद वातावरण में कुछ स्थिरता आई। धारा सभाओं के चुनाव हुए और 1946 में कांग्रेस पुनः सत्ता में आई। साथ ही मद्य निषेध योजना को पुनः कार्यान्वित करने के कदम उठाए गए। संयुक्त प्रांत में आरम्भ में कुछ ही जिलों में, जो कि मैदानी क्षेत्र थे, यह योजना लागू की गई। परंतु यह विडम्बना थी कि कुमाऊँ डिवीजन को मद्य निषेध योजना के अंतर्गत नहीं लाया गया। यही नहीं स्वतंत्रता के बाद

तालिका : 4.9 कुमाऊँ तथा संयुक्त प्रांत में आबकारी राजस्व और भू-राजस्व (रुपये में)

वर्ष	कुमाऊँ		संयुक्त प्रांत	
	आबकारी राजस्व	भू-राजस्व	आबकारी राजस्व	भू-राजस्व
1910	1,99,240	5,82,735	10,27,67,66	6,47,77,834
1911	2,28,374	5,83,063	11,15,17,41	6,46,25,923
1912	1,74,402		1,26,17,033	
1913	2,58,684		1,33,13,998	
1914	2,54,178	5,86,664		6,48,00,249
1915		5,68,500	1,22,10,396	6,46,69,622
1916	2,08,479	5,98,830	1,34,13,322	6,54,44,572
1917	2,37,854	5,91,238	1,43,46,308	6,54,76,648
1919	3,20,541	6,03,395	1,74,40,755	6,75,49,124
1920	3,21,406		1,80,25,374	
1923	2,68,643	5,97,112		6,84,72,362
1925	2,63,714	5,90,397		6,87,03,713
1030	2,83,138	6,13,043		6,15,38,434
1931	2,79,051	5,65,737	1,09,00,000	5,80,97,606
1933	2,85,151	5,90,031	1,31,00,000	5,75,12,339
1934	3,52 062	5,97,242	1,33,00,000	5,89,46,709
1935	3,59,916		1,47,00,000	
1936	3,59,171		1,57,00,000	
1937	3,54,588			
1939	3,20,887			

स्रोत—आबकारी प्रशासन की वार्षिक रिपोर्ट (1910-1939)

भी एक लम्बे समय तक यह क्षेत्र आबकारी राजस्व का स्रोत बना रहा वहीं दूसरी ओर नशीले पदार्थ भी तीव्रता से इस दूरस्थ क्षेत्र में फैलते चले गए।

उक्त तथ्यों से यह स्पष्ट है कि इस काल में आबकारी नीति में सामाजिक-

राजनैतिक दबावों के अनुरूप संशोधन हुआ लेकिन दूसरी ओर आबकारी प्रशासन के ढाँचे में कोई परिवर्तन नहीं हुआ। ज्यादा गहराई से अगर तथ्यों का विश्लेषण किया जाय तो पता चलता है कि सामाजिक-राजनैतिक विरोध के बावजूद आबकारी प्रशासन का ढाँचा बढ़ता और विकसित होता चला गया। फलतः इन 35 वर्षों में आबकारी नीति में परिवर्तन से जहाँ एक ओर आबकारी राजस्व असाधारण रूप से बढ़ा वहीं दूसरी ओर नशीले पदार्थों के व्यापक प्रचलन के साथ-साथ इनके द्वारा प्रेरित तथा उत्पन्न आपराधिक प्रवृत्तियों का क्रम भी बढ़ने लगा था। यह परिदृश्य अब केवल शहरों या कुछ विकसित कस्बों में ही सीमित न था, वरन् कुमाऊँ के ग्रामीण अंचलों में भी सामाजिक-आर्थिक तनावों के जन्म के साथ इसे देखा जा सकता था। स्थानीय पत्र 'शक्ति' लिखता है कि रामगढ़ में एक सैनिक ने शराब पीकर जिस तरह गोरखियोल की है उससे अब तक लोग भयभीत हैं।[109] कत्यूर में जहरीली शराब पीने से एक व्यक्ति की मृत्यु हो गई थी।[110] यद्यपि ये पक्ष कहीं अधिक गम्भीर थे परंतु आबकारी प्रशासन द्वारा इन्हें कभी महत्त्व नहीं दिया गया और न ही इन सामाजिक विकृतियों को रोकने के ही प्रयास किये जाते थे वरन् आबकारी प्रशासन द्वारा आबकारी कानूनों के विरुद्ध किये जा रहे कार्यों, जो मूलतः राजस्व सम्बन्धित थे, का ही अपराध घोषित किया जाता था। ऐसे अपराधों का क्रम तालिका 4.10 से स्पष्ट है—

तालिका 4.10 : कुमाऊँ में राजस्व सम्बन्धित अपराधों का क्रम

वर्ष	अल्मोड़ा	गढ़वाल	नैनीताल
1910	6	1	16
1911	3	3	24
1913	2	7	9
1915	5	5	11
1919	4	8	9
1921	3	3	8
1922	4	4	4

स्रोत—रिपोर्ट औन एक्साइज एडमिनिस्ट्रेशन औफ यूनाइटेड प्रोविन्स (1910-1923)

आबकारी व्यवस्था के विकास-विस्तार तथा इसके विरुद्ध उठे विरोधों के

संदर्भ में कहा जा सकता है कि अपने सम्पूर्ण विकास काल में औपनिवेशिक नीति का उद्देश्य अधिक राजस्व कमाना बना रहा। कांट्रेक्ट सप्लाई प्रणाली के प्रचलन ने जहाँ एक ओर आबकारी राजस्व को अधिकतम पहुँचाने में अपनी अहम् भूमिका निभाई वहीं इस दौर में नशीले पदार्थों का प्रचलन भी बढ़ता चला गया। साथ ही इस प्रचलन के विरोधों का क्रम भी। 1919 के सुधारों के बाद से आबकारी नीतियों में कुछ परिवर्तन आया। फलत: नशीले पदार्थों के प्रचलन में संयम (टेंपरेंस) की व्यवस्था को जोड़े जाने के प्रयास किये जाने लगे। तीसरे दशक की शुरुआत से ही आबकारी के विरोध का ज्वार तेजी से उठने लगा था। औपनिवेशिक शासन तथा नीतियों के विरुद्ध इस राष्ट्रव्यापी आन्दोलन से इस दौर में नशीले पदार्थों के व्यापार तथा खपत में तेजी से गिरावट आयी। फलस्वरूप आबकारी राजस्व भी असाधारण रूप से गिरा। फिर भी यह कहना अत्युक्ति न होगी कि इस काल में आबकारी नीति में किये जा रहे परिवर्तन मूलत: औपनिवेशिक लाभ के चारों ओर घूमते रहे। यहीं पर यह कहा

तालिका 4.11 : कुमाऊँ में विभिन्न नशीले पदार्थों की दुकानों की संख्या

वर्ष	देशी शराब	नशीली औषधियाँ	अफीम	विदेशी शराब
1910	46	42	38	14
1911	36	45	29	11
1912	46	43	43	13
1913	43	4	27	10
1914	44	43	26	14
1916	46	43	25	13
1917	45	126	26	—
1918	45	126	26	—
1919	44	126	26	—
1920	44	126	26	—
1921	44	126	26	—
1922	29	117	24	—

स्रोत—रिपोर्ट ऑन एक्साइज एडमिनिस्ट्रेशन आफ यूनाइटेड प्रोविन्स (1910-1923)

जाना उचित होगा कि औपनिवेशिक सरकार के नशे के साथ सार्वजनिक स्वास्थ्य को कभी भी जोड़कर नहीं देखा और न ही आर्थिक रूप से कमजोर हिस्सों की शिक्षा, चिकित्सा या अन्य नागरिक अधिकारों की चिंता की। औपनिवेशिक सरकार का यह दृष्टिकोण वन, बेगार, नयावाद या अन्य मामलों में भी इसी तरह का था। समाज के एक छोटे-से हिस्से को सुविधायें देकर औपनिवेशिक सरकार शेष समाज का चतुर्दिक शोषण करती रही। राष्ट्रीय नेताओं तथा सामाजिक कार्यकर्ताओं द्वारा भी नशे के प्रश्न से जुड़े उन अनेक पक्षों को नहीं समझा गया था जो आजादी के बाद कील की तरह हमारे आर्थिक-सामाजिक जीवन में ठोंक दिये गये हैं। राष्ट्रीय नेताओं द्वारा नशे के प्रश्न को कई बार सिर्फ राष्ट्रीय आन्दोलन को अतिरिक्त ऊर्जा देने के लिए उठाया गया था, क्योंकि नशे के विरुद्ध स्वतंत्र आंदोलन का जन्म और विकास भी इस काल में नहीं हो सका था।

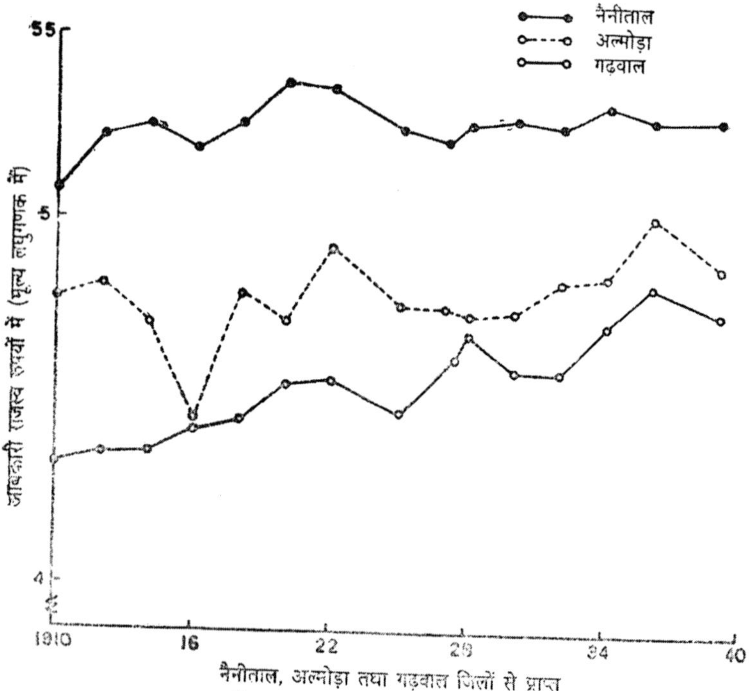

नैनीताल, अल्मोड़ा तथा गढ़वाल जिलों से प्राप्त
आबकारी राजस्व का तुलनात्मक रेखाचित्र (1910-1940)

तालिका 4.12 : अल्मोड़ा, गढ़वाल तथा नैनीताल जिलों से प्राप्त आबकारी राजस्व (1910-1939) (रुपयों में)

वर्ष	अल्मोड़ा	गढ़वाल	नैनीताल
1910	59881	21060	118269
1911	60011	23093	145270
1912	65550	22584	168005
1913	57024	23643	178017
1914	51828	22682	179668
1915	—	—	—
1916	28145	26326	154008
1917	49447	30690	157717
1918	62603	28067	180539
1919	72951	23783	223806
1920	52288	34947	234171
1921	54755	39640	235241
1922	84125	36211	225528
1923	51483	24304	192856
1924	—	—	—
1925	58392	29349	175973
1927	57229	37416	161922
1928	54644	48742	181874
1929	58303	46915	172344
1930	56316	38788	188034
1932	67665	38345	178498
1934	94212	51759	206091
1936	103788	66859	188524
1937	82387	64825	207376
1939	74911	56234	189742

स्रोत—रिपोर्ट ऑन एक्साइज एडमिनिस्ट्रेशन आफ यूनाइटेड प्रोविन्स (1910-1940)

राष्ट्रीय संग्राम में नशा विरोध— 1

आबकारी नीति के इतिहास, उसके विकास तथा समाज में पड़े प्रभावों के विश्लेषण-विवेचन के क्रम में इस समूची प्रक्रिया के विरुद्ध उठी जन-चेतना, विरोध तथा अंत में उसके प्रभावों और परिणामों को एक-दूसरे से काट कर नहीं देखा जा सकता है। औपनिवेशिक शोषण के लगातार विस्तार तथा चरमोत्कर्ष के साथ ही भारत में इसके विरोधों का प्रस्फुटन शुरू हुआ। चाहे यह 1857 के प्रथम स्वतंत्रता संग्राम के रूप में उभारा या फिर 19वीं शताब्दी में पुनर्जागरण—प्रेस, शिक्षा, सरकारी सेवा के माध्यम से उभरी जन-चेतना के रूप में। 19वीं सदी के अंतिम दशकों से आरम्भ हुआ और बीसवीं सदी के मध्य तक चला यह विरोध राष्ट्रीय आंदोलन के रूप में सामने आया। इस पूरे दौर में जहाँ एक ओर नरमपंथी विचारधारा ने आर्थिक स्थितियों के सुधार हेतु 'करों' के घटाये जाने तथा औपनिवेशिक प्रशासन के व्ययों में कटौती की लगातार माँग की वहीं आने वाले दशकों में यह प्रक्रिया सशक्त, संगठित तथा उग्र जन-विरोध के रूप में फैली जिसने अंततः उपनिवेशवाद को पूर्णतः समाप्त करने का संकल्प लिया।

इस दौर में उठे प्रतिरोधों/आंदोलनों में विभिन्न औपनिवेशिक नीतियों के विरोध, स्वराज की माँग, विदेशी वस्तुओं के बहिष्कार, नमक-कर, भूमि-कर के साथ ही नशीले पदार्थ भी इस प्रक्रिया के अंग बने। हालांकि नशीले पदार्थों के विरुद्ध कोई संगठित जन-विरोध 19वीं शताब्दी में उभरता नहीं दिखता है परन्तु 20वीं शताब्दी में राष्ट्रीय आंदोलन के साथ-साथ यह पूरक के रूप में नजर आने लगा था।

यूँ तो 19वीं सदी के मध्य से ही ब्रिटिश आबकारी नीति का विरोध होने लगा था।[111] लेकिन यह संगठित तथा व्यापक सामाजिक चेतना का रूप नहीं ले सका था। पिछली शताब्दी के अंतिम दशकों में कांग्रेस के अस्तित्व में आ जाने के बाद से सम्भवतः इस प्रक्रिया को थोड़ी गति मिली। फलस्वरूप 1890 में भारत सरकार ने सभी प्रांतीय सरकारों को आदेश दिया था कि नशीले पदार्थों की दुकानें खोले जाने से पूर्व स्थानीय जनता की भावनाओं का पता लगाया जाना चाहिए। हालाँकि तब भी इस आदेश को नजरअंदाज ही किया गया था। क्योंकि सरकार किसी भी कीमत पर आबकारी से होने वाली आय को त्यागने को तत्पर न थी।

औपनिवेशिक आबकारी नीति के विकास तथा विस्तार के साथ-साथ नशीले पदार्थों के विरुद्ध राजनैतिक-सामाजिक प्रतिक्रिया तथा विरोध की लहर 1907 में सूरत कांग्रेस के भंग होने के बाद दिखी।[112] कदाचित् राष्ट्रवादियों में फूट के

साथ जन्मी दो धाराओं में से एक उग्रपंथियों के लिए अगले अधिवेशन तक गति-विधियों को बनाये रखना आवश्यक था। अतः मद्य निषेध के रूप में एक नये आंदोलन को विकसित किया गया। पूरे भारत में ब्रिटिश आबकारी नीति के विरोध तथा नशीले पदार्थों के प्रचलन और प्रसार को रोकने के लिए 'भारतीय मद्य निषेध संघ' की स्थापना की गई। यद्यपि यह संघ मद्य निषेध के संदर्भ में लगातार प्रयास करता रहा लेकिन यह भी आंदोलन को गति न दे सका। 1908 में लोकमान्य तिलक के आह्वान पर पूना से धरना आंदोलन की शुरु-आत हुई।[113] फलस्वरूप स्वयंसेवकों से आबकारी दुकानों में धरना देने को कहा गया। यह आंदोलन मुख्यतः सरकार के विरुद्ध चलाया गया था और प्रच-लित आबकारी नीति का विरोध इसके प्रारम्भिक उद्देश्य के रूप में स्वीकार कर लिया गया। लोकमान्य तिलक जगह-जगह जाकर सभाओं में नशे के विरुद्ध प्रचार करते हुए कह रहे थे—

"हिन्दू तथा इस्लाम दोनों ही धर्मों में शराब का प्रयोग निषिद्ध है। केवल ईसाई धर्म, जो कि शासकों का धर्म है, में शराब का प्रयोग मुक्त है। अंग्रेजों ने भारतीयों का नैतिक स्तर गिरा दिया है। वे भारत से प्रति वर्ष 10 करोड़ डालर रुपया नोच ले जाते हैं और लोगों को शराब की लत डाल देते हैं।"[114]

भारत के विभिन्न भागों में चल रहे आबकारी नीति विरोधी आन्दोलनों के संदर्भ में यदि तत्कालीन कुमाऊँनी परिदृश्य को देखें तो 19वीं सदी में यहाँ नशे के विरुद्ध किसी भी तरह के प्रतिरोध के दर्शन नहीं होते। इसका मुख्य कारण एक ओर नशीले पदार्थों के प्रति चेतना विकसित न होना रहा। साथ ही स्था-नीय भूगोल के कारण न तो शेष देश में होने वाली हलचलों, असंतोषों तथा विरोधों से सीधा सम्पर्क ही हो पाता था और न ही उनका प्रचार या प्रसार। यह सम्भव नहीं है कि इन वर्षों में स्थानीय समाज पूर्णतः निष्क्रिय रहा होगा परंतु प्रमाणों के अभाव में इसे स्वीकार नहीं किया जा सकता। फिर भी 19वीं सदी के अंतिम दशकों में स्थानीय समाचार पत्रों ने आबकारी नीति के विरुद्ध लिखना आरम्भ कर दिया था। 1893 में 'अल्मोड़ा अखबार' ने ब्रिटिश आब-कारी नीति का विरोध करते हुए लिखा था[115]—

"जो लोग शराब या अफीम के लती होते हैं, वे तुरंत ही अपना स्वास्थ्य तथा सम्पत्ति खोने लगते हैं। यहाँ तक कि वे चोरी, हत्या व अन्य अपराध भी करते हैं। सरकार को लानत है कि वह सिर्फ आबकारी रेवेन्यू की प्राप्ति के लिए इस प्रकार की स्थिति को शह दे रही है। यह सिफारिश की जाती है कि सभी नशीले पेयों व औषधियों पर रोक लगे।"

वस्तुतः शुरुआती दौर में पर्वतीय क्षेत्रों में मद्य निषेध का आंदोलन एक विषय के रूप में न उभर पाने का कारण स्थानीय जन-आंदोलन भी रहे। कुली,

बेगार तथा वर्दायश जैसी घृणित प्रथाओं के विरुद्ध उत्पन्न हुए जन-आक्रोश के कारण तब इसे उभरने का अवसर भी न मिला। यह स्वाभाविक भी था कि उक्त परिस्थितियों में आबकारी के विरुद्ध प्रखर सामाजिक-राजनैतिक चेतना उत्पन्न होना असम्भव था। क्योंकि यह बेगार या वन जैसे विषयों की तरह तुरंत आक्रोश और सामाजिक सुसंगठन को जन्म नहीं दे सकता था। कहने का अभिप्राय यह नहीं कि इस अवधि में स्थानीय समाज इससे अचेत या अनभिज्ञ रहा। छुट-पुट तथा एकाकी विरोध के रूप में इसे देखा जा सकता है।

1907-08 में अल्मोड़ा जिले के बागेश्वर तथा चौखुटिया गणाई में खोली गई आबकारी दुकानें स्थानीय प्रतिरोध के कारण अधिक समय तक न टिक पाई थीं।[116] जून 1907 में 'गढ़वाली' ने भारतवासियों का आह्वान किया था कि वे स्वदेशी प्रयोग करें।[117] इन्हीं वर्षों में अल्मोड़ा अखबार ने भी स्वदेशी के स्वीकार तथा विदेशी के बहिष्कार की आवश्यकता बतलाई।[118] फिर भी आने वाले 10-12 वर्षों तक छुटपुट घटनाओं को छोड़ आबकारी के विरोध में कोई सामूहिक प्रतिक्रिया नहीं उभर पाई। 1908 में लोकमान्य तिलक द्वारा आरम्भ किए गए नशा विरोधी आंदोलनों ने जहाँ एक ओर गति पकड़ी वहीं औपनिवेशिक दमनचक्रों की शुरुआत भी हुई। अनेक स्थानों में शराब के व्यापार को निर्बाध बनाए रखने के लिए निषेधाज्ञा लागू की गई।[119] 1912 में गोखले के नेतृत्व में एक शिष्ट मंडल ने भारत सचिव से भेंट कर देश में तुरंत मद्य निषेध लागू करने की मांग की। साथ ही भारतीय समाज तथा परम्परा को नशाबन्दी के अनुकूल बताते हुए शराब को सरकारी आय का स्रोत न बनाने का आग्रह भी किया गया।[120] ये प्रक्रियाएँ उस सामाजिक चेतना की पृष्ठभूमि थीं जो 1920 के बाद पर्याप्त प्रखरता के साथ प्रकट हुईं।

इस शताब्दी के दूसरे दशक के मध्य तक राष्ट्रीय से लेकर स्थानीय स्तर तक विभिन्न संघर्षों की लहरें तेज हो चुकी थीं। इसी दौर में कुमाऊँ में होमरूल आंदोलन की शुरुआत हुई। मोहन जोशी, चिरंजीलाल, रंगा अय्यर, बद्रीदत्त पांडे आदि ने अल्मोड़ा में इसकी शाखा खोली।[121] इस संगठन में कांग्रेस की दोनों ही धारायें तथा सोच सक्रिय थे। हालाँकि इन संगठनों का सीधा सम्बन्ध मद्य निषेध से न था फिर भी इसमें उस चेतना के बीज अवश्य थे जो नशीले पदार्थों के प्रचलन के विरुद्ध उभरते जा रही थी। सामाजिक-राजनैतिक हलचलों और औपनिवेशिक कुचक्रों के बने रहने के कारण अब यहाँ पर विरोध हेतु स्थानीय संगठन की आवश्यकता महसूस की जाने लगी। फलस्वरूप 1916 में कुमाऊँ परिषद् के रूप में स्थानीय संस्था अस्तित्व में आई परंतु यह संगठन मात्र समाज सुधारवाला न होकर पूर्णतः राजनैतिक था। इन्हीं सालों में गढ़वाल जिले में भी सामाजिक संस्थाओं का एकीकरण हुआ।[122] इन संगठनों के अस्तित्व

में आने के साथ ही समस्त कुमाऊँ में औपनिवेशिक सत्ता के विरोध की प्रक्रियाएँ तेजी से उभरीं। बेगार वर्दायश, वन आदि आंदोलनों को तीव्र करने के साथ-साथ इन संगठनों ने आबकारी नीति के विरोध को भी अपना कार्यक्रम बनाया।

13 अगस्त 1919 को कुमाऊँ परिषद् की रामगढ़ शाखा द्वारा स्थानीय जनता की बैठक बुलाई गई। इस बैठक को सम्बोधित करते हुए गोविन्द बल्लभ पन्त ने कहा कि रामगढ़ में शराब आदि की दुकानें स्थानीय जनता के लिए अशुभ हैं। ग्रामीणों को सरकार से माँग करनी होगी कि रामगढ़ इलाके से शराब की दुकान शीघ्र हटा दी जाय। इस कार्य में सहयोग हेतु स्थानीय ग्राम प्रधान दीवानसिंह से विशेष आग्रह किया गया। सभा के अंत में बची सिंह दड़म्वाल ने रामगढ़ से शराब की दुकान हटाने का प्रस्ताव रखा। जिसे मनोरथ सुयाल ने अनुमोदित किया व हरी सिंह बड़थ्वाल ने समर्थन दिया।[123] अंत में इस प्रस्तावों को कुमाऊँ परिषद् नैनीताल को भेज दिया गया।

आंदोलनों के इस दौर में स्थानीय समाचार-पत्रों में नशे के खिलाफ लगातार लेख प्रकाशित होने लगे थे। 20 मई 1919 को 'शक्ति' ने अफीम के प्रचार पर टिप्पणी करते हुए लिखा था कि—

"बड़े दुर्भाग्य की बात है कि ऐसी कड़ी व विषैली वस्तु का प्रयोग अत्यंत अधिकता से हो रहा है। लोग इस नशे से भी अपने शरीर को नष्ट कर रहे हैं।"[124] चेतराम शर्मा ने अपने लेख द्वारा अपील करते हुए कहा कि "एक समय वह था जब लोग शराब के नाम से दूर भागते थे और एक समय यह भी है कि शराब की दुकानें शहर में अपना अड्डा जमाये हुए हैं।··· नशेबाजों की संख्या भी बढ़ रही है···आबकारी दुकानों में नशेबाजों की आमदरफ्त से ऐसा प्रतीत होता है कि कोई भी कौम शराब से नहीं बची है···सरकार से प्रार्थना है कि वह आबकारी महकमे की वृद्धि न करे बल्कि घटा कर प्रजा की रक्षा करे।"[125]

गांधी के कांग्रेस में आने के बाद नशा विरोधी चेतना और अंततः विरोधों को त्वरा मिली। 1920 में भारतीय कांग्रेस द्वारा मद्य निषेध को अपना कार्यक्रम बना लेने के बाद से शराब तथा नशीली औषधियों की दुकानों को बंद करवाया जाना कांग्रेस की प्रमुख माँग बन चुकी थी।[126] असहयोग आंदोलन के दौर में मादक पदार्थों के लिए अपनाई जा रही नीतियों के विरोध के साथ-साथ अब धरने भी दिये जाने लगे। गांधी ने सरकार से बार-बार यह अपील की कि यथाशीघ्र मद्य निषेध लागू किया जाय। आबकारी राजस्व पर तीखी प्रतिक्रिया प्रकट करते हुए उन्होंने कहा कि आबकारी कर लोगों द्वारा अपने नैतिक, मानसिक तथा शारीरिक भ्रष्टाचार के लिए स्वयं मूल्य देने के समान है।[127] इस समय तक उत्तराखण्ड का भी कांग्रेस तथा इसके अभियानों से

सीधा सम्पर्क हो चुका था। अमृतसर कांग्रेस में लगभग 100 कार्यकर्ताओं ने इस क्षेत्र का प्रतिनिधित्व किया था। स्थानीय लोगों के इन सम्पर्कों ने राष्ट्रीय कार्यक्रमों को इन इलाकों में तेजी से प्रसारित किया। फलतः इस दौर में नशा-बन्दी आंदोलन तेजी से उभरा। दक्षिणी गढ़वाल जिले के अनेक भागों में नशीले पदार्थों की दुकानों के विरुद्ध सत्याग्रह किया गया। श्रीनगर में प्रतापसिंह नेगी के नेतृत्व में गठित सत्याग्रही दल देवप्रयाग तथा उदयपुर होते हुए दुगड्डा पहुँचा। इस सत्याग्रही दल द्वारा दुगड्डा की शराब भट्टी में धरना दिया गया।[128] अल्मोड़ा में भी नशा विरोधी आंदोलन जोर पकड़ चुका था। फरवरी 1921 में शराब, अफीम तथा भाँग आदि के ठेकों का अल्मोड़ा स्थानीय जनता द्वारा घोर विरोध किया गया। लोगों ने नशीले पदार्थों के ठेकेदारों से इन ठेकों को न लिए जाने का अनुरोध किया। यद्यपि कुछ लोग मैदानी भागों से भी इन ठेकों में आये परन्तु जनता की अपील पर किसी ने इस नीलामी में भाग नहीं लिया। यह अब तक का सबसे बड़ा तथा प्रभावशाली विरोध था। बद्री दास वर्मा, शेख मुहम्मद हुसैन तथा नजीर अहमद आदि ने इस प्रतिरोध को सफल बनाने में अपनी महत्त्वपूर्ण भूमिका निभाई।[129] इस आंदोलन को सफल बनाने में गांधी सेवा समिति का स्थानीय संगठन भी पूरा प्रयास कर रहा था।[130] स्थानीय समाचारों में विरोध का क्रम जारी था। आंदोलन का यह दबाव लग-भग सभी मुख्य कस्बों में बन चुका था। नैनीताल में शराब की दुकानों में लगा-तार धरने दिये जा रहे थे। लोगों के अनुरोध तथा आंदोलन से प्रभावित हो एक व्यापारी ने अपना शराब विक्रय का लाइसेंस वापस लौटा दिया था। इन विरोधों से नैनीताल में मादक पदार्थों की खपत को न्यूनतम सीमा तक पहुँचा दिया गया था। गांधी सेवा संघ के कार्यकर्ता रामदत्त टोलियों के साथ इन ग्राम पंचायतों में जाकर विदेशी कपड़ों, मादक पदार्थों के विरुद्ध प्रचार कर रहे थे।[131] इस आंदोलन का जोर तथा पकड़ अपेक्षाकृत रानीखेत में अधिक थी। सनिक छावनी होने से जहाँ यह क्षेत्र मादक पेयों के सम्पर्क में पहले आया वहीं दूसरी ओर यहाँ इसका प्रचलन भी तेजी से हुआ था। 17 जुलाई 1923 को रानीखेत में हरगोविन्द पन्त के सभापतित्व में एक विशाल सभा का आयोजन किया गया। इस सभा में मि० रौलस्टन, मिशन स्कूल के प्रधानाध्यापक ग्रेन वाल्ड सहित स्थानीय वकीलों और नागरिकों के अतिरिक्त बद्रीदत्त पांडे तथा काबुल के नजरबंद राजकुमारों ने भी भाग लिया। मौलाना बदायूंनी तथा बद्री-दत्त पांडे आदि ने रानीखेत से शराब भट्टी हटाये जाने के लिए किए जा रहे आंदोलन को सफल बनाने का जनता से आह्वान किया। इस सभा में सैनिकों में नशीले पेयों के बढ़ते प्रचलन को रोकने हेतु प्रयास किये जाने का भी निर्णय लिया गया।[132]

कुमाऊँ में मद्य निषेध आंदोलन को त्वरा देने में विभिन्न जातीय संगठनों-सरौला सभा, क्षत्रिय सुधारिणी सभा, शिल्पकार सभा ने भी अहम् भूमिका निभाई। इन कुछ वर्षों में उठी नशा विरोधी लहर ने निश्चित रूप से नशीले पदार्थों के व्यापार को प्रभावित करने के साथ-साथ शासन को राजस्व हानि भी पहुँचाई, लेकिन 1923 के बाद इस विरोध का तापमान हल्का होता चला गया। असहयोग आंदोलन के समाप्त हो जाने से पूरक आंदोलन के रूप में उभरे इन प्रतिरोधों का धीमा पड़ जाना स्वाभाविक था। इसके अतिरिक्त सरकार द्वारा संयम की नीति को अपनाने का आश्वासन, नशीले पदार्थों के प्रसार को रोकने हेतु सरकार समर्थक टेंपरेंस सोसाइटियों के गठन ने भी इस आंदोलन की गति को कम करने तथा अंततः समाप्त करने में अपनी अहम् भूमिका निभाई। इस प्रकार आने वाले 6-7 वर्षों में नशे के विरोध में कुमाऊँ में संगठित विरोध नहीं उभरा। कहने का तात्पर्य यह नहीं कि विरोधों का सिलसिला पूर्णतः समाप्त हो चुका था वरन् कभी-कभार स्थानीय घटनाक्रमों के रूप में इसे उक्त अन्तराल में भी देखा जा सकता था। फरवरी 1924 में कुमाऊँ परिषद के छठे अधिवेशन में सर्वसम्मति से कुमाऊँ में मद्य निषेध लागू करवाने हेतु प्रस्ताव पारित किए गए साथ ही स्थानीय जनता से अपील की गई कि नशीले पदार्थों को पूर्णतः त्याग दें।[133] जून 1925 के अपने सम्पादकीय में 'जिला समाचार अल्मोड़ा' ने कुमाऊँ में नशीले पदार्थों के प्रचलन में वृद्धि तथा समाज की दुर्गति पर चिंता व्यक्त की थी। साथ ही कुलीनों और अछूतों के साथ-साथ मध्यमवर्गीय युवकों के शराब का भक्त बन जाने तथा यूरोपियनों की नकल करने पर भी चिंता प्रकट की थी।[134] इसी वर्ष लगभग 30 हजार महिलाओं के हस्ताक्षर से युक्त माँगपत्र मद्य निषेध के पक्ष में तत्कालीन वायसराय को भेजा गया था। केंद्रीय तथा प्रांतीय काउंसिलों में भी आबकारी नीति के विरोध में अनेक प्रश्न पूछे गए।[135] कांग्रेस ने अपने कार्यक्रमों में औषधि उपयोग को छोड़ नशे पर पूर्ण प्रतिबंध की माँग की थी। दिसम्बर 1928 में कलकत्ता में हुए सर्वदलीय सम्मेलन में स्वराज के संविधान का प्रारूप बनाते समय एक मौलिक अधिकार के रूप में यह प्रावधान भी रखा गया था कि कामनवैल्थ का यह भी दायित्व होगा कि वह अपने नागरिकों को नशीले पेयों तथा औषधियों के प्रयोग के लालच से बचाएगा और अधिकतम सम्भव प्रतिबंध लगाएगा। स्वयं कांग्रेस ने अपने बिल ऑफ राइट्स के अनुच्छेद 13 में इस प्रावधान को रखा था।[136] परन्तु इन माँगों, परिवर्तनों तथा प्रावधानों के बावजूद न तो आबकारी नीति में कोई विशेष परिवर्तन आया और न ही नशीले पदार्थों के प्रसार को रोकने में विशेष सफलता मिली। यह हास्यास्पद है कि आबकारी प्रशासन द्वारा स्थापित की गई तथाकथित सलाहकार समितियाँ इन विरोधों के

बाद भी नित नई आबकारी दुकानों को खोलने का प्रस्ताव रखती जा रही थीं। 17 अगस्त 1926 को रानीखेत में आबकारी सलाहकार समिति की बैठक में पिठौरागढ़ तथा गणाई क्षेत्रों में नशीले पदार्थों की दुकानें खोलने का निर्णय लिया गया परंतु हरगोविन्द पंत तथा शेख मुमताज हुस्सैन ने इन प्रस्तावों का घोर विरोध करते हुए इन्हें न खोलने का प्रस्ताव रखा। 'शक्ति' ने एक लेख में चेतावनी देते हुए लिखा था—

"स्थानीय जनता व मादक वस्तु निवारिणी सभा इस परिवर्तन से सावधान रहे और इसका घोर विरोध करे।"[137]

रानीखेत में आबकारी भट्टी को हटाए जाने हेतु आंदोलन जारी था तथा स्थानीय जनता लगातार माँगपत्र भेजकर दबाव डाल रही थी।[138] 1926 में रानीखेत के मद्य निषेध आंदोलन के टेंपरेंस सोसाइटी के हाथ में आ जाने से इसकी तीव्रता में और वृद्धि हुई।[139] 25 सितम्बर 1927 को अल्मोड़ा में रामजे हाई स्कूल में नशाबन्दी हेतु टेंपरेंस सभा की गई। इस सभा में रामलाल साह, मथुरादत्त त्रिवेदी, कृष्णानन्द शास्त्री, पादरी यूनुस सिंह, पीताम्बर जोशी, टेंपरेंस मंत्री रौलस्टन, बद्रीदत्त पांडे तथा अन्य अनेक नागरिकों ने भाग लिया।[140] सभा की कार्यवाही से पूर्व नशे के विरोध में कविताएँ पढ़ी गईं। इस सभा को सम्बोधित करते हुए बद्रीदत्त पांडे ने कहा—

"भारतवासियों ने राजराजेश्वर जार्ज पंचम से बार-बार प्रार्थना की कि भारत से नशे की दुकानें उठाई जायें। धार्मिक स्थलों—बागेश्वर-हरिद्वार आदि में तक शराब की दुकानें खोली जा चुकी हैं। धर्म में निषिद्ध होने के बाद भी हिन्दू-मुसलमान शराब के ठेकेदार बनते जा रहे हैं।"

इस सभा के अंत में मथुरादत्त त्रिवेदी ने राजपुर मुहल्ले से शराब की भट्टी हटाए जाने के लिए आंदोलन हेतु कार्यक्रम बनाने का प्रस्ताव रखा।[141] साथ ही अल्मोड़ा से शराब भट्टी हटाए जाने के लिए आंदोलन हेतु कार्यक्रम बनाए जाने लगे। बागेश्वर में भी शराब की दुकान हटाए जाने हेतु धरने तथा सभाओं का क्रम जारी था। 18 मार्च 1929 को स्थानीय जनता द्वारा पुनः इस धार्मिक स्थल—बागेश्वर—से शराब की दुकान हटाए जाने हेतु माँगपत्र भेजा गया।[142] बद्रीदत्त पांडे द्वारा इन भट्टियों को बन्द करने की माँग पर सरकार ने बागेश्वर-निवासियों से मेजरनामे भेजने की माँग की तथा मिलने पर उचित कार्यवाही का आश्वासन दिया। इस मेजरनामे पर हस्ताक्षर करने वालों की यह भी सम्मति थी कि किसी इलाके से शराब भट्टी हटाए जाने के लिए मेजरनामा भेजे जाने की आवश्यकता नहीं होनी चाहिए। यदि सरकार को लगता हो कि मेजरनामे की आवश्यकता है तो उन सभी स्थानों से जहाँ-जहाँ शराब की भट्टियाँ हैं, मेजरनामे भेजे जायेंगे। इसमें यह भी उल्लेख था

कि इस मेजरनामे में हस्ताक्षर करने वाले लोग, सरकार-समाज के प्रतिष्ठित लोगों, अध्यापकों, व्यापारियों तथा अभिभावकों का ध्यान मद्य निषेध की ओर आकृष्ट करना चाहते हैं।

नशीले पदार्थों का विरोध किसी-न-किसी रूप में जारी रहा। 30 जुलाई 1929 को हरगोविन्द पन्त के नेतृत्व में रानीखेत में टेंपरेंस सोसाइटी की बैठक की गई। इस बैठक में आर० विल्सन ने एक प्रस्ताव पास कर आबकारी मंत्री तथा काउंसिलों के प्रतिनिधियों से इस क्षेत्र से दुकान हटाए जाने की माँग की।[143] जिला गढ़वाल में भी आबकारी का विरोध जारी था। बैरिस्टर मुकुन्दीलाल समय-समय पर काउंसिल में जिला गढ़वाल से शराब की दुकान हटाए जाने सम्बन्धी प्रश्न उठा रहे थे। अनेक सरकारपरस्त सदस्यों के कारण सलाहकारिणी समितियों में भी मुकुन्दीलाल की नशीले पदार्थ विरोधी बहस निर्णायक न हो सकी।[144] औपनिवेशिक आबकारी नीति के विरुद्ध उठे इन जन-आंदोलनों ने जनजातियों को भी इस समय तक प्रभावित कर दिया था। लम्बे समय से नशीले पदार्थों के प्रयोग को परम्परागत तथा स्थानीय जलवायु के लिए आवश्यक मानने वाली थारू-बोक्सा तथा भोटिया जनजातियाँ भी इस आंदोलन में सम्मिलित हो गई थीं। 1929 में तराई के अनेक जनजातीय इलाकों में टेंपरेंस समितियाँ गठित की गईं। थारू-बोक्साओं ने अपने उत्सवों, शादी-विवाहों में नशीले पेयों के प्रचलन को कम करने का प्रयास किया था। हालाँकि इस दशक में नशा विरोधी अभियान तथा गतिविधियाँ छुटपुट अंतरालों में चलती रहीं। फिर भी ये विरोध व्यापक आधार वाले विकसित आंदोलनों का रूप न ले सके। सामाजिक, आर्थिक व राजनैतिक विरोध के ये विभिन्न कारक अभी भी अस्तित्व बनाए हुए थे। लेकिन उक्त विरोधों के बाद भी इस दशक के अन्त तक आर्थिक मंदी से एक बार पुनः ब्रिटिश सत्ता ने अपनी अर्थव्यवस्था को सुदृढ़ तथा संगठित करना आरम्भ कर दिया। कर प्रणाली में पुनः परिवर्तन लाए गए। फलतः नशीले पदार्थों के व्यापार में एक बार फिर से तेजी आने लगी। आबकारी प्रसार की योजनाओं के विस्तार ने एक बार पुनः सामाजिक तनाव में वृद्धि और सामाजिक-राजनैतिक अभियानों को संगठित करने के लिए अनुकूल परिस्थितियाँ उत्पन्न कर दीं। 1929 के लाहौर कांग्रेस के साथ ही नया असहयोग आंदोलन आरम्भ करने का प्रस्ताव रखा गया। अप्रैल 1930 में इरविन द्वारा गांधी के प्रस्तावों को अस्वीकार कर दिए जाने के कारण पुनः आंदोलन की घोषणा कर दी गई। इस आंदोलन का कार्यक्रम भी लगभग वही था जो असहयोग आंदोलन का था। यद्यपि यह कदम अपने आप में अंतिम परिवर्तन लाने वाला न था फिर भी इसने भारतीय समाज में आंदोलन तथा इसके संगठनकर्ताओं की लोकप्रियता को बढ़ाया। इस आंदोलन की एक अन्य विशे-

षता स्त्रियों का इस आंदोलन में खुलकर भाग लेना भी रहा।

राष्ट्रीय आंदोलन में नशा विरोध – 2

पिछले वर्षों से ढीले पड़े मद्य निषेध आंदोलन को सविनय अवज्ञा आंदोलन के साथ एक बार फिर हवा मिली। आबकारी दुकानों में राष्ट्रीय आह्वान पर स्त्रियों द्वारा धरना दिए जाने से इसका स्वरूप व्यापक होता चला गया। इस बार भी रानीखेत से व्यापक विरोध का सिलसिला आरम्भ हुआ। 1 अप्रैल 1930 से हरगोविन्द पन्त, वै० किशोरीलाल सहित लगभग 100 स्वयं सेवकों ने धरना कार्यक्रम आरम्भ किया।[145] यह बताना उचित है कि इस आंदोलन में जातीय असमानता तथा विरोध के कारण बीसवीं शताब्दी के प्रथम दशक में जन्मे जातीय संगठन विशेषतः शिल्पकार सभा आदि का सरकार परस्त स्वरूप स्पष्टतः सामने आया। 1905 में टम्टा सुधार सभा तथा 1914[146] में कुमाऊँ शिल्पकार सभा[147] के रूप में परिवर्तित संगठन हरि टम्टा के नेतृत्व में उभरा। यह नेतृत्व आरम्भ से ही प्रभावशाली, सक्रिय तथा सरकारपरस्त होने के साथ-साथ कांग्रेसी नीतियों का विरोधी बना रहा। वहीं दूसरी ओर औपनिवेशिक सत्ता के लिए स्थानीय स्तर पर स्वर्ण-शिल्पकार समस्या को अधिक उभार कर सामाजिक प्रतिरोधों को उत्प्रेरित करने का यह उचित अवसर था। हरि टम्टा प्रांतीय काउन्सिल के सदस्य थे, उन्होंने प्रेस की भी स्थापना की थी और उनके परिवार को शराब के व्यापार का अधिकार भी दिया गया था।[148] नशा विरोधी आंदोलन के प्रति यह विरोध तब और स्पष्ट रूप से सामने आया जब टम्टा भाइयों को ठेका मिलने पर टम्टा लोगों द्वारा भट्टी में पूजा का आयोजन किया गया।[149] इतना ही नहीं उनके समर्थकों द्वारा स्वयंसेवियों के साथ संघर्ष भी किया जाने लगा।[150] यह घटना दरअसल शिल्पकार नेताओं या संगठन द्वारा शराब के विरोध की उतनी नहीं है जितनी अनेक सामान्य अधिकारों से वंचित समुदाय की सवर्ण विरोधी मानसिकता का संकेत देती है। फिर भी यह पूरे शिल्पकार समाज का प्रतिरोध न था क्योंकि इसी दौर में कांग्रेस समर्थक ग्रामीण शिल्पकार समुदाय, जिसका प्रतिनिधित्व खुशीराम, जयानन्द भारती तथा बचीराम आदि कर रहे थे, भी उभरा। जिसने समाज विरोधी उक्त कार्यों की कड़ी आलोचना की थी। बचीराम आर्य ने तो यहाँ तक कह डाला कि "हरि टम्टा को शराब का ठेका चाहे सरकार से मिल जाय लेकिन शिल्पकारों का नेता होने का ठेका नहीं मिल सकता है।[151] वास्तव में यह विरोध अपना प्रभाव नहीं जमा सका और विभिन्न स्थानों में चल रहे धरनों का क्रम बना रहा। रानीखेत में जारी धरने ने नायक जाति के अनेक स्त्री-पुरुषों को इस व्यसन से छुटकारा दिलाने में महत्त्वपूर्ण सफलता हासिल की।[152] श्रीधर जोशी,

अम्बिका दत्त पंत तथा कैप्टेन लोग आदि की इस कार्य में महत्त्वपूर्ण भूमिका रही।

पिथौरागढ़ में कृष्णानंद उप्रेती स्थान-स्थान पर भाषण देकर लोगों से आबकारी दुकानों में धरने देने तथा नशीले पदार्थों के त्याग के लिए कह रहे थे।[153] 9 मई को हर्ष देव ओली के नेतृत्व में खेतीखान में नशीले पदार्थों की होली जलाई गई।[154] अल्मोड़ा में शांतिलाल त्रिवेदी स्थानीय जनता से अधिकाधिक संख्या में स्वयंसेवक बनने का आग्रह कर रहे थे। 15 मई से नैनीताल की दोनों दुकानों में धरनों का क्रम आरम्भ हुआ। शराब विरोधी आंदोलन के इस दौर में महिलाओं ने अपनी अहम् भूमिका निभाई। कुमाऊँ व गढ़वाल में अनेक स्थानों पर महिलाओं ने शराब भट्ठियों में धरने दिए। अल्मोड़ा में कुन्ती वर्मा, बिशनी साह, तुलसी रावत ने दुकानों के आगे लेटकर ग्राहकों को जाने से रोका। जीवंती देवी ने एक सभा को सम्बोधित करते हुए लोगों से शराब की भट्ठी बंद करवाने की अपील की।

विरोध का यह क्रम जिला गढ़वाल में भी समानांतर रूप से चल रहा था। प्रताप सिंह नेगी, भगीरथ लाल, लाला मोहन सिंह, रामसिंह, दोगड्डा भी शराब भट्ठियों में धरना दे रहे थे। कोटद्वार में यह कार्य बलदेव सिंह आर्य तथा अन्य स्वयंसेवक कर रहे थे। इन विरोधों से प्रभावित हो शीघ्र ही चन्द्रसिंह रावत, चन्द्रदानंद, गौरीलाल, हरिशंकर, शिव प्रसाद, नारायण सिंह आदि भी धरनों में शामिल हुए।[155] एक ओर ये विरोध लगातार व्यापक रूप लेते गए, दूसरी ओर औपनिवेशिक प्रशासन ने आंदोलन में भाग ले रही स्थानीय जनता के विरुद्ध दमन आरम्भ कर दिया। गढ़वाल में कलक्टर एक्टन ने धरना स्थलों में जाकर आंदोलनकारियों पर लाठी प्रहार करवाया। अनेक लोगों को गिरफ्तार किया गया।[156] रानीखेत में इसी वर्ष अक्टूबर में 10 लोगों को धारा 2/3 के अंतर्गत गिरफ्तार कर 6 से लेकर 10 माह की कैद की सजा दी गई।[157] 3 नवम्बर को धरने के अपराध में शेरसिंह, भूपाल सिंह, जयकिशन पांडे, केशवदत्त पांडे, जोगा सिंह को गिरफ्तार कर डेढ़ वर्ष की सख्त कैद की सजा दी गई लेकिन आंदोलन की तीव्रता बनी रही। 17 फरवरी, 1931 को गांधी तथा इरविन के मध्य समझौता हो जाने से सविनय अवज्ञा आंदोलन वापस ले लिया गया परंतु शराब आदि मादक पदार्थों की दुकानों पर शांतिपूर्ण धरने तथा मद्यनिषेध को वैधानिक मानते हुए इस समझौते द्वारा इसे जारी रखने को स्वीकार किया गया। कांग्रेस संगठनों ने इस प्रक्रिया को और अधिक उत्साह से बनाए रखने का प्रयास किया, फलतः कुछ समय तक सम्पूर्ण देश में पिकेटिंग का क्रम जारी रहा। लेकिन शेष आंदोलन के समाप्त हो जाने के कारण इसकी गति में भी शिथिलता आती चली गई। 1932 में पुनः अवज्ञा 'आंदोलन की शुरुआत

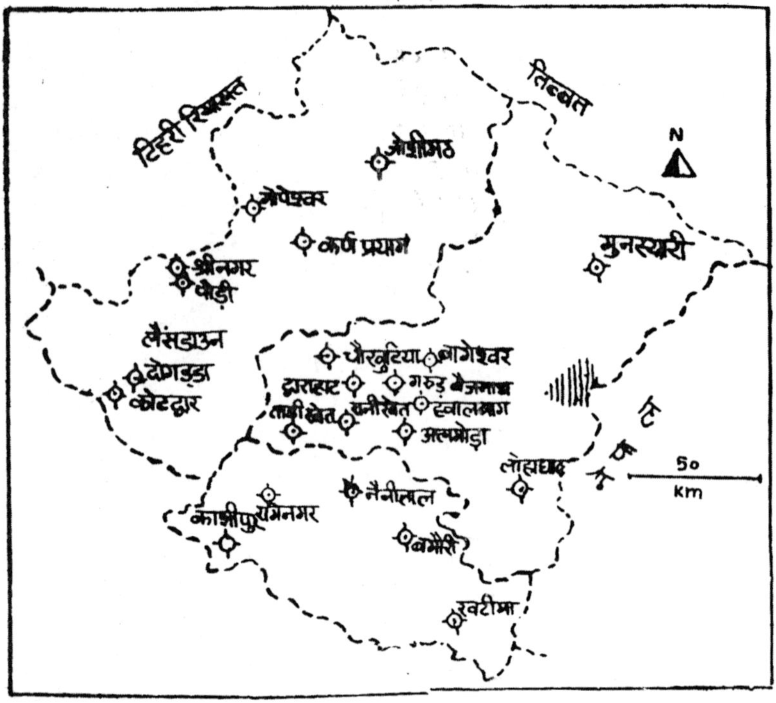

आन्दोलन के केन्द्र
सीमाएँ
देसी रियासत

कुमाऊँ में नशा-विरोधी आन्दोलन के फैलाव का स्वरूप

तथा उसके साथ ही औपनिवेशिक दमनचक्रों के कारण अन्ततः 1933 में यह आंदोलन पूर्णतः स्थगित हो गया। इसके बाद 1935 के एक्ट चुनाव तथा अंततः प्रांतीय मंत्रि-मण्डलों के बन जाने के दौर में राष्ट्रीय आंदोलन का प्रवाह भी एक प्रकार से अवरुद्ध बना रहा इसलिए नशे से सम्बन्धित प्रतिरोधों के उभार की सम्भावनाएँ भी धूमिल होती चली गईं। 1937 में कांग्रेस के सत्ता में आने पर पुनः नशीले पदार्थों का समाज में व्यापक प्रसार हुआ। 1930-32 के दौर में आई आर्थिक मंदी की भरपाई हेतु औपनिवेशिक प्रशासन ने जहाँ एक ओर आबकारी व्यापार को बढ़ावा दिया वहीं खपत में वृद्धि हेतु कीमतों तथा करों में भी असाधारण कमी की। कुमाऊँ में अनेक भागों में विरोध के बाद भी नई दुकानें खोली गईं। इन वर्षों में व्यापक विरोध की प्रक्रिया न राष्ट्रीय और न ही स्थानीय स्तर पर उभरी। समाचार पत्रों के माध्यम से नशाबंदी तथा नशीले पदार्थ विरोधी भावनाओं को बनाए रखने के प्रयास जारी रहे। मार्च 1933 में कत्यूर घाटी में शराब की दुकान खोले जाने के विरोध में लगभग 1000 लोगों ने विरोध करते हुए कलक्टर के पास माँग पत्र भेजा, परंतु यह विरोध असफल रहा और हरि टम्टा को यह ठेका 1400 रु० में दे दिया गया। काउन्सिल में भी इस प्रकार के विरोध में प्रश्न उठाए गए। बद्रीदत्त जोशी ने मद्य निषेध के अभियान को सफल बनाने हेतु शराब पीने वाले व्यक्ति को धर्म तथा जाति से बहिष्कृत करने की अपील की।[158] भीमताल में विरोध का क्रम मोतीराम डालाकोटी के नेतृत्व में जारी था।[159] 29 अक्टूबर 1937 को रानीखेत में हरगोविन्द पंत के नेतृत्व में हुई सभा में निम्न प्रस्ताव पारित हुए[160]—

1. शराबबंदी का आरम्भ अल्मोड़ा से किया जाय,
2. अल्मोड़ा जिले में—गरुड़, बागेश्वर, पिथौरागढ़, रानीखेत, लोहाघाट, अल्मोड़ा, गणाई (गेवाड़) सोमेश्वर की शराब की तथा रानीखेत और अल्मोड़ा की चरस की दुकानें तुरंत बंद कर दी जायें।

इस दशक में जोहार तथा दारमा के जनजातीय इलाकों में भी नशाबंदी आंदोलन विकसित होने लगा था। समस्त जोहार पट्टी के लोगों ने सरकार से मिली आबकारी सम्बन्धी विशेष सुविधा को तुरन्त वापस किए जाने सम्बन्धी माँग रखी थी। रामसिंह पांगती ने सक्रिय प्रयासों से इस आंदोलन को गति देने के साथ-साथ काउंसिल तक इस मामले को उठाए जाने हेतु हस्ताक्षरयुक्त माँग-पत्र भेजा था। लेकिन ये सभी आंदोलन समग्र प्रयास के रूप में संगठित नहीं हो सके। 1937 में कांग्रेस के सत्ता में आ जाने के बाद प्रांतीय सरकारों से मद्य निषेध की अपेक्षा ने इन विरोधों को पूर्णतः समाप्त कर दिया था। स्वयं कैलाश नाथ काटजू ने प्रांतीय ऐसेम्बली में कहा था कि सरकार शराब का जड़ से नाश करना चाहती है। यदि सबने सहयोग दिया तो यह कार्य चार वर्षों में पूरा हो

जाएगा। लेकिन पुनः द्वितीय विश्वयुद्ध की शुरुआत तथा कांग्रेस के त्याग पत्र के साथ ही नशीले पदार्थों के प्रचलन का सिलसिला फिर बढ़ा। जिसने मादक पदार्थों के विरोध को पुनः जन्म दिया। भारत छोड़ो आंदोलन के दौर में नशीले पदार्थों के प्रचलन तथा आबकारी का व्यापक विरोध हुआ। आंदोलन के इस क्रम में पुरुषों के साथ-साथ महिलाओं ने भी महत्त्वपूर्ण भूमिका निभाई। आंदोलन को त्वरा देने हेतु नैनीताल में कुन्ती वर्मा, भागुली देवी, पद्मा देवी, बिझुलीदेवी, हल्द्वानी में भागीरथी चौहान, शोभावती मित्तल, रेवती शर्मा, पारकोट-कोटाबाग में मालती भट्ट, धन्ना देवी, काशीपुर में यशोधरा देवी आदि ने मादक पदार्थों का घोर विरोध करते हुए आबकारी के प्रति असहयोग की नीति आरम्भ की, लेकिन द्वितीय विश्वयुद्ध की शुरुआत ने एक ओर कांग्रेसी मंत्रिमंडलों को त्याग-पत्र देने को बाध्य किया वहीं दूसरी ओर फौज तथा अन्यत्र नौकरी की संभावनाएँ बढ़ाईं। पहली बार शिल्पकारों तथा ब्राह्मणों को भी सेना में भर्ती किया गया। 1942 में भारत छोड़ो आंदोलन के साथ जन्मी राष्ट्रवादिता की परिणति जबर्दस्त दमन में हुई। तमाम नेताओं, कार्यकर्ताओं के जेल में बंद होने से किसी भी तरह के आंदोलन की सम्भावनाएँ धूमिल हो गई थीं, लेकिन नशे का प्रश्न अपनी जगह खड़ा था।

संदर्भ

1. रिपोर्ट आन एनुअल एडमिनिस्ट्रेशन आफ यूनाइटेड प्रोविंस, 1908
   पाठक, शेखर : नशा एक षड्यंत्र है, पृ० 4
   वैष्णव य० द० : मद्य निषेध, प्रा० लि० पृ० 10
2. रिपोर्ट आन एनुअल एडमिनिस्ट्रेशन आफ यूनाइटेड प्रोविंस, 1908
3. सेपरेट रेवेन्यू (एक्साइज) प्रोसीडिंग 21 (बी) 1909, पृ० 55, फा० 22/1909
4. वैष्णव य० द० 'अशोक'/मद्य निषेध, पा० लि०, पृ० 9
5. सेपरेट रेवेन्यू (एक्साइज) प्रोसीडिंग 21 (बी), 1909, पृ० 55
6. उक्त
   वैष्णव, य० द० 'अशोक' : मद्य निषेध, पा० लि०, पृ० 9
7. सेपरेट रेवेन्यू (एक्साइज) प्रोसीडिंग 21 बी, 1909, पृ० 55
8. उक्त
9. लेटर आफ एक्साइज कमिश्नर टू जौइंट सेक्रेटरी बोर्ड आफ रेवेन्यू 1911/642; एक्साइज फाइल नं० 6/1910 (1909)

10. उक्त
11. नोट आफ एक्साइज इंसपेक्टर, 24 जनवरी 1910, ए० फा० 6/1910
12. लेटर आफ डिस्ट्रिक्ट आफीसर नैनीताल टू कमिश्नर कुमाऊँ, लेटर नं० 4098/एम० 83, 1909
13. लैटर आफ एक्साइज कमिश्नर टू कमिश्नर कुमाऊँ, नं० 4536 फा० 6/1910
14. लैटर आफ एक्साइज कमिश्नर टू कमिश्नर कुमाऊँ 21 जनवरी 1910 जी० ओ० न० 576 11, ए० फा० नं० 115 बी०/1909
15. एक्साइज फाइल नं० 6/1910
16. रिपोर्ट आन एनुअल एक्साइज एडमिनिस्ट्रेशन आफ यूनाइटेड प्रोविन्स 1910
17. एक्साइज फाइल नं० 6/1910
18. पेपर्स रिलेटेड टू द एवोलिशन आफ आउटस्टिल सिस्टम, फा० 6/1910
19. एक्साइज फाइल नं० 6/1910 और 115 बी
20. लैटर आफ डिप्टी कमिश्नर (अल्मोड़ा) टू एक्साइज कमिश्नर लैटर नं० 115 आर, 15 जनवरी 1910
21. गिल : वैली आफ देहरादून, पृ० 20
22. राहुल : कुमाऊँ, पृ० 191
23. एक्साइज फाइल सं० 6/1910
24. उक्त
25. एक्साइज कमिश्नर्स लैटर, ए० फा० नं० 16
26. लैटर आफ बोर्ड आफ रेवेन्यू टू सेपरेट रेवेन्यू डिपार्टमेंट, फा० 2/1910
27. जनरल नोटिस, सेपरेट रेवेन्यू, फा० नं० 2/1910
28. उक्त
29. प्रोहीबिशन इन्क्वायरी कमेटी रिपोर्ट, पृ० 12
30. रिपोर्ट आन एक्साइज एडमिनिस्ट्रेशन आफ यूनाइटेड प्रोविन्स, 1910 ऐपेन्डिकस
31. उक्त
32. उक्त
33. उक्त
34. लैटर आफ सेक्रेटरी, बोर्ड आफ रेवेन्यू टू कमिश्नर्स, ए० फा० 24/1909
35. उक्त
36. लैटर आफ डिस्ट्रिक्ट आफीसर (अल्मोड़ा) टू कमिश्नर कुमाऊँ, 24/1909
37. लैटर आफ डिस्ट्रिक्ट आफीसर (गढ़वाल) टू कमिश्नर कुमाऊँ, 24/

1909
38. रिपोर्ट आन एक्साइड एडमिनिस्ट्रेशन आफ यूनाइटेड प्रोविन्स—1910
39. एक्साइज फाइल नं० 66/1910, लैटर नं० 4703/1380
40. एक्साइज फाइल नं० 17/1905
41. एक्साइज फाइल नं० 20/1908
42. उक्त
43. उक्त
44. उक्त
45. उक्त
46. रिपोर्ट आन एक्साइज एडमिनिस्ट्रेशन आफ यूनाइटेड प्रोविन्स, 1914
47. उक्त
48. एनुअल एडमिनिस्ट्रेटिव रिपोर्ट आफ यूनाइटेड प्रोविन्स, 1915-16, पृ० 39
49. रिपोर्ट आफ यूनाइटेड प्रोविन्स एक्साइज कमेटी, 1921, पृ० 11
50. उक्त
51. एक्साइज फाइल नं० 14 बी/1918, पृ० 7
52. एक्साइज फाइल नं० 107 बी
53. लैटर आफ एक्साइज कमिश्नर टू जोइंट सेक्रेटरी बोर्ड आफ रेवेन्यू, एक्साइज फाइल नं० 103 बी०/1918
54. फाइनेंस कमेटी रिजोल्यूशन, एक्साइज फाइल नं० 14 बी०
55. उक्त
56. उक्त
57. प्रोहीबिशन इन्क्वायरी कमेटी रिपोर्ट पृ० सं० 8
58. जैन, राजेन्द्र : स्टेट टैक्सेशन इन इंडिया, पृ० 109
59. शाह, के० टी० : सिक्सटी इयर्स आफ इण्डियन फाइनेंस, पृ० 259-60
60. जैन, राजेन्द्र : स्टेट टैक्सेशन इन इंडिया, पृ० 109
61. रिजोल्यूशन नं० 238/111, 14 मार्च 1921, ए० फा० 22/1909
62. रिपोर्ट आफ यूनाइटेड प्रोविंस एक्साइज कमेटी, 1921, पृ० 1
63. वैष्णव, य० द० 'अशोक' : मद्य निषेध
64. प्रोहीबिशान इन्क्वायरी कमेटी रिपोर्ट 1954, पृ० 9
65. रिपोर्ट आफ यूनाइटेड प्रोविंस एक्साइज कमेटी, 1921 पृ० 5
66. रिपोर्ट आन एक्साइज एडमिनिस्ट्रेशन आफ यूनाइटेड प्रोविन्स 1923
67. उक्त
68. उक्त

69. रिपोर्ट आन एक्साइज एडमिनिस्ट्रेशन कमेटी, आफ यूनाइटेड प्रोविन्स, 1925
70. रिपोर्ट आफ यूनाइटेड प्रोविंस एक्साइज कमेटी, 1921, पृ० 12
71. उक्त, पृ० 15
72. शक्ति, 14 सितम्बर 1926
73. प्रोसीडिंग्स आफ लेजिस्लेटिव काउंसिल, वाल्यूम 24, पृ० 393
74. रिपोर्ट आन एक्साइज एडमिनिस्ट्रेशन आफ यूनाइटेड प्रोविन्स—1928
75. प्रोसीडिंग्स आफ लेजिस्लेटिव काउंसिल, वाल्यूम 24, पृ० 367
76. रिपोर्ट आन एक्साइज एडमिनिस्ट्रेशन आफ यूनाइटेड प्रो० 1923-24
77. उक्त
78. उक्त
79. प्रोसीडिंग्स आफ लेजिस्लेटिव काउंसिल, वा० 24, पृ० 367
80. रिपोर्ट आन एक्साइज एडमिनिस्ट्रेशन आफ यूनाइटेड प्रो० 1924-25
81. प्रोसीडिंग्स आफ लेजिस्लेटिव काउंसिल, वाल्यूम 24, पृ० 368
82. उक्त
83. उक्त, पृ० 366
84. उक्त
85. उक्त
86. उक्त
87. लैटर आफ टी, गिब्स टू सेक्रेटरी यूनाइटेड प्रोविंस नं० 3606/111 596; रिपोर्ट आन एक्साइज एडमिनिस्ट्रेशन आफ यूनाइटेड प्रो० 1925, पृ० 8
88. उक्त
89. उक्त
90. रिपोर्ट आन एक्साइज एडमिनिस्ट्रेशन आफ यूनाइटेड प्रोविंस 1928-29
91. रिपोर्ट आन एक्साइज एडमिनिस्ट्रेशन—1927-28, पृ० 8
92. शक्ति : 27 सितम्बर 1927
93. रिपोर्ट आन एक्साइज एडमिनिस्ट्रेशन आफ यूनाइटेड प्रोविंस 1931-32, पृ० 2
94. एक्साइज फाइल नं० 4
95. रिपोर्ट आन एक्साइज एडमिनिस्ट्रेशन आफ यूनाइटेड प्रोविंस 1931-32, पृ० 3
96. उक्त, पृ० 7-8
97. उक्त, 1932-33, पृ० 33

98. उक्त
99. रिपोर्ट आन एक्साइज एडमिनिस्ट्रेशन आफ यूनाइटेड प्रोविंस, 1932-33, पृ० 33
100. उक्त
101. एक्साइज फाइल नं० 4/1932
102. रिपोर्ट आन एक्साइज एडमिनिस्ट्रेशन आफ यूनाइटेड प्रोविंस, 1933-34
103. उक्त, 1934-35, पृ० 34
104. शक्ति, / : 14 दिसम्बर 1946, पृ० 5
वैष्णव, य० द० 'अशोक' : मद्य निषेध पृ० 10
105. हरिजन सेवक : 24 दिसम्बर 1938
106. पाठक शेखर, : नशा एक षड्यंत्र है, पृ० 7
107. उक्त
108. उक्त
109. शक्ति : 13 अप्रैल 1920
110. शक्ति : 11 नवम्बर 1936
111. रामगोपाल : हाऊ इंडिया स्ट्रगल्ड फार फ्रीडम (हिन्दी अनु०), पृ०165
112. उक्त
113. उक्त
114. उक्त, पृ० 166
115. अलमोड़ा अखबार : 1 जनवरी 1893
116. पाठक शेखर : नशा एक षड्यंत्र है, पृ० 5
117. वर्नाक्यूलर प्रेस रिपोर्ट, जून 1907, बी० 884, 844
118. उक्त, जुलाई, 1908 बी० 764
119. रामगोपाल : पृ० 166
120. पाठक, शेखर : नशा एक षड्यंत्र है, पृ० 5
121. शक्ति : 23 मार्च 1940
122. पाठक, शेखर : उत्तराखंड में कुली बेगार प्रथा, पृ० 157
123. शक्ति : 16 दिसम्बर 1919
124. शक्ति : 20 मई 1919
125. शक्ति : 1 सितम्बर 1919
126. प्रोहीबिशन इंक्वायरी कमेटी रिपोर्ट
127. कृपलानी, जे० बी० : गांधी— हिज लाइफ एंड थौट्स, पृ० 399
128. डबराल, शि० प्र० : भाग 8, पृ० 247

129. शक्ति : 15 फरवरी 1921
130. शक्ति : 1 मार्च 1921
131. शक्ति : 23 मार्च 1922
132. शक्ति : जुलाई 1923
133. शक्ति : 5 फरवरी 1924
134. जिला समाचार, अल्मोड़ा, 1 जून 1925
135. लेजिस्लेटिव ऐसेम्बली डिबेड्स 1925, वा० 6, पार्ट 1, पृ० 661
136. राजगोपालाचारी : प्रोहिबीशन, पृ० 45-46
137. शक्ति : 14 सितम्बर 1926
138. उक्त
139. आबकारी प्रशासन की वार्षिक रिपोर्ट 1927
140. शक्ति : 27 सितम्बर 1927
141. शक्ति : 27 सितम्बर 1927
142. शक्ति : 23 मार्च 1992
143. शक्ति : 3 अगस्त 1992
144. प्रोसीडिंग्स आफ लेजिस्लेटिव काउंसिल, वा० 24, पृ० 366
145. शक्ति : 17 अगस्त 1929
     शक्ति : 12 अप्रैल 1930
146. दलित सुमनांजलि : 1934, पृ० 3
147. पहाड़—दो, पृ० 103
148. उक्त
149. शक्ति : 12 अप्रैल 1930
150. शक्ति : 30 मई 1930
151. शक्ति : 12 दिसम्बर 1930
152. शक्ति : 13 अप्रैल 1930
153. शक्ति : 17 मई 1930
154. उक्त
155. डबराल : भाग-8, पृ० 248
156. उक्त
157. उक्त
158. कुमाऊँ कुमुद : 30 नवम्बर 1923
159. शक्ति : 15 फरवरी 1936
160. शक्ति : 13 नवम्बर 1937

पाँच

आबकारी प्रशासन तंत्र का स्वरूप

(1815—1947)

ऐतिहासिक शोधों में समग्र तथ्यों का अध्ययन अंततः विश्लेषण की ओर ले जाता है क्योंकि अनेक बार ऐतिहासिक शोध जिन विषयों से सम्बन्धित होते हैं वे बीते समय से जुड़े होने के साथ-साथ हमारे वर्तमान से भी प्रत्यक्ष अथवा अप्रत्यक्ष सम्बन्ध रखते हैं। इसलिए विश्लेषण की प्रासंगिकता का बढ़ावा इस कार्य को जटिल बना देता है। औपनिवेशिक काल में आबकारी प्रशासन तंत्र के विश्लेषण के लिए भी दरअसल उस व्यवस्था के समग्र चरित्र को समझना जरूरी है जिसके अंतर्गत यह जन्मा और विकसित हुआ। चूंकि कुमाऊँ में आबकारी प्रशासन की शुरुआत ईस्ट इंडिया कम्पनी के 1815 में इस क्षेत्र में आगमन के साथ हो चुकी थी। इसलिए यह तथ्य निर्विवाद है कि उसकी दृष्टि उस राजस्व पर थी जो आबकारी के फैलाव से जुड़ा था। प्रारम्भ में ही आबकारी से औपनिवेशिक व्यवस्था की अपेक्षायें स्पष्ट हो चुकी थीं और इन अपेक्षाओं के अनुरूप ही आबकारी प्रशासन का ढाँचा बढ़ता और मजबूत होता दिखता है। पिछले अध्यायों से भी यह बात स्पष्ट होती चली जाती है कि यह तंत्र किस प्रकार कालांतर में विशिष्ट अधिकार प्राप्त करता चला गया। कई बार सिर्फ इसकी मजबूती को बढ़ाने के लिए नए नियम-कानून बनाने की जरूरत पड़ी। आबकारी कानूनों में हुए अनेक संशोधन भी ज्यादातर इस तंत्र की मजबूती के पक्ष में ही गए। पूर्व औपनिवेशिक युग में नशीले पदार्थों के व्यापार और विस्तार से राज्य-व्यवस्था का सीधा सम्बन्ध नहीं बना था अर्थात् राज्य व्यवस्था द्वारा उसे अतिरिक्त राजस्व हेतु कभी भी इस्तेमाल नहीं किया गया था। वास्तव में नशीले पदार्थों के व्यापार पर राजकीय इजारेदारी तथा अतिरिक्त राजस्व कमाने की प्रक्रियायें औपनिवेशिक शासन की शुरुआत के साथ आरम्भ हुईं और इसी के साथ पहली बार सम्पूर्ण भारतीय उपनिवेश में

इस नवगठित अर्थ-प्रणाली के प्रशासनिक ढांच को भी खड़ा किया जाने लगा। यह उल्लेखनीय है कि औपनिवेशिक शासन की समाप्ति के बाद भी आबकारी व्यवस्था आज इसी ढाँचे पर खड़ी है।

आबकारी तंत्र का विकास क्रम

एक भिन्न दृष्टिकोण के बावजूद औपनिवेशिक आबकारी प्रशासन का स्वरूप आरम्भ में परम्परागत था। पिछली राज्य-व्यवस्थाओं के साथ-साथ चले आ रहे राजस्व प्रशासन का ही इसमें नियंत्रण रखा गया था। अठारहवीं शताब्दी के अंत तक नशीले पदार्थों से राजस्व एकत्र करने का कार्य इजारेदारों, जमींदारों, जागीरदारों और किसानों के हाथ में था।[1] कालांतर में औपनिवेशिक आबकारी प्रशासन के स्वरूप में परिवर्तन के साथ—भूराजस्व प्रशासन द्वारा इस नवगठित व्यवस्था का नियंत्रण तथा संचालन किया जाने लगा। राजस्व प्रशासनिक व्यवस्था का यह स्वरूप परम्परागत होने के बावजूद बहुत भिन्न था।

आबकारी प्रशासन को पूर्णतः सदर बोर्ड ऑफ रेवेन्यू के अधीन रखा गया था। नशीले पदार्थों से प्राप्त होने वाला यह राजस्व, भू-राजस्व की भाँति ही महत्त्वपूर्ण था। 19वीं सदी के पूर्वार्द्ध में आबकारी प्रशासन निम्न अधिकारियों के नियंत्रण में था—

कमिश्नर
↓
(कमिश्नरियों में आबकारी प्रशासन)
↓
कलक्टर
(जिला आबकारी प्रशासन)
↓
सब डिवीजनल मजिस्ट्रेट
↓
तहसीलदार
↓
अन्य राजस्व कर्मचारी
↓
पटवारी

जहाँ एक ओर प्रशासन का शीर्षस्थ अधिकारी डिवीजनल कमिश्नर था वहीं जिलों में यह व्यवस्था कलक्टर (डिप्टी कमिश्नर) के नियंत्रण में थी। आबकारी प्रशासन को सुचारु बनाए रखने, अवैध व्यापार तथा अपराधों को रोकने हेतु प्रशासन के अंतिम क्रम में पटवारी रखा गया था। आबकारी प्रशासन की दृष्टि से सम्पूर्ण क्षेत्र छोटी-छोटी इकाइयों में बाँटा गया था। आबकारी प्रशासन का यह स्वरूप 1860 तक बना रहा। लेकिन इसके बाद आबकारी प्रशासन में बदलाव आया और 1862 में पहली बार प्रांतीय स्तर पर आबकारी प्रशासन नियंत्रण हेतु आबकारी कमिश्नर की नियुक्ति की गई।[2] लेकिन प्रशासनिक अधिकारों की दृष्टि से आबकारी कमिश्नर सदर बोर्ड आफ रेवेन्यू के अधीन ही रखा गया। आबकारी प्रशासन में लाए गए इन परिवर्तनों से किसी विशेष लाभ को न देखते हुए अगले वर्ष यह पद समाप्त कर दिया गया और आबकारी प्रशासन का पूर्ण भार डिवीजनल कमिश्नरों को सौंपा गया। इस अवधि में एक बार पुनः आबकारी राजस्व में असाधारण गिरावट आई अतः सक्षम आबकारी प्रशासन की आशा से पुनः आबकारी आयुक्त का पद गठित किया गया। यह व्यवस्था तत्पश्चात् सम्पूर्ण औपनिवेशिक काल में बनी रही। यहाँ पर यह भी उल्लेख करना प्रासंगिक होगा कि अभी भी शेष प्रशासनिक व्यवस्थाएँ भू-राजस्व प्रशासन के अधीन ही रहीं। इस दौर में नशीले पदार्थों के उत्पादन तथा व्यापार का विस्तार अत्यंत तेजी से हुआ। नशीले पदार्थों के व्यापार से जुड़े लाभों को देखते हुए इनका अवैध उत्पादन तथा व्यापार भी अब तक तेजी से होने लगा था। यह प्रक्रिया राजस्व हानि का स्पष्ट संकेत थी अतः अवैध व्यापार को रोकने हेतु आबकारी प्रशासन तंत्र को क्रमशः संगठित रूप दिया जाने लगा। इसी क्रम में पहली बार 1894 में कुमाऊँ डिवीजन में आबकारी अपराधों की रोकथाम के साथ-साथ अवैध उत्पादन को रोकने हेतु विशेष आबकारी निरीक्षक की नियुक्ति की गई।[3] आबकारी प्रशासन का अपेक्षाकृत स्वतंत्र स्वरूप बीसवीं सदी के आरम्भ में अस्तित्व में आया। वस्तुतः पूरे संयुक्त प्रांत हेतु 1906 में पहली बार स्वतंत्र आबकारी प्रशासन तंत्र गठित किया गया।[4] इस नवगठित प्रशासनिक ढाँचे का स्वरूप निम्न था[5]—

आबकारी कमिश्नर-1

↓

उप आबकारी कमिश्नर-1

↓

सहायक आबकारी कमिश्नर-9

↓

आबकारी निरीक्षक-159

पूरे संयुक्त प्रांत में आबकारी प्रशासन के संचालन हेतु एक आबकारी कमिश्नर, एक उप आबकारी कमिश्नर तथा 159 आबकारी निरीक्षकों की नियुक्ति की गई थी। आबकारी प्रशासन के सफल संचालन हेतु सम्पूर्ण प्रांत को विभिन्न वृत्तों में विभाजित किया गया था। इन वृत्तों में प्रशासनिक नियंत्रण सीधे सहायक आबकारी कमिश्नरों तथा आबकारी निरीक्षकों के अधीन रखा गया था। इस व्यवस्था के अंतर्गत ही कुमाऊँ के जिलों में भी आबकारी प्रशासनिक इकाइयों का पुनर्गठन किया गया। 11 मार्च 1910 को आबकारी कमिश्नर के आदेशों पर कुमाऊँ में तीन आबकारी वृत्त गठित किए गए।[6] ये वृत्त निम्न थे—

प्रथम वृत्त

इस वृत्त के अंतर्गत अल्मोड़ा जिला तथा पूर्वी तराई के इलाके जिसमें—रुद्रपुर-किलपुरी तथा बिलारी तहसीलें आती थीं, रखे गए थे। इस वृत्त के प्रशासनिक कार्यों के संचालन हेतु आबकारी निरीक्षक का मुख्यालय अल्मोड़ा के साथ-साथ किच्छा में बनाया गया था। अल्मोड़ा मुख्यालय की कार्यावधि 1 जून से 30 नवम्बर रखी गई थी जबकि किच्छा मुख्यालय के लिए यह अवधि 11 दिसम्बर से 31 मई निर्धारित थी।

द्वितीय वृत्त

इस वृत्त के अंतर्गत हल्द्वानी बंधित गोदाम, भाबर के क्षेत्र तथा नैनीताल जिले की पहाड़ी पट्टियाँ शामिल की गई थीं। हल्द्वानी बंधित गोदाम हेतु कार्य दिवस मंगल, बुध निश्चित किए गए थे। इस वृत्त का मुख्यालय हल्द्वानी रखा गया था।

ततीय वृत्त

तीसरे वृत्त में सम्पूर्ण गढ़वाल जिले के साथ पश्चिमी तराई जैसे काशीपुर, बाजपुर, गदरपुर तहसील भी सम्मिलित की गई थीं। इस निर्धारित क्षेत्र में मुख्यालय पहले वृत्त की भाँति दो स्थानों में बनाया गया था। एक दिसम्बर से 31 मई तक यह मुख्यालय पौड़ी में रखा गया था जबकि 1 जून से 30 नवम्बर तक यह लैंसडौन में रखा गया था। लेकिन वृत्तों का यह आवंटन सुविधाजनक न होने के कारण 11 नवम्बर 1910 को यहाँ की भौगोलिक स्थिति को ध्यान में रखते हुए इन वृत्तों का पुनर्निर्धारण किया गया, ये वृत्त निम्न थे[7]—

प्रथम वृत्त

नैनीताल, तराई। इस वृत्त का मुख्यालय काशीपुर रखा गया था।

द्वितीय वृत्त

नैनीताल भाबर तथा हल्द्वानी बंधित गोदाम। इसका मुख्यालय हल्द्वानी में रखा गया था।

तृतीय वृत्त

अल्मोड़ा, गढ़वाल तथा नैनीताल की पहाड़ी पट्टियों को एक वृत्त के अंतर्गत रखा गया था। इस वृत्त का मुख्यालय नैनीताल था।

ये तीनों वृत्त आबकारी निरीक्षकों के सीधे नियंत्रण में रखे गए थे। यह उल्लेखनीय है कि अन्य सरकारी विभागों के विपरीत आबकारी प्रशासन, स्वतंत्र संगठन बना लेने के बाद भी नागरिक प्रशासन से कम-अधिक रूप में हमेशा के लिए जुड़ा रहा। यदि आबकारी प्रशासनिक ढांचे का विश्लेषण करें तो यह स्पष्ट होता है कि आबकारी प्रशासन भू-राजस्व प्रशासन, पुलिस प्रशासन से भी अंतर्सम्बन्धित था। इस प्रकार सम्पूर्ण प्रशासनिक ढांचा मुख्य आबकारी विभाग के साथ-साथ भू-राजस्व विभाग तथा पुलिस विभाग पर आधारित था।[8] भू-राजस्व विभाग के सभी अधिकारी जिनमें कमिश्नर, कलक्टर, सब डिवीजनल मजिस्ट्रेट, तहसीलदार आदि शामिल थे, को आबकारी प्रशासनिक व्यवस्था के नियंत्रण व संचालन का अधिकार दिया गया था।[9] पुलिस प्रशासन का यद्यपि इस व्यवस्था से सीधा सम्बन्ध न था लेकिन आबकारी अपराधों की जांच तथा रोकथाम का पूर्ण उत्तरदायित्व इस विभाग का ही था। अपराधों की रोकथाम व जाँच का अधिकार पुलिस सुपरिटेंडेंट से लेकर ग्राम चौकीदारों तक सभी श्रेणी के अधिकारियों-कर्मचारियों को सौंपा गया था।[10] यहाँ पर इन सभी विभागों के प्रशासनिक अधिकारियों तथा उनके आबकारी सम्बन्धी अधिकारों का उल्लेख करना प्रासंगिक होगा।

मुख्य आबकारी विभाग

आबकारी के आंतरिक प्रशासन के संचालन तथा व्यवस्था के नियंत्रण का कार्य आबकारी विभाग का था। इस व्यवस्था के सुव्यवस्थित संचालन हेतु आबकारी अधिकारियों तथा कर्मचारियों को विशिष्ट अधिकार दिए गए थे—

(अ) आबकारी कमिश्नर

आबकारी कमिश्नर के निम्न अधिकार थे—

1. नशीले पदार्थों के उत्पादन तथा व्यापार के स्वरूप निर्धारण का अधिकार,
2. प्रांत से बाहर के क्षेत्रों से नशीले पदार्थों के आयात तथा इस व्यापार की संस्तुति का अधिकार,
3. नशीले पदार्थों के उत्पादन तथा व्यापार पर प्रतिबंध लगाने का अधिकार,
4. नशीले पदार्थों के आयात-निर्यात तथा परिवहन हेतु मात्रा का निर्धारण
5. छावनी क्षेत्रों की सीमा से लगे भागों में आबकारी पदार्थों के उत्पादन तथा व्यापार हेतु लाइसेंस देना,
6. ऐसे लाइसेंस जो जारी किए गए हों या जिन्हें लाइसेंसिग बोर्ड द्वारा संस्तुति दी जा चुकी हो, को निरस्त करना, तथा
7. आबकारी प्रशासन के विभिन्न अधिकारियों की पदोन्नति या अवनति सम्बन्धी अधिकार भी आबकारी कमिश्नर के पास सुरक्षित रखा गया था।[11]

आबकारी प्रशासन को सुव्यवस्थित रूप से चलाने के लिए आबकारी आयुक्त को कुछ विशेष शक्तियाँ दी गई थीं जिनके आधार पर वह सहायक आबकारी कमिश्नर को उसके सम्बन्धित वृत्त में आबकारी अधिकारियों-कर्मचारियों की नियुक्ति, छुट्टियों, स्थानांतरण, बर्खास्त करने तथा दंड शुल्क आरोपित करने के साथ-साथ आबकारी चपरासियों की नियुक्ति या सेवायें समाप्त करने की शक्ति दे सकता था। इतना ही नहीं, बल्कि आबकारी निरीक्षक के पद से नीचे के कर्मचारियों के अवैध नशीले पदार्थों को अधिग्रहीत करने तथा आबकारी कर्मचारियों को दंडित करने का अधिकार भी वह सहायक आबकारी आयुक्त को दे सकता था।

(ब) सहायक आबकारी कमिश्नर

इन अधिकारियों को अपनी सीमा या वृत्त के अंतर्गत दी गई शक्तियों के प्रयोग का पूर्ण अधिकार था। प्रांतीय सरकार अपनी आवश्यकतानुसार सहायक आबकारी कमिश्नर की संख्या में वृद्धि या कमी कर सकती थी। 1906 में पहली बार पूरे प्रांत के लिए नौ सहायक आबकारी कमिश्नर नियुक्त किए गए थे।[12] 1921 में आबकारी कमेटी द्वारा प्रशासनिक व्यवस्था को सुदृढ़ तथा सक्षम बनाए रखने के उद्देश्य से सहायक आबकारी कमिश्नरों की संख्या बढ़ाए जाने की सिफारिश की गई।[13] आबकारी प्रशासन की विभिन्न शाखाओं पर नियंत्रण बनाए रखने के उद्देश्य से वृत्तों के अतिरिक्त प्रांतीय कार्यालयों में भी कुछ सहायक आबकारी कमिश्नरों की नियुक्ति की जाती थी। यहाँ पर यह

उल्लेख करना प्रासंगिक होगा कि आबकारी कमिश्नर के व्यक्तिगत सहायक का कार्य भी अनेक बार सहायक आबकारी कमिश्नर को दिया जाता था।

किसी वृत्त में आबकारी व्यवस्था तथा उसके विभिन्न रूपों, जैसे—फार्मिंग, आउटस्टिक या कांट्रैक्ट प्रणाली के कुशल तथा सफल संचालन का पूर्ण उत्तर-दायित्व सहायक आबकारी कमिश्नर का था। सहायक आबकारी कमिश्नर को कुछ विशेष अधिकार भी दिए गए थे। इन अधिकारों के माध्यम से वह विशेष परिस्थितियों में अपने वृत्त के लिए आवश्यकतानुसार नियमों में संशोधन करने के लिए अधिकृत था। अपने क्षेत्र में आबकारी नीति के अनुपालन, औपनिवेशिक हितों की अधिकाधिक पूर्ति पर नियंत्रण रखना उसका कर्तव्य था। विभिन्न नशीले पदार्थों, आबकारी दुकानों, डिस्टलरियों, बंधित गोदामों आदि के लेखे-जोखों तथा अन्य विवरणों के निरीक्षण का अधिकार भी इस अधिकारी को दिया गया था। आबकारी प्रशासन द्वारा उत्पादन तथा व्यापार को व्यवस्थित बनाए रखने के लिए सहायक आबकारी कमिश्नर द्वारा डिस्टलरियों का निरीक्षण तथा जाँच प्रत्येक दो माह में एक बार तथा ब्रूअरियों की जाँच छः माह में एक बार करने की व्यवस्था की गई थी। जबकि बंधित गोदामों के लिए निरीक्षण हेतु समयांतराल तीन माह रखा गया था। सहायक आबकारी कमिश्नर को निचली श्रेणी के आबकारी अधिकारियों-कर्मचारियों, जो उसके वृत्त या अधिकार-क्षेत्र में आते थे, के लिए निर्धारित कार्यों, नियमों में परिवर्तन का पूर्ण अधिकार था। साथ ही उसके लिए यह भी आवश्यक था कि वह प्रत्येक माह के अंत में आबकारी की प्रगति के साथ अपने द्वारा किए गए निरीक्षण तथा जाँच कार्यों की आख्या तैयार कर सहायक आबकारी कमिश्नर, प्रचलित प्रणालियों के प्रभावों तथा परिणामों के आधार पर आबकारी नीति तथा प्रशासन में परिवर्तन हेतु सुझाव भी दे सकता था। यह अधिकारी समय-समय पर आबकारी दुकानों के निरीक्षण के लिए स्वतंत्र था। सहायक आबकारी कमिश्नर के लिए यह भी प्रावधान किया गया था कि वह स्थानीय जनता की राय-जानकारी, आबकारी दुकानों के निर्धारित आबकारी कानूनों के अंतर्गत करने या उल्लंघन करने के सम्बन्ध में ले। किसी क्षेत्र में आबकारी अपराधों सम्बन्धी जाँच-पड़ताल तथा इनकी रोकथाम के कार्यों का निरीक्षण सहायक आबकारी कमिश्नर के निर्देशन में किया जाता था।[14] सहायक आबकारी कमिश्नर द्वारा आबकारी प्रशासन को सशक्त बनाने तथा नीतियों के उचित अनुपालन की दृष्टि से विभिन्न प्रशास-निक इकाइयों में आबकारी प्रक्रियाओं की जाँच तथा निरीक्षण प्रत्येक तीन माह में किया जाता था। इसी क्रम में उसे जिला आबकारी कार्यालयों में आब-कारी प्रशासन सम्बन्धी विवरणों तथा प्रगति रिपोर्टों का निरीक्षण भी करना होता था। यह स्पष्ट है कि विभिन्न क्षेत्रों में आबकारी नीति के समुचि-

क्रियान्वयन तथा प्रशासनिक व्यवस्था के सुसंचालन का उत्तरदायित्व सहायक आबकारी कमिश्नर का था।[15] यहाँ पर यह बताना उचित होगा कि कुमाऊँ में स्वतंत्र आबकारी आयुक्त का पद गठित नहीं किया गया था बल्कि इस संदर्भ में कुमाऊँ, रुहेलखंड या मेरठ डिवीजनों के अनेक जिलों के लिए, जो मूलतः वृत्त कहलाते थे, एक सहायक आबकारी कमिश्नर नियुक्त किया गया था।

(स) आबकारी अधीक्षक

इस प्रशासन तंत्र का तीसरा अधिकारी आबकारी अधीक्षक था। आबकारी अधीक्षक का कार्यक्षेत्र जिला स्तरीय था। वस्तुतः स्थानीय आवश्यकताओं के आधार पर नियुक्त किए गए, आबकारी निरीक्षक, चपरासी, आबकारी लिपिक आदि पर अपनी सीमांतर्गत आवंटित शक्तियों द्वारा आबकारी अधीक्षक का नियंत्रण था। उसे यह भी अधिकार था कि कतिपय विशेष परिस्थितियों में अपने अधीनस्थ कर्मचारियों को विशेष निर्देश दे सकता है। अपने अधिकार-क्षेत्र में आबकारी प्रशासन तथा नीति की प्रगति की जाँच और उसे बढ़ाने के प्रयास करना आबकारी अधीक्षक का कार्य था। प्रत्येक तीन माह में अधीक्षक, आबकारी निरीक्षक के कार्यों की जाँच भी करता था। यह उल्लेखनीय है कि आबकारी अधीक्षक का पद केवल कुछ ही जिलों में गठित किया गया था।[16] इस दौर में कुमाऊँ में आबकारी अधीक्षक की नियुक्ति नहीं की गई थी।

(द) आबकारी निरीक्षक

आबकारी प्रशासन तंत्र का प्रमुख आधार आबकारी निरीक्षक था। आबकारी प्रशासन के संचालन से इसका सीधा सम्पर्क था। आबकारी निरीक्षक की नियुक्ति प्रत्येक जिले में की जाती थी। औपनिवेशिक प्रशासन के आरम्भ में कुमाऊँ में आबकारी निरीक्षकों का कार्य पटवारियों को सौंपा गया था।[17] आबकारी प्रशासन द्वारा आवंटित तथा निर्धारित क्षेत्रों में आबकारी दुकानों की कार्य-पद्धति पर नियंत्रण, नशीले पदार्थों के अवैध उत्पादन तथा व्यापार का उत्तरदायित्व आबकारी निरीक्षक का था। प्रशासनिक व्यवस्था में नियंत्रण के अतिरिक्त नशीले पदार्थों के संग्रह हेतु स्थापित बंधित गोदामों की व्यवस्था तथा नियंत्रण का कार्य भी आबकारी निरीक्षकों का था।[18] इन गोदामों से मादक पदार्थों की निकासी आबकारी निरीक्षक की उपस्थिति में ही की जा सकती थी। नशीले पदार्थों के व्यापार से लाभ के आकर्षण से इस दौर में अवैध व्यापार असाधारण रूप से फैल चुका था। इस स्थानीय तथा अंतर्राज्यीय अवैध व्यापार पर नियंत्रण तथा उसकी रोकथाम हेतु विशेष जाँच दल गठित किए गए थे। इन दलों का नेतृत्व भी आबकारी निरीक्षकों द्वारा ही किया जाता था। इन

कार्यों के अतिरिक्त आबकारी निरीक्षकों को कुछ विशेष कार्य भी दिए जा सकते थे[19]—

(1) आबकारी अपराधों की जाँच हेतु विशेष जाँच व निरीक्षण अधिकारी के रूप में, आबकारी निरीक्षक की नियुक्ति एक्साइज इंटेलिजेंस ब्यूरो में की जा सकती थी।

(2) आबकारी कमिश्नर के निरीक्षण दल में विशेष जाँच अधिकारी के रूप में भी आबकारी निरीक्षक को कार्य करना होता था।

(3) इसके अतिरिक्त आबकारी से सम्बन्धित गम्भीर अपराधों की जाँच आदि हेतु भी इन्हें नियुक्त किया जा सकता था।

आबकारी निरीक्षकों के लिए कार्यक्षेत्रों का निर्धारण आबकारी आयुक्त द्वारा ही किए जाने का प्रावधान रखा गया था। सम्बन्धित जाँच तथा रोक-थाम कार्यों के लिए विशेष आबकारी निरीक्षक की नियुक्ति की जा सकती थी। ऐसे निरीक्षकों का यह कर्तव्य था कि वह आबकारी व्यवस्था तथा क्षेत्र-विशेष में लागू प्रणाली के सूक्ष्मता से निरीक्षण के साथ-साथ आबकारी कानूनों के उल्लंघन की कड़ाई से जाँच करें। आबकारी नीति को लागू करने में आई कमियों को सामने लाना तथा उसमें आवश्यक सुधारों हेतु सुझाव देना भी विशेष सेवा में नियुक्त आबकारी निरीक्षक का कार्य था।[20]

आबकारी प्रशासन का महत्त्वपूर्ण अंग होने के बाद भी आबकारी निरीक्षक आबकारी राजस्व एकत्र करने सम्बन्धी मामलों से सीधे सम्बन्धित न थे फिर भी इन प्रक्रियाओं में पूर्ण निगरानी रखना तथा राजस्व एकत्र करने या उसके निर्धारण में हुई त्रुटियों की सूचना जिला आबकारी अधिकारी या सम्बन्धित अधिकारी को देना उसका कार्य था।[21] नशीले पदार्थों के व्यापार तथा उत्पादन हेतु जारी किए गए लाइसेंसों के विवरणों तथा तहसीलों में रखे गए आबकारी प्रशासन सम्बन्धी विवरणों का निरीक्षण करने का अधिकार भी आबकारी निरीक्षक को दिया गया था। समय-समय पर आबकारी दुकानों का निरीक्षण इनके निर्धारित कार्यक्रमों का एक मुख्य भाग था।[22] बंधित गोदामों में नियुक्त आबकारी निरीक्षकों का यह प्रथम कर्तव्य था कि वे इस बात की जाँच करते रहें कि गोदामों से व्यापार हेतु जारी किए जाने वाले नशीले पदार्थों में निर्धा-रित ड्यूटी दी गई है या नहीं।[23] उन क्षेत्रों में जहाँ भाँग उत्पादन हेतु लाइसेंस या इसका अधिकार दिया गया था, आबकारी निरीक्षक को अवैध उत्पादन या भाँग के अन्य रूपों—गाँजा, चरस आदि के उत्पादन तथा व्यापार में कड़ी निगरानी रखना आवश्यक था।[24] आबकारी निरीक्षक हेतु निर्धारित इन विभिन्न कार्यों से यह स्पष्ट था कि यह अधिकारी प्रशासन को संगठित तथा

सुव्यवस्थित बनाए रखने में अपनी महत्त्वपूर्ण भूमिका निभाता था। यह स्पष्ट है कि कुमाऊँ में आबकारी निरीक्षक ही समस्त आबकारी प्रशासन के असली आधार थे। एक ओर ये प्रांत या जिले के अधिकारियों से प्रत्यक्ष रूप से जुड़े थे दूसरी ओर अपने से निचली श्रेणी के आबकारी कर्मचारियों का नियंत्रण इनके हाथ में था।

(य) आबकारी लिपिक

आबकारी प्रशासन तंत्र में अगला क्रम आबकारी लिपिक का था। हालाँकि यह कर्मचारी आबकारी प्रशासनिक व्यवस्था तथा उसके सीधे नियंत्रण से सम्बन्धित न था परंतु इनके विवरणों, लेखे-जोखे आदि को बनाए रखने का उत्तरदायित्व आबकारी लिपिक का ही था। आबकारी लिपिकों को निम्न कार्यालयों में नियुक्त किया जाता था[25]—

(1) आबकारी कमिश्नर कार्यालय,
(2) सहायक आबकारी कमिश्नर कार्यालय,
(3) प्रत्येक डिस्टलरी में,
(4) कुछ बंधित गोदामों में,
(5) कुछ जिला कार्यालयों में, तथा
(6) आबकारी अधीक्षक कार्यालय में।

आबकारी लिपिकों के कार्यों, नियुक्ति, स्थानांतरण, पदोन्नति सम्बन्धी मामलों का पूर्ण अधिकार कमिश्नर के पास था। केवल दंडित करने की शक्तियाँ सहायक आबकारी आयुक्त को दी गई थीं। आबकारी डिस्टलरियों या बंधित गोदाम में नियुक्त आबकारी लिपिकों को सम्बन्धित आबकारी निरीक्षकों के नियंत्रण में रखा गया था। इसी भाँति अन्य कार्यालयों में भी आबकारी लिपिकों को उच्च अधिकारियों के नियंत्रण में रखा गया था। डिस्टलरियों तथा बंधित गोदामों में नियुक्त आबकारी लिपिकों को डिस्टलरी से सम्बन्धित सभी विषयों के यथोचित विवरण बनाने तथा जिला आबकारी अधिकारी या कलक्टर द्वारा आवंटित कार्यों को करना होता था। आबकारी लिपिक को प्रशासनिक अधिकार नहीं दिए गए थे। कुमाऊँ में ये लिपिक जिला कार्यालय या बंधित गोदाम से सम्बद्ध थे।[26]

(र) आबकारी चपरासी

आबकारी प्रशासन तंत्र में सबसे नीचे आबकारी चपरासी था। इनकी नियुक्ति डिस्टलरी या बंधित गोदामों में, सहायक आबकारी कमिश्नर कार्यालय तथा

आबकारी अधीक्षक कार्यालय में की जाती थी।

यह उल्लेखनीय है कि कार्यालय व्यवस्था के अतिरिक्त इन कर्मचारियों को नशीले पदार्थों के अवैध उत्पादन तथा व्यापार सम्बन्धी मामलों पर निगरानी के साथ जाँच-पड़ताल तथा रोकथाम का कार्य दिया जाता था।[27]

(ल) आबकारी इंटेलीजेंस ब्यूरो

आबकारी विभाग के उक्त विभिन्न प्रशासनिक अधिकारियों के अतिरिक्त आबकारी व्यवस्था पर नियंत्रण बनाए रखने हेतु विशेष आबकारी जाँच दल भी गठित किया गया था। यह दल आबकारी इंटेलीजेंस ब्यूरो कहलाता था। यह शाखा सहायक आबकारी कमिश्नर के अधीन रखी गई थी लेकिन इसका मुख्यालय आबकारी आयुक्त कार्यालय था। आबकारी इंटेलीजेंस ब्यूरो में एक आबकारी निरीक्षक (कार्यालय) के अतिरिक्त दो और निरीक्षकों की नियुक्ति की गई थी। इस संगठन के विभिन्न अधिकारियों तथा कर्मचारियों को सम्पूर्ण प्रांत में आबकारी विषयों की जाँच व निरीक्षण का अधिकार दिया गया था। आबकारी इंटेलीजेंस ब्यूरो के सभी अधिकारियों को आबकारी प्रशासन के अन्य अधिकारियों की भाँति दुकानों के निरीक्षण, आबकारी अपराधियों को गिरफ्तार करने आदि की शक्तियाँ दी गई थी। वस्तुतः इस संगठन का मुख्य कार्य आबकारी राजस्व के यथोचित संकलन पर निगरानी व नशीले पदार्थों की तस्करी को रोकने के साथ-साथ आबकारी नियमों के विरुद्ध किए जा रहे कार्यों की रोकथाम करना था। आबकारी अपराधियों की सरलता से जाँच-पड़ताल हेतु विशेष अपराधियों की फोटो का संकलन किए जाने की व्यवस्था भी की गई ताकि आबकारी अपराधों में लगातार संलग्न रहने वाले व्यक्तियों की सरलता से पहकी जा सके।[28]

आबकारी इंटेलीजेंस ब्यूरो के कार्यस्वरूप को देखते हुए यह कहा जा सकता है कि इसका उद्देश्य जाँच कार्यों में निगरानी के साथ-साथ विभागीय अधिकारियों के विरुद्ध आई शिकायतों की जाँच करना तथा आबकारी राजस्व की हानि को रोकने हेतु आबकारी प्रशासन की कार्य-क्षमता को बढ़ाने का प्रयास करना भी था। औपनिवेशिक आबकारी प्रशासन तंत्र के विभिन्न घटकों तथा उनके कार्यस्वरूप के विश्लेषण से यह तथ्य सामने आते हैं कि एक सामान्य प्रशासनिक व्यवस्था से आरम्भ हुए इस तंत्र का बीसवीं सदी के आरम्भिक दशकों में जो जटिल स्वरूप उभरा, उसका लक्ष्य मुख्यतः औपनिवेशिक नीतियों को लागू करना तथा उनके हितों को बनाए रखना अधिक था। आबकारी कमिश्नर से लेकर आबकारी निरीक्षक तक सभी अधिकारियों को आबकारी नीति, इसके क्रियान्वयन तथा नियंत्रण सम्बन्धी अधिकार तो दिए गए थे लेकिन

राजस्व सम्बन्धी मामलों को इस शाखा के अधिकार-क्षेत्र से बाहर रखा गया था।

3. भू-राजस्व विभाग और आबकारी

आबकारी प्रशासन की दूसरी महत्त्वपूर्ण शाखा थी—भू-राजस्व विभाग। वस्तुतः आबकारी प्रशासन के आरम्भ से ही भू-राजस्व विभाग इस प्रशासन से जुड़ा था। ईस्ट इंडिया कम्पनी काल में आबकारी सम्बन्धी समस्त व्यवस्था भू-राजस्व विभाग के हाथ में थी। 1862 में पहली बार आबकारी कमिश्नर की नियुक्ति तथा 1906 के बाद स्वतंत्र आबकारी प्रशासन तंत्र के गठन के बाद भू-राजस्व विभाग को दी गई आबकारी प्रशासन सम्बन्धित शक्तियाँ कम कर दी गईं। तथापि राजस्व सम्बन्धी विषय अभी भी भू-राजस्व विभाग के पास ही रहे। आबकारी प्रशासन की दृष्टि से इस विभाग का नियंत्रण निम्न क्रम में था—

(क) कमिश्नर

विभिन्न मंडलीय कमिश्नरों को यद्यपि आंतरिक आबकारी प्रशासन के सीधे नियंत्रण में शामिल नहीं किया गया था फिर भी अपने डिवीजन में आबकारी प्रशासनिक व्यवस्था को सुचारु तथा सुव्यवस्थित बनाए रखने हेतु सामान्य निर्देशन व नियंत्रण का अधिकार इन्हें दिया गया था। कमिश्नरों से यह अपेक्षा की जाती थी कि वे प्रशासनिक पंगुता पर ध्यान दें तथा उन्हें दूर करने हेतु आवश्यक सुधार हेतु सुझाव भी दें। आबकारी प्रशासन की प्रगति सम्बन्धी जिला तथा मंडलीय वार्षिक प्रगति रिपोर्टों और बंदोबस्ती रिपोर्टों के साथ-साथ कलक्टरों द्वारा आबकारी नीति तथा व्यवस्था सम्बन्धी प्रस्ताव कमिश्नर के माध्यम से ही आबकारी कमिश्नर तक भेजे जा सकते थे। आबकारी व्यवस्था में परिवर्तन लाने या आबकारी नीति के क्रियान्वयन में आ रही परेशानियों के कारण फेरबदल हेतु जिला कलक्टरों या अन्य अधिकारियों को सम्बन्धित कमिश्नर से परामर्श लेना आवश्यक था। कलक्टरों के लिए यह व्यवस्था की गई कि यदि वे आबकारी कमिश्नर द्वारा निर्गत नियमों को अपने जिले हेतु अनुपयुक्त समझें तो उसे कमिश्नर को अग्रसारित कर सकते हैं। साथ ही यदि कमिश्नर, कलक्टर के उक्त प्रस्ताव से सहमत हो तो वह इस विषय को प्रांतीय सरकार के पास भेज सकता था। इस तरह स्पष्ट है कि आबकारी के सामान्य प्रशासन में अभी भी कमिश्नर का नियंत्रण बनाए रखा गया था।[29] यहाँ पर यह बताना उचित होगा कि 1925 तक कुमाऊँ के कमिश्नर की स्थिति शेष प्रांतीय कमिश्नरों से भिन्न थी क्योंकि तब तक यह गैर आयनी क्षेत्र था।

(ख) जिला कलक्टर

कमिश्नर के पश्चात् आबकारी प्रशासन में कलक्टर का स्थान था। जिले में आबकारी व्यवस्था के सामान्य प्रशासनिक नियंत्रण तथा निर्देशन, विशेष रूप से वित्तीय नीति तथा आबकारी अपराधों की रोकथाम और दंड के सम्बन्ध में निर्गत आदेशों को लागू करवाने का पूर्ण उत्तरदायित्व कलक्टर का था।[30] कलक्टर को यह विशेषाधिकार था कि वह अपने जिले में आबकारी सम्बन्धी अपने अधिकारों को सहायक कलक्टर, उप कलक्टर या परगनाधिकारियों को दे सकता था या इन अधिकारियों को जिला आबकारी अधिकारी के रूप में नियुक्त कर सकता था। इतना ही नहीं बल्कि कलक्टर अपने आबकारी सम्बन्धी अधिकारों को तहसीलदार की श्रेणी के अधिकारियों को भी दे सकता था।

किसी भी जिले में आबकारी सलाहकारिणी समिति तथा लाइसेंसिग बोर्ड को दी गई शक्तियों के सम्बन्ध में जिला कलक्टर की निम्न जिम्मेदारियाँ थीं—

1. अपने जिले में आबकारी दुकानों की संख्या तथा दुकानों का स्थान निर्धारण,
2. लाइसेंसधारियों का चयन,
3. नशीले पदार्थों के व्यापार हेतु जारी लाइसेंसों का नवीनीकरण या निरस्तीकरण,
4. नशीले पदार्थों के लिए लाइसेंसधारियों द्वारा अपनायी जा रही नीति या व्यवस्था में नियंत्रण.
5. अपने जिले में आबकारी राजस्व तथा आबकारी प्रणालियों आदि सम्बन्धी विवरण तैयार करवाना,
6. आबकारी सहकारिणी समिति तथा लाइसेंसिग बोर्ड सम्बन्धी मामले,
7. जिला स्तरीय आबकारी प्रशासन के सभी न्यायिक मामले,
8. आबकारी प्रशासन को सुसंगठित तथा सुव्यवस्थित बनाए रखने हेतु आबकारी निरीक्षकों का अन्य अधिकारियों/कर्मचारियों द्वारा किए गए विशेष कार्यों के लिए पुरस्कारों का निर्धारण,
9. लाइसेंस शुल्क एकत्र करवाना,
10. अपने कार्यक्षेत्र में राजस्व पुलिस, सामान्य पुलिस की आबकारी सम्बन्धी जांच पड़ताल पर नियंत्रण के साथ-साथ वित्तीय मामलों का निर्धारण तथा संचालन।

आबकारी व्यवस्था में यह प्रावधान भी किया गया था कि आबकारी नीति तथा प्रशासन में जब आवश्यक हो, कलक्टर सहायक आबकारी आयुक्त से

परामर्श लेगा। उन जिलों में, जो सहायक आबकारी आयुक्त के अधिकार-क्षेत्र में नहीं रखे गए थे, कलक्टर को ही आबकारी निरीक्षकों की नियुक्ति तथा कार्यों के आवंटन का अधिकार था।

कलक्टर से यह भी आशा की जाती थी कि वह आबकारी राजस्व की कुल माँग तथा जमा राजस्व सम्बन्धी विवरणों का, जो जिला कार्यालय या तहसीलों में रखे गए हैं भी निरीक्षण करेगा। आबकारी व्यवस्थाओं सम्बन्धी त्रैमासिक रिपोर्टों का निरीक्षण कलक्टर का उत्तरदायित्व था। यहाँ यह उल्लेख करना प्रासंगिक होगा कि साधारणतः आबकारी प्रशासन सम्बन्धी विषयों पर कलक्टर को सहायक आबकारी आयुक्त से परामर्श लेनी होती थी, परंतु विशेष परिस्थितियों में उसे स्व-विवेक से निर्णय लेने तथा आदेश देने का अधिकार दिया गया था। आबकारी प्रशासन से सम्बन्धित विषयों पर पुलिस या किसी आबकारी कर्मचारी या अपराधी के लापरवाही बरतने पर कलक्टर किसी के विरुद्ध कदम उठा सकता था। कलक्टर भू-राजस्व विभाग के किसी ऐसे अधिकारी को जो लगभग 5 वर्षों से आबकारी प्रशासन से सम्बद्ध रहा हो, आबकारी अधिकारी के रूप में नियुक्त कर सकता था। यदि ऐसे अधिकारियों को निर्धारित वर्षों का अनुभव न हो तो इस नियुक्ति के लिए कलक्टर को आबकारी आयुक्त से संस्तुति लेना आवश्यक था। मूलतः राजस्व विभाग से लिया गया यह अधिकारी जिला आबकारी अधिकारी कहलाता था। किसी जिले में आबकारी अधिकारी की नियुक्ति का अभिप्राय उक्त प्रशासनिक इकाई के शेष अधिकारियों का आबकारी प्रशासन तंत्र से उत्तरदायित्व समाप्त हो जाना न था, वास्तव में इन अधिकारियों के अधिकार तथा उत्तरदायित्व तब भी पूर्ववत् बने रहे।[31] इस प्रकार यह स्पष्ट है कि किसी जिले में आबकारी प्रशासन से सम्बद्ध शक्तिशाली तथा प्रमुख अधिकारी कलक्टर ही था। जिला प्रशासन के साथ-साथ आबकारी प्रशासन पर उसका प्रत्यक्ष नियंत्रण था।

(ग) तहसीलदार

आबकारी प्रशासनिक व्यवस्था से सम्बद्ध भू-राजस्व विभाग के अधिकारियों के क्रम में अंतिम तहसीलदार था। यह अधिकारी प्रशासनिक शक्तियों में जिला आबकारी अधिकारी की ही भाँति था परंतु इसका मुख्य कार्य निर्धारित आबकारी राजस्व को एकत्र करना था। साथ ही उसे आबकारी सम्बन्धी अवैध व्यापार तथा अपराधों की जाँच और रोकथाम का पूर्ण अधिकार था। आबकारी प्रशासन के संगठन, सुव्यवस्था की प्रगति तथा नशीले पदार्थों की खपत, वैध-अवैध व्यापार अपराधों के नियंत्रण हेतु तहसीलदार प्रतिमाह कलक्टर को आबकारी प्रशासनिक रिपोर्ट देता था। तहसीलदार को अपने क्षेत्र में आबकारी

दुकानों के निरीक्षण तथा उसकी कार्य-पद्धति की जाँच हेतु विशेष शक्तियाँ दी गई थीं। तहसीलदार का यह विशेष दायित्व था कि वह स्थानीय आबकारी दुकानों के संदर्भ में विशेष जानकारी रखे ताकि उन दुकानों का उचित प्रबंध किया जा सके। मुख्यतः लाइसेंसधारी विक्रेताओं के स्थानीय जनता से सम्बन्धों, व्यक्तिगत चरित्र तथा आबकारी नीति के क्रियान्वयन को लेकर उसे विशेष निगरानी रखनी आवश्यक थी। इन अधिकारियों के अतिरिक्त पटवारी, कानूनगो आदि भी प्रत्यक्ष अथवा अप्रत्यक्ष रूप में आबकारी प्रशासन से जुड़े हुए थे।[32]

4. पुलिस और आबकारी

आबकारी प्रशासन हेतु तीसरी प्रशाखा थी पुलिस विभाग। इस विभाग का कार्य मूलतः आबकारी अपराधों तथा व्यापार में नियंत्रण बनाए रखना था। 1910 में कांट्रेक्ट प्रणाली व उससे पूर्व प्रचलित डिस्टलरी प्रणाली के दौर में तो डिस्टलरियों में शराब पुलिस के संरक्षण में बनाई जाती थी।[33] यह उल्लेखनीय है कि यद्यपि आबकारी अपराधों की रोकथाम हेतु आबकारी प्रशासन को विशेष अधिकार प्राप्त थे तथापि पुलिस को आबकारी सम्बन्धी अभियोग चलाने तथा अपराधों की जाँच का विशेष दायित्व दिया गया था। लेकिन पुलिस उक्त कर्तव्यों का निर्वाह करने हेतु एजेंट मात्र थी। पुलिस विभाग के उन सभी अधिकारियों को जो थानाध्यक्ष की श्रेणी से उच्च पदों पर थे, नशीले पदार्थों के उत्पादन तथा व्यापार के स्थानों का निरीक्षण करने का पूर्ण अधिकार था। 1917 में पुलिस महानिरीक्षक द्वारा आबकारी व्यवस्थाओं पर सशक्त नियंत्रण बनाए रखने के उद्देश्य से यह स्वीकार किया गया था कि यदि जिला आबकारी अधिकारी तथा पुलिस अधीक्षक को आपत्ति न हो तो आबकारी रोकथाम दल द्वारा पकड़े गए आबकारी अपराधों आदि के मामलों में पुलिस हस्तक्षेप कर उचित जाँच-पड़ताल करेगी। अतः जब किसी पर आबकारी सम्बन्धी अभियोग लगा हो तो उक्त परिस्थितियों में आबकारी निरीक्षक, उप निरीक्षक तथा आबकारी विभाग के अधिकारियों को जिला मजिस्ट्रेट तथा पुलिस अधीक्षक से सम्पर्क करना आवश्यक था ताकि उक्त पुलिस अधिकारियों की सहायता ली जा सके।

पुलिस थाने के अधिकारियों को आबकारी विषयों पर यह भी अधिकार दिया गया था कि वह ऐसे किसी व्यक्ति को अपनी हिरासत में रख सकते हैं जो आबकारी अधिकारियों द्वारा पकड़ा गया हो। पुलिस का यह भी दायित्व था कि वह पकड़े गए नशीले पदार्थों को अधिग्रहीत भी कर ले। आबकारी प्रशासन को सुव्यवस्थित बनाए रखने हेतु आबकारी तथा पुलिस प्रशासन को

परस्पर सहयोग द्वारा अपराधों की जाँच करना आवश्यक था। आपसी सहयोग न होने पर सम्बन्धित अधिकारी या कर्मचारी दंडित भी किए जा सकते थे।[34]

1924 में प्रांतीय सरकार ने एक प्रस्ताव पारित कर ग्राम प्रधानों को भी आबकारी सम्बन्धी आंशिक अधिकार दिए थे। ये अधिकार मुख्यतः नशीले पदार्थों के अवैध व्यापार पर नियंत्रण लगाने के उद्देश्य से दिए गए थे। गांव के मुखिया का यह कर्तव्य था कि वह उन अपराधों की सूचना, जो उसके नियंत्रण से बाहर हों, आबकारी अधिकारी या किसी अन्य अधिकारी को दें।[35]

ग्राम प्रधान के अतिरिक्त आबकारी अपराधों विशेषतः नशीले पदार्थों के अवैध उत्पादन तथा व्यापार पर नियंत्रण स्थापित करने हेतु ग्राम चौकीदारों को भी कुछ अधिकार दिए गए थे। वस्तुतः अवैध उत्पादन तथा व्यापार की यह प्रक्रिया बिना चौकीदार, भू-स्वामी, ग्राम प्रधान की जानकारी में लाए बिना अधिक लम्बे समय तक नहीं चलाई जा सकती थी। अतः उन सभी मामलों, जो अवैध उत्पादन या व्यापार से सम्बन्धित थे, पर नियंत्रण स्थापित करने का पूर्ण उत्तरदायित्व ग्राम प्रधान या चौकीदार का था।[36]

आबकारी प्रशासन की शुरुआत इसके विकास के विभिन्न चरणों को देखते हुए संक्षेप में यह कहा जा सकता है कि आबकारी तंत्र समय और स्थितियों के अनुसार यद्यपि बदलता रहा लेकिन उसका पूरी तरह स्वतंत्र रूप नहीं उभर सका। एक ओर उसे सामान्य प्रशासन और राजस्व विभाग से प्रत्यक्षतः जुड़ा रहना पड़ा तो वहीं दूसरी ओर पुलिस पर भी उसकी निर्भरता बनी रही। हालांकि जरूरत पड़ने पर उसने अपने अधिकारियों-कर्मचारियों की संख्या व शक्ति को बढ़ाया था। यदि इस संदर्भ में कुमाऊँ में आबकारी प्रशासनिक ढांचे पर दृष्टि केंद्रित करें तो यह स्पष्ट होता है कि सम्पूर्ण संयुक्त प्रांत का (1902 से पूर्व पश्चिमोत्तर प्रांत) कुमाऊँ एक छोटा और दूरस्थ भाग था। ईस्ट इंडिया कम्पनी काल में यहाँ आबकारी प्रशासन तंत्र खड़ा नहीं था और यह प्रशासन सामान्य प्रशासन से जुड़ा था। संख्या के लिहाज से आबकारी विभाग का इस क्षेत्र में अपेक्षाकृत संक्षिप्त रूप ही था परंतु प्रांतीय स्तर पर आबकारी प्रशासन तंत्र में हुए परिवर्तनों से कुमाऊँ अछूता नहीं रहा। यह उल्लेखनीय है कि आजादी के बाद का आबकारी प्रशासन तंत्र भी बड़ी सीमा तक अपने पूर्ववर्ती प्रशासन का वंशज ही बना रहा है। कदाचित् इस तंत्र के बड़े न हो पाने का कारण आज की तरह नशाबंदी या मद्य निषेध जैसे कार्यों का राज्य-व्यवस्था द्वारा जारी न किया जाना भी था। हालांकि तब भी सरकार प्रेरित टेंपरेस सोसाइटियाँ गठित की गई थीं लेकिन इनका स्वरूप और ढांचा गैर सरकारी था। यहाँ पर यह बताना भी उचित होगा कि अधिकारियों/कर्मचारियों की

संख्या के अनुसार छोटा होने पर भी आबकारी विभाग सरकार को पर्याप्त राजस्व उपलब्ध कराता था।

संदर्भ

1. शाह, के० टी० : सिक्सटी ईयर्स आफ इंडियन फाइनेंस, पृ० 264,
   वैष्णव, यमुनादत्त 'अशोक' : मद्य निषेध, पृ० 3
2. रिपोर्ट ऑन एक्साइज एडमिनिस्ट्रेशन ऑफ नार्थ वेस्टर्न प्रोविंस, आगरा एंड अवध, 1863-64
   वैष्णव, यमुनादत्त 'अशोक' : मद्य निषेध, पृ० 3
3. नेविल, एच० आर० : नैनीताल ए गजेटियर, पृ० 171
4. रिपोर्ट ऑफ यूनाइटेड प्रोविंस एक्साइज कांफ्रेंस 1924-25, पृ० 18
5. उक्त
6. पत्र संख्या 4623, आबकारी फाइल संख्या 65/1911
7. पत्र संख्या 3975/चार, 28, आबकारी फाइल 65/1911
8. एक्साइज मैनुअल, वा० एक, सैक्शन—आठ, पृ० 47
9. उक्त
10. उक्त
11. एक्साइज मैनुअल, वा० एक, सैक्शन आठ, पृ० 49
12. उक्त, पृ० 59
13. रिपोर्ट ऑफ एक्साइज कमेटी ऑफ यूनाइटेड प्रोविंस, 1921, पृ० 21
14. उक्त
15. एक्साइज मैनुअल, वा० एक, पृ० 59
16. उक्त, पृ० 60
17. आबकारी फाइल संख्या 17
18. एक्साइज मैनुअल, वा० एक, पृ० 62-63
19. उक्त, पृ० 63
20. उक्त, पृ० 63
21. उक्त, पृ० 63
22. एक्साइज मैनुअल, वाल्यूम-1, पृ० 69
23. एक्साइज मैनुअल, पैरा-122, पृ० 69
24. उक्त, पैरा-120, पृ० 69
25. उक्त, पैरा-120, पृ० 69
26. उक्त, पृ० 70

27. उक्त
28. एक्साइज मैनुअल, वा०-1, सैक्शन चौबीस, पृ० 104
29. उक्त, सैक्शन नौ, पृ० 51, पैरा 59
30. उक्त, पैरा 60, पृ० 51
31. उक्त, पैरा 61-65, पृ० 52
32. उक्त, पैरा 66, 69, पृ० 52-53
33. वैष्णव, यमुनादत्त, 'अशोक' : मद्य निषेध, पृ० 8
34. एक्साइज मैनुअल, वाल्यूम- 1, सैक्शन दस, पृ० 53
35. उक्त, पैरा 75, पृ० 54
36. उक्त, पैरा 76, पृ० 54

निष्कर्ष

भारत में औपनिवेशिक सत्ता के आगमन के साथ यहाँ के सामाजिक-आर्थिक ढाँचे तथा राजनैतिक व्यवस्था में परिवर्तन का क्रम आरम्भ हुआ। जहाँ एक ओर राजनैतिक प्रशासनिक ढांचे को बदलने की शुरुआत हुई वहीं दूसरी ओर अर्थ-व्यवस्था के विविध घटकों के नए-नए रूप उभरने लगे। भारत के क्रमशः पूर्ण उपनिवेश में बदलते जाने के साथ-साथ अधिकाधिक मुनाफे हेतु एक ओर औपनिवेशिक नीतियों में जरूरत भर परिवर्तन किया गया तथा दूसरी ओर संघर्ष का सिलसिला भी शुरू हुआ। यह औपनिवेशिक हस्तक्षेप अर्थ-प्रेरित था। यही कारण था कि इस दौर में अधिकाधिक शोषण हेतु अनेक घिनौने माध्यम उभरकर सामने आए।

इसी क्रम में पहली बार आबकारी के रूप में नशीले पदार्थों को राज्य की कराधान प्रणाली का अंग बनाया गया। इस माध्यम से अधिकाधिक राजस्व सुरक्षित करने हेतु— औपनिवेशिक काल में नई-नई पद्धतियाँ तथा कानून लागू किए जाते रहे। परिवर्तन और शोषण की ये प्रक्रियाएँ उपनिवेश के कुछ भागों तक सीमित न होकर नव अधिगृहीत क्षेत्रों में भी विकसित हो रही थीं। औपनिवेशिक नीतियों के संदर्भ में यदि तत्कालीन कुमाऊँ में दृष्टि केंद्रित करें तो यहाँ भी आबकारी नीति तथा व्यवस्था के आरम्भ और विकास की प्रक्रिया औपनिवेशिक आधिपत्य के साथ ही दीखती है।

कुमाऊँ में कम्पनी शासन ने अपनी पकड़ मजबूत करने के साथ-साथ आबकारी के बीज बोने भी आरम्भ किए। यद्यपि कुमाऊँ में ईस्ट इंडिया कम्पनी की 42 वर्षीय शासनावधि में आबकारी हेतु कोई विशेष नियम या व्यवस्था स्थापित नहीं की गई थी तथापि यह विषय औपनिवेशिक विस्तार तथा विकास प्रक्रिया में प्राथमिक महत्त्व का बना रहा। नशीले पदार्थों का उत्पादन-व्यापार का प्रयास अब एक ऐसे समाज में किया जा रहा था जहाँ इसे सहजता से नहीं

स्वीकारा जा सकता था। कम्पनी काल में आर्थिक शोषण के इस साधन का आरम्भिक विकास जहाँ एक ओर विभिन्न सरकारी विभागों की स्थापना, सैनिक छावनियों के माध्यम से आ रही यूरोपीय आबादी से जुड़ा वहीं दूसरी ओर कालांतर में विकसित हुए कस्बों, हिल स्टेशनों ने इस प्रक्रिया को अतिरिक्त गति दी। यह उल्लेखनीय है कि यद्यपि इस सम्पूर्ण दौर में आबकारी नीति तथा प्रशासन का कोई विशिष्ट स्वरूप नहीं उभरा और आबकारी व्यवस्था के संगठित विकास की गति मध्यम ही बनी रही तथापि आबकारी को अधिकाधिक लाभकारी बनाने के प्रयासों में किसी तरह की ढील नहीं दी गई।

1858 में कम्पनी शासन की समाप्ति और ब्रिटिश सत्ता के मजबूती से स्थापित हो जाने के साथ ही नशीले पदार्थों के उत्पादन तथा व्यापार के माध्यम से आर्थिक शोषण की दूसरी व्यवस्था आरम्भ हुई। कम्पनी शासन के समाप्त हो जाने के बाद आबकारी हेतु कोई अलग नीतियाँ विकसित या आरम्भ नहीं की गईं बल्कि पूर्व निर्धारित नीतियों को ही आबकारी का आधार बनाया गया था। लेकिन आबकारी प्रशासन में अनेक परिवर्तन लाए गए। आबकारी करों की दर में लगातार वृद्धि तथा नशीले पदार्थों के उन्मुक्त व्यापार के परिणामस्वरूप जहाँ एक ओर आबकारी राजस्व की राशि असाधारण गति से बढ़ी वहीं दूसरी ओर नशीले पदार्थों का प्रसार व प्रचलन अब नगरों-छावनियों और कस्बों से आसपास के ग्रामीण इलाकों की ओर भी होने लगा था। एक ओर लगातार स्थापित हो रहे सरकारी विभागों ने यूरोपीय आबादी के दबाव को बढ़ाया, दूसरी ओर इस नवागत सभ्यता ने स्थानीय सामाजिक-सांस्कृतिक आदर्शों को तोड़ देशी समाज को पाश्चात्य प्रवाह में बहने को प्रेरित किया। फलस्वरूप इस क्षेत्र में एक ऐसा समुदाय उभरा जो देशी होते हुए भी अपनी मानसिकता में पूर्णतः अंग्रेज था। इस संस्कृति का प्रथम प्रभाव नशीले पदार्थों के स्थानीय समाज में प्रचलन के रूप में दिखा। धीरे-धीरे इस संस्कृति के फैलाव व नशीले पदार्थों के बढ़ते व्यापार के साथ ही आबकारी प्रशासन तंत्र का विस्तार भी होता चला गया। 1898 के बाद अधिकाधिक लाभ की सम्भावनाओं को देखते हुए नशीले पदार्थों के उत्पादन तथा व्यापार की पुरानी व्यवस्था को समाप्त कर आउटस्टिल के रूप से नई प्रणाली आरम्भ की गई। यह व्यवस्था जहाँ एक ओर औपनिवेशिक-हित साधन में सफल रही वहीं दूसरी ओर व्यक्तिगत लाभ के आकर्षण से प्रेरित फार्मरों-ठेकेदारों ने इसके माध्यम से स्थानीय सामाजिक स्थिति तथा मानवीय मूल्यों को ताक में रखकर अनियंत्रित व्यापार तथा नशे के विस्तार का भरपूर प्रयास किया। इस हेतु प्रशासनिक व्यवस्था में भी परिवर्तन लाया गया। 1862 में पहली बार पूरे प्रांतीय आबकारी प्रशासन पर नियंत्रण हेतु आबकारी कमिश्नर की नियुक्ति की गई। इस व्यवस्था का उद्देश्य

आबकारी नीतियों का समुचित व सुव्यवस्थित क्रियान्वयन करना था। 1894 में कुमाऊँ हेतु विशेष आबकारी निरीक्षक की नियुक्ति भी इस दिशा में एक और कदम था।

बीसवीं शताब्दी के प्रथम दशक में आबकारी नीति तथा व्यवस्था के पुनर्निरीक्षण हेतु गठित आबकारी कमेटी (1905) के सुझावों के आधार पर आबकारी तंत्र को और मजबूत व जटिल बनाने तथा नई आर्थिक परिस्थितियों के अनुकूल ढालने के उद्देश्य से नशीले पदार्थों के उत्पादन तथा व्यापार हेतु नई पद्धति विकसित की गई। आबकारी व्यवस्था के इस विस्तार तथा नशे के बढ़ते प्रचलन के संदर्भ में यह कहना अतिशयोक्तिपूर्ण न होगा कि औपनिवेशिक सरकार ने नशे के साथ सार्वजनिक स्वास्थ्य को कभी भी जोड़कर नहीं देखा और न ही आर्थिक रूप मे कमजोर वर्गों की शिक्षा, चिकित्सा या अन्य अधिकारों की चिंता ही की बल्कि यह व्यवस्था स्थानीय बुर्जुआ वर्ग को सुविधायें देकर शेष समाज का चतुर्दिक शोषण करती रही।

1910 में आवकारी व्यवस्था के स्वरूप में नया मोड़ आया। परिमाणत: आउटस्टिल-डिस्टलरी प्रणालियों को समाप्त कर कान्ट्रेक्ट प्रणाली लागू की गई। इस व्यवस्था द्वारा जहाँ ठेकेदारों, फार्मरों के अधिकारों, व्यक्तिगत मुनाफों की प्रक्रिया को सीमित किया गया वहीं अधिकतम आबकारी राजस्व सुरक्षित करने हेतु दोहरी कर प्रणाली आरम्भ की गई। यह क्रम 1920 तक बना रहा। आबकारी गीति तथा प्रशासन की दृष्टि से यह सम्पूर्ण दौर आबकारी की विकास यात्रा का ऐतिहासिक दौर था। जहाँ एक ओर छावनियों, कस्बों-नगरों में पाश्चात्य सभ्यता से प्रभावित उच्च तथा निम्न, दोनों ही वर्गों में नशीले पदार्थों के प्रचार तथा इस हेतु औपनिवेशिक प्रयासों के कारण इसके प्रसार को रोक पाना असम्भव दिखने लगा था, वहीं दूसरी ओर इस व्यवस्था के विरुद्ध राष्ट्रीय आंदोलन का दबाव भी अब बढ़ने लगा था। अब तक वन विभाग ने धीरे-धीरे स्थानीय लोगों के वनाधिकारों को सीमित कर दिया था। कुली बेगार की शोषक प्रथा का आतंक कस्बों के भद्र समाज पर भी असर करने लगा था। यह भी उल्लेखनीय है कि कुमाऊँ के स्थानीय प्रतिरोधों और राष्ट्रीय स्तर पर हो रही हलचल ने अब कुमाऊँ को एक दूरस्थ कटे इलाके के मुकाबले शेष देश से घनिष्ट रूप से जुड़े इलाके का रूप दे दिया था। यही कारण था कि इस दौर में आबकारी व्यवस्था को स्थानीय सामाजिक प्रतिरोधों को झेलना पड़ा था। प्रथम विश्वयुद्ध के दौरान स्थानीय युवकों के सेना में आ जाने से जहाँ नशीले पदार्थों का प्रचलन असाधारण रूप से बढ़ा वहीं असहयोग आंदोलन के दौर में उठे प्रतिरोधों ने इस प्रसार तथा सरकारी मुनाफे में वृद्धि को बड़ी सीमा तक गिराया। इसी क्रम में पहली बार सामाजिक दबावों से बाध्य सरकार द्वारा

प्रतिबन्ध की कोशिशें भी की गई, लेकिन यह क्रम भी अधिक समय तक नहीं बना रह सका और तीसरे दशक के अंत तक आबकारी व्यवस्था का जाल पुनः बढ़ने लगा। यह विकास आबकारी नीति व व्यवस्था के शोषक स्वरूप का उत्कर्ष था। अतः इसके विरुद्ध एक बार पुनः सामाजिक चेतना तथा विरोध उभरना स्वाभाविक था। 1930 में सविनय अवज्ञा की शुरुआत के साथ ही इस व्यवस्था के विरुद्ध व्यापक विरोध का क्रम आरम्भ हुआ। हालांकि इस दौर में भी यह प्रतिरोध स्वतंत्र जन-आंदोलन का रूप नहीं ले सका था। इसका कारण जहाँ एक ओर 'नशा विरोध' का कांग्रेस की राष्ट्रीय नीति का अंग होना था वहीं दूसरी ओर अनेक स्थानीय प्रतिरोधों की व्यापकता के कारण भी यह क्रम स्वतंत्र विरोध का रूप न ले पाया। स्वतंत्रता से पूर्व अंतरिम सरकारों की स्थापना के समय नशाबंदी के प्रयास किए गए परंतु आर्थिक लाभ के आकर्षण ने इस व्यवस्था को स्थायित्व नहीं दिया और यह तंत्र लगातार विकसित होता चला गया।

आबकारी प्रणाली, व्यवस्था तथा नीति में परिवर्तनों के साथ-साथ आबकारी प्रशासन तंत्र का स्वरूप भी बदलता रहा लेकिन इसका पूरी तरह स्वतंत्र स्वरूप नहीं उभर सका। जहाँ एक ओर इसे सामान्य नागरिक प्रशासन और भू-राजस्व से जुड़ा रहना पड़ा वहीं दूसरी ओर पुलिस पर भी इसकी निर्भरता बनी रही। लेकिन जरूरत पड़ने पर इसने अपनी शक्तियों तथा अपने अधिकारियों-कर्मचारियों की संख्या को अवश्य बढ़ाया। आबकारी कानूनों में हुए अनेक संशोधन भी ज्यादातर इस तंत्र की मजबूती के पक्ष में ही गए। कुमाऊँ यद्यपि संयुक्त प्रांत का छोटा और दूरस्थ भाग था, प्रांतीय स्तर पर आबकारी प्रशासन तंत्र में हुए परिवर्तनों से अछूता नहीं रहा। यह एक महत्त्वपूर्ण तथ्य है कि आजादी के बाद का आबकारी प्रशासन तंत्र भी बड़ी सीमा तक अपने पूर्ववर्ती प्रशासन का वंशज ही बना रहा है।

आबकारी व्यवस्था की शुरुआत—विकास और व्यवसायीकरण के संदर्भ में उक्त तथ्यों से यह स्पष्ट है कि व्यापार और लाभ के उद्देश्य से आई औपनिवेशिक सत्ता ने विशिष्ट भौगोलिक-सांस्कृतिक परिवेश लिए इस क्षेत्र में सामान्य प्रशासनिक व्यवस्था विकसित करने, भूमि बंदोबस्त, वाणिज्य-व्यापार तथा संगठित कराधान प्रणाली लागू करने के साथ-साथ पहली बार नशीले पदार्थों को स्थानीय समाज में प्रविष्ट कर, अंततः उसका वाणिज्यीकरण कर एक ऐसे शोषक तंत्र का क्रमिक संगठन किया जो प्रकारांतर में एक जटिल व्यवस्था व मशीनरी के रूप में उभरा। वस्तुतः भारत-तिब्बत से व्यापार, प्राकृतिक संसाधनों, विशेषतः वनों के दोहन के बाद नशीले पदार्थ ही आय के ऐसे स्रोत थे जिनके उत्पादन तथा व्यापार की इस क्षेत्र में अधिकतम सम्भावना थी और ये सम्भावनाएँ प्रकारांतर में सत्य भी साबित हुईं जब भू-राजस्व के बाद, आब-

कारी राजस्व सरकारी आय का दूसरा प्रमुख स्रोत बना। इस दौर में प्रति व्यक्ति आबकारी राजस्व का अनुमान सहजता से लगाया जा सकता है।

वर्ष	प्रति व्यक्ति आबकारी राजस्व (आनों/रुपयों में)
1889	.125 आना
1906	.13 रुपया
1941	.15 रुपया

नशीले पदार्थों के वाणिज्यीकरण के रूप में उभरी इस शोषक पद्धति का एक पक्ष यह भी था कि जहाँ एक ओर इसने औपनिवेशिक अर्थव्यवस्था को सशक्त आधार दिया वहीं दूसरी ओर इसकी अति व्यापारिकता के कारण स्थानीय सामाजिक, सांस्कृतिक आर्थिक प्रतिमान भी टूटते चले गए। यह एक विडम्बना है कि आबकारी के विरोध के दौर में भी नशे से जुड़े उन अनेक पक्षों को नहीं समझा जा सका जो आजादी के बाद कील की तरह हमारे सामाजिक, आर्थिक जीवन में ठोंक दिए गए हैं और आज भी इस माध्यम से शोषण का औपनिवेनिक स्वरूप बना हुआ है। आज यह सिर्फ क्षेत्र को आर्थिक रूप से निचोड़ने और तीव्रता से नव धनाढ्यों को उभारते चले जाने से ही नहीं जुड़ा है बल्कि इसने सार्वजनिक स्वास्थ्य को असाधारण क्षति पहुँचाई है और औपनिवेशिक शासन से भिन्न आर्थिक-सामाजिक अपराधों को राजनीति की सुरक्षित शरण भी दी है। इस तरह औपनिवेशिक युग में सिर्फ आर्थिक लाभ हेतु बोई गई इस अमरबेल ने आज हमारे समग्र सामाजिक, आर्थिक, सांस्कृतिक और राजनीतिक जीवन को लपेट लिया है।

परिशिष्ट—एक

स्वातंत्र्योत्तर आबकारी नीति

"राज्य अपनी जनता के पोषक भोजन एवं जीवन-निर्वाह के स्तर को ऊँचा करने और सार्वजनिक स्वास्थ्य के सुधार को अपने प्रारंभिक कर्तव्यों में प्रमुख समझेगा और विशेषतया, राज्य यह प्रयत्न करेगा कि नशीली दवाइयों व पेय जो स्वास्थ्य के लिए हानिकारक हैं का प्रयोग, केवल चिकित्सा प्रयोग को छोड़ निषिद्ध हो।"

—भारतीय संविधान (धारा-47)

"प्रदेश के विकास कार्यों हेतु राजस्व अर्जित करने वाले विभागों में आबकारी विभाग का प्रमुख स्थान है। राज्य की राजस्व प्राप्तियों में बिक्री-कर के बाद आबकारी राजस्व की प्राप्तियाँ ही सर्वाधिक हैं।"

—उ० प्र० आबकारी विभाग का
कार्यपूर्ति दिग्दर्शक (1989-90)

औपनिवेशिक शासकों के चले जाने के बावजूद उनके प्रशासन का ढाँचा और बड़ी सीमा तक अनेक नीतियाँ कमोबेश जीवित और जारी रहीं। इस क्रम में यदि राजकीय आय के प्रमुख स्रोत 'आबकारी' के स्वरूप का अध्ययन करें तो यह स्थिति और अधिक स्पष्ट होती है। राष्ट्रीय आंदोलन के दौर में 'औपनिवेशिक आबकारी व्यवस्था' का विरोध तथा मद्य निषेध की माँग इस आंदोलन के अभिन्न कार्यक्रम के रूप में उभरी थी। स्वतंत्रता के बाद कांग्रेस से मद्य निषेध की स्वाभाविक अपेक्षा की गई। अतः सत्ता की बागडोर सँभालने के साथ ही कांग्रेस सरकार ने मद्य निषेध नीति अपनाने की योजना बनाई। भारतीय संविधान की धारा 47 में भी नशीले पदार्थों सम्बन्धी सरकारी दृष्टिकोण व नीति का उल्लेख किया गया था। फलतः अनेक प्रांतों में इस योजना का क्रियान्वयन होने लगा। बम्बई तथा मद्रास में पूर्ण मद्य निषेध की घोषणा

की गई जबकि शेष प्रांतों में धीरे-धीरे मद्य-निषेध लागू करने की नीति को अपनाया गया। इसी क्रम में उत्तर प्रदेश के सात जिलों में एक अप्रैल 1947 से मद्य निषेध लागू कर दिया गया। अगले दो वर्षों में दो अन्य जिलों को इस योजना के अंतर्गत लाया गया। 1950-51 तक उत्तर प्रदेश के 11 जिलों के साथ-साथ हरिद्वार-ऋषिकेश, मथुरा जैसे धार्मिक स्थानों में भी नशाबंदी लागू की जा चुकी थी। 1949-50 में अपने बजट भाषण में तत्कालीन मुख्य मंत्री गोविंद बल्लभ पंत ने आबकारी राजस्व का संदर्भ देते हुए कहा कि अपनी नीतियों के लक्ष्यों को प्राप्त करने में हमारी यह इच्छा है कि हम जहाँ भी मद्य-निषेध करें, यह पूर्ण सफल हो। इतना ही नहीं वरन् नशीले पेयों व दवाओं के अवैध उत्पादन व व्यापार को रोकने हेतु प्रभावी कदम उठाए जाएँ। वस्तुतः सरकार का उद्देश्य 1986 तक सम्पूर्ण प्रांत में पूर्ण मद्य निषेध लागू करने का था। पूर्ण नशाबंदी के समर्थकों का मानना था कि यह प्रक्रिया देश के नियोजित आर्थिक विकास का हिस्सा बने ताकि आर्थिक दृष्टि से कमजोर वर्ग को (यह वर्ग नशीले पदार्थों का मुख्य उपभोक्ता था) नशीले पदार्थों से दूर रखा जा सके। इसी विचार को ध्यान में रखते हुए द्वितीय पंचवर्षीय योजना में मद्य निषेध को स्थान दिया गया।

1962 के आम चुनावों के पश्चात् मद्य निषेध योजना के पुनर्निरीक्षण हेतु राज्यों के मुख्य मंत्रियों की एक बैठक बुलाई गई जिसमें उक्त योजना के तेजी से क्रियान्वयन के साथ उभरे अवैध व्यापार पर रोक हेतु विचार-विमर्श किया गया। इस बैठक की सिफारिशों पर न्यायमूर्ति टेकचंद की अध्यक्षता में एक कमेटी का गठन किया गया। इस समिति ने सुझाव दिया कि 1965-66 तक सम्पूर्ण भारत में नशाबंदी हो जानी चाहिए, लेकिन इसी बीच मद्य निषेध योजना को समाप्त कर दिया गया। फलस्वरूप उन सभी भागों से मद्य निषेध हटा लिया गया। यह उल्लेखनीय है—विगत एक दशक में जबकि प्रांत के अनेक भागों में नशाबंदी लागू की गई थी, कुमाऊँ व गढ़वाल में नशीले पदार्थों का खुला व्यापार प्रचलन में रहा। शराब की दुकानों के ठेके नीलामी द्वारा दिए गए। साथ ही कुछ भागों में सरकार प्रबंधित दुकानें भी खोली गई थीं। 1962 में मद्य निषेध योजना समाप्त हो जाने से ये पर्वतीय क्षेत्र शराबबंदी योजना के अंतर्गत आने से वंचित रहे। आबकारी नीति में लाए गए इन परिवर्तनों के पीछे सरकार का तर्क था कि मद्य निषेध के कारण उन क्षेत्रों में शराब तथा अन्य घटिया नशीले पेयों के अवैध व्यापार में असाधारण वृद्धि होने लगी थी। इस परिवर्तन का एक अन्य कारण भारत-चीन युद्ध से उत्पन्न हुए आर्थिक संकट को देख सरकार की आय को बढ़ाना भी था।

छठे दशक में आबकारी नीतियों में महत्त्वपूर्ण परिवर्तन लाए गए। इन

परिवर्तनों द्वारा नशीली औषधियों का व्यापार प्रतिबंधित कर दिया गया था। 1 अप्रैल 1956 से अफीम के व्यापार हेतु अपनाई जा रही नीलामी प्रणाली को समाप्त कर दिया गया। अब कोई भी व्यक्ति बिना परमिट के अफीम नहीं रख सकता था। इतना ही नहीं अफीम के उपभोक्ताओं की संख्या में नियंत्रण तथा अंततः पूर्ण समाप्ति हेतु केवल उन्हीं लोगों को अफीम बेचे जाने के आदेश दिए गए जिन्हें चिकित्सा प्रमाण पत्र दिए गए थे। अफीम की भाँति चरस व गांजे के व्यापार को भी अवैध घोषित कर दिया गया। केवल परमिटधारी ही इन नशीली औषधियों को रख सकते थे। इस प्रकार औपनिवेशिक आबकारी राजस्व के प्रमुख स्रोतों-शराब, अफीम, गाँजा, चरस, भाँग—में से केवल दो—शराब और भाँग ही इस दौर में राजस्व स्रोत के रूप में उभारे गए।

छठे दशक में जहाँ एक ओर नशीले पेयों का असाधारण प्रसार हुआ वहीं अधिकाधिक राजस्व प्राप्ति हेतु देशी सरकार ने शराब तथा भाँग पर लगने वाले अभिकर (ड्यूटी) में वृद्धि करना आरम्भ कर दिया। फलतः इन वर्षों में आबकारी राजस्व तेजी से बढ़ा। 1967 में पुनः अभिकर से प्राप्त राजस्व में वृद्धि हेतु नई प्रक्रियाएँ अपनाई गईं। इस पद्धति द्वारा बंधित गोदामों से शराब की अधिकाधिक निकासी अनिवार्य कर दी गई। अब तक लाइसेंस शुल्कों में वृद्धि के कारण फुटकर व्यापार के मूल्य बढ़ जाने से खपत में कमी आ गई थी। फलस्वरूप व्यक्तिगत नुकसानों से बचने के लिए ठेकेदार बंधित गोदामों से शराब की निकासी कम कर देते थे। इस प्रकार गिरती खपत तथा बंधित गोदामों से जारी की जाने वाली शराब की मात्रा में कमी तथा आबकारी राजस्व में हानि का स्पष्ट संकेत थी। इस पद्धति द्वारा जहाँ एक ओर अभिकर की दरों में वृद्धि की गई वहीं दूसरी ओर बंधित गोदामों से मादक पेयों की अधिकाधिक निकासी अनिवार्य कर दी गई। नशीले पेयों के इस व्यापार को बनाए रखने का पूर्ण उत्तरदायित्व सम्बंधित बंधित गोदामों के आबकारी निरीक्षकों पर था। इस समय शराब की खपत में कमी होने पर आबकारी निरीक्षकों को चेतावनी दी जाती थी। स्पष्ट है कि जनता को अधिकाधिक नशीले पेय उपलब्ध करा कर अधिकतम राजस्व का सरकार का आकर्षण अभी भी बना था। सरकार ने नशीले पेयों से राजस्व कमाने के लिए शराब उत्पादन को एक प्रतिष्ठित उद्योग का रूप दे डाला। कुमाऊँ में भी देशी-विदेशी शराब की अनेक नई दुकानें खोली गईं। नशे के असाधारण प्रसार के साथ-साथ जहाँ एक ओर जनता की सामाजिकार्थिक स्थितियाँ गम्भीर होती चली गईं वहीं दूसरी ओर अपराध तथा अपराधी प्रवृत्तियों का सिलसिला भी बढ़ता चला गया। इसके दुष्परिणामों को देखते हुए स्थानीय समाज में धीरे-धीरे विरोध के स्वर भी उभरने लगे। छठे दशक के मध्य में उत्तराखंड में नशे के विकसित होते तंत्र तथा शराब के सरकारी ठेकों

के विरुद्ध व्यापक आंदोलन किया गया। प्रांतीय आबकारी नीति के विरुद्ध उठे इन जन-आंदोलन के दबावों से विवश हो अन्ततः उत्तराखंड के तीन सीमावर्ती जिलों—उत्तरकाशी, चमोली व पिथौरागढ़ में 1 अप्रैल 1969 से मद्य-निषेध योजना लागू कर दी गई। लेकिन आंदोलन के ज्वार को दबाया न जा सका और विरोध का यह क्रम जारी रहा। 1970 में उत्तराखंड के दो अन्य जिलों में नशाबंदी लागू कर दी गई। ये जिले टिहरी तथा पौड़ी थे। यह उल्लेख करना प्रासंगिक होगा कि यद्यपि शराब बंदी लागू की गई थी लेकिन यह आंशिक शराब-बंदी थी। वास्तव में ये क्षेत्र मूलतः सूखे (ड्राई) घोषित किए गए थे। पर्वतीय क्षेत्रों में नशीले पदार्थों के व्यापार में लगाया गया यह प्रतिबंध स्थायी नहीं रह सका और 14 अप्रैल 1971 को शराब के व्यापारियों द्वारा इस प्रतिबंध के विरुद्ध दायर याचिका पर निर्णय देते हुए उच्च न्यायालय, इलाहाबाद द्वारा आबकारी कानूनों की शराबबन्दी धारा को अवैध घोषित कर दिया गया। इस प्रकार एक बार पुनः उक्त पाँचों जिलों में नशाबन्दी समाप्त कर देशी तथा अंग्रेजी शराब के व्यापार हेतु लाइसेंस जारी कर दिए गए। लेकिन इन परिवर्तनों के विरोध में उत्तराखंड में एक बार फिर व्यापक लहर उठी और सरकार को अपनी नीति में परिवर्तन लाने हेतु बाध्य होना पड़ा। 1 अप्रैल 1972 से टिहरी, पौड़ी, उत्तरकाशी, चमोली तथा पिथौरागढ़ जिलों को 'ड्राई एरिया' घोषित कर आंशिक मद्य निषेध लागू किया गया। वास्तव में 'ड्राई एरिया' योजना पूर्ण मद्य निषेध की ओर आबकारी नीति का पहला चरण बताया जाता है। इस योजना के अंतर्गत शराब, अफीम या अन्य आबकारी घटकों का व्यापार नहीं किया जा सकता है। केवल अधिकृत लोग ही बहुत अल्प व निश्चित मात्रा में इसे अपने पास रख सकते हैं। इस हेतु सम्बंधित लोगों को परमिट दिए जाते हैं। लेकिन ऐसे क्षेत्रों की सीमाओं से बाहर जाकर लोग अपनी आवश्यकतानुसार नशीले पेयों की खरीद तथा ड्राई एरिया में सीमित मात्रा में लाने में कोई प्रतिबंध नहीं लगाया गया था। यहाँ पर यह उल्लेख करना प्रासगिक होगा कि जनजातियों, एंग्लो-इंडियनों, यूरोपियनों के साथ-साथ सैनिकों को मद्य निषेध योजना के नियमों से छूट दी गई थी। विशेष रूप से सैनिकों को यह 'विशेष सुविधा दी गई थी। सीमांत सैनिक चौकियों, सैनिक छावनियों में विदेशी शराब के व्यापार हेतु एफ० एल०-9 लाइसेंस दिए गए थे। सैनिकों के साथ-साथ उनके परिवारों को भी मादक पेय खरीदने का पूर्ण अधिकार था। तीर्थयात्रा के दौरान गढ़वाल के प्रतिबंधित क्षेत्रों को भी यात्रियों को मादक पदार्थ ले जाने की सुविधा दी गई थी। मादक पदार्थों के व्यापार की आबकारी प्रशासन की इस दोहरी नीति के कारण इस दशक में नशीले पेयों के अवैध व्यापार तथा नशाखोरी का असाधारण प्रसार हुआ।

1977 में सत्ता परिवर्तन के साथ-साथ आबकारी नीति में पुनः परिवर्तन लाए गए। केन्द्र तथा प्रांतों में जनता पार्टी की सरकार बनने के साथ ही मद्य निषेध के पक्षधर प्रधान मंत्री मोरारजी देसाई द्वारा पूर्ण मद्य निषेध योजना लागू करने का प्रयास किया गया। इस प्रकार पहली बार आबकारी की निश्चित राष्ट्रीय नीति उभारने के प्रयास किए गए। इसी क्रम में 8 पर्वतीय जिलों में पूर्ण मद्य निषेध लागू कर दिया गया परंतु नवस्थापित सत्ता द्वारा लाया गया यह महत्त्वपूर्ण परिवर्तन, प्रशासनिक कमजोरियों, लापरवाही कम सामाजिक सक्रियता से न तो सफलता हासिल कर सका और न ही अपने अंतिम लक्ष्यों तक ही पहुँच सका। बल्कि इसके विपरीत इन वर्षों में नशीले पेयों का अवैध व्यापार न केवल व्यापक रूप से फला-फूला वरन् ग्रामीण अंचलों तक में नशे के प्रचलन के साथ-साथ नशे का आपराधिक तंत्र भी फैलता चला गया। नशे के इस व्यापक फैलाव का एक अन्य कारण 1978 में सुरा लिक्विड आदि अनेक बायोटानिकों में लगे प्रतिबंधों को उच्च न्यायालय द्वारा हटा दिया जाना भी था, जिसने नशीले पेयों के मैदानों से पहाड़ों की ओर हो रहे अवैध प्रवाह को और त्वरा दी। फिर भी यह कहा जा सकता है कि इन ढाई वर्षों में शौकिया पीने वाले युवकों को बड़ी सीमा तक नशीले पदार्थों से दूर रखने में ये प्रतिबंध महत्त्वपूर्ण सिद्ध हुए।

1980 में कांग्रेस के पुनर्आगमन के साथ ही मद्य निषेध नीति समाप्त कर दी गई। तब से अब तक का समय नशे के व्यापक प्रचार व प्रसार का समय रहा है। इसी क्रम में उत्तराखंड के चमोली तथा उत्तरकाशी जनपदों को छोड़ (ये जिले पूर्ण मद्य निषेध के अंतर्गत थे) टिहरी, पौड़ी तथा पिथौरागढ़ में आंशिक मद्य निषेध लागू कर दिया गया जबकि अन्य तीन जिलों—नैनीताल, अल्मोड़ा तथा देहरादून में मादक पेयों के खुले व्यापार की छूट दे दी गई। अल्मोड़ा व नैनीताल जिलों में देशी-विदेशी शराब के मुक्त व्यापार के बावजूद टिंचर-जिंजर, अशोका लिक्विड आदि के अपने व्यापार बने रहे। विभिन्न नशों के प्रसार व दुष्प्रभावों से चरमराते समाज ने एक बार पुनः जन-आंदोलन को जन्म दिया। हालांकि यह आंदोलन अपने लक्ष्यों तक नहीं पहुँच सका फिर भी नशे के व्यापार की पद्धतियों को इसने अवश्य प्रभावित किया। 1984 में उठे इस आंदोलन के केन्द्र अल्मोड़ा जिले को इस वर्ष से 'ड्राई' घोषित करने के साथ ही यहाँ पर शराब आदि के व्यापार का अधिकार ठेकेदारों को न देकर सरचार्ज प्रणाली के अंतर्गत अर्ध-सरकारी ऐजेंसी (चीनी मिल कोआपरेटिव संघ) को दे दिया गया। वर्तमान में उत्तराखंड में शराब व अन्य नशीले पदार्थों के व्यापार हेतु विभिन्न जिलों में दुकानों की निम्न संख्या थी—

उक्त तथ्यों को देखते हुए यह कहा जा सकता है कि विरोधों तथा संघर्षों के बाद भी पर्वतीय क्षत्रों के लिए कोई स्पष्ट और रचनात्मक आबकारी नीति

तालिका 1 : 1988-89 में उत्तराखंड में आबकारी दुकानों की सं०—

जिले	देशी	एफ० एल०	भाँग	एफ०		एल०	
	शराब	5		6	7	16	17
देहरादून	28	20	1	4	25	3	28
टिहरी गढ़वाल	—	2	—	—	—	—	—
पौड़ी गढ़वाल	—	4	—	—	—	—	—
नैनीताल	18	17	1	2	4	1	10
अल्मोड़ा	—	3	—	—	—	—	—
पिथौरागढ़	—	2	—	—	—	—	—

सरचार्ज प्रणाली

स्रोत— उत्तर प्रदेश आबकारी विभाग का कार्यपूर्ति दिग्दर्शक 1989-90

विकसित नहीं की जा सकी और आबकारी का दोहरा चरित्र बना रहा। इस परिशिष्ट को लिखे जाने तक टिहरी जनपद में भी शराब के व्यापार का अधिकार चीनी मिल कोआपरेटिव संघ को दे दिया गया है। साथ ही एक महत्त्वपूर्ण परिवर्तन शराब के वितरण हेतु किया गया है। इस परिवर्तन द्वारा परमिट व्यवस्था को समाप्त कर राशन कार्डों पर शराब दिए जाने के आदेश दिए गए हैं। अब कोई भी व्यक्ति राशन कार्ड पर एक माह में चार बोतल शराब ले सकता है।

तालिका 2 : स्वतंत्रता के पश्चात् कुमाऊँ में शराब से प्राप्त आबकारी राजस्व (रुपयों में)

वर्ष	कुमाऊँ	उत्तर प्रदेश	भारत
1945-46	13,51,841	6,16,17,954	50,20,00,000
1949-50	12,41,357	6,33,26,404	
1975-76	19,65,3136	54,32,60,452	—
1981-82	3,01,30,000	—	10,20,00 00,00,000
1983-84	3,23,34,000	—	—
1987-88	9,00,00,000	—	—
1988-89	19223.02 लाख रु० में		

स्रोत— आबकारी विभाग की वार्षिक प्रशासनिक रिपोर्ट, नशा एक षड्यंत्र है,

आबकारी विभाग का कार्यपूर्ति दिग्दर्शक, 1983-84, 89-90

तालिका 3 : उत्तराखंड के विभिन्न जिलों तथा सम्पूर्ण प्रदेश से प्राप्त आबकारी राजस्व (लाख रु० में) (1981-89)

वर्ष	नैनीताल	अल्मोड़ा	पौड़ी	टिहरी	पिथौ०	चमो०	उ० का०	उ० प्र०
1981-82	326.06	83.69	24.14	5.77	9.47	0.34	—	11953.06
1982-83	440.19	65.87	46.53	10.69	16.93	0 42	.07	13194.52
1983-84	503.82	57.07	25.28	12.29	10.80	0.49	.08	14936.09
1984-85	496.66	30.42	28.35	17.79	18.94	0.52	—	17947.00
1985-86	483.19	29.25	36.26	16.77	21.92	2.13	1.49	21797.77
1986-87	628.95	39.99	24.24	22 04	28.93	2.69	1.24	27758.77
1987-88	777.82	67.62	25.81	25.60	54.82	4.76	1.62	32552.15
1988-89	490.03	38.59	29.54	49.40	35.14	1.19	.54	19223.02

स्रोत—आबकारी विभाग के कार्यपूर्ति दिग्दर्शक ।

आबकारी विभाग का प्रशासनिक ढांचा (1989-90)

फील्ड स्तर पर आबकारी आयुक्त

विभागाध्यक्ष

↓

13 मंडलों में उप आबकारी आयुक्त

- ↓ जनपदों में जिला आबकारी अधिकारी के रूप में सहायक आबकारी आयुक्त तथा आबकारी अधीक्षक

  सेक्टर तथा क्षेत्रों में आबकारी निरीक्षक

- ↓ आसवनी तथा यवासवनी में सहायक आबकारी आयुक्त आबकारी अधीक्षक तथा आबकारी निरीक्षक

- ↓ फार्मेसियों तथा औद्योगिक इकाइयों में आबकारी निरीक्षक

मदिरा के अनुज्ञापनों का व्यवस्थापन (1998-90)

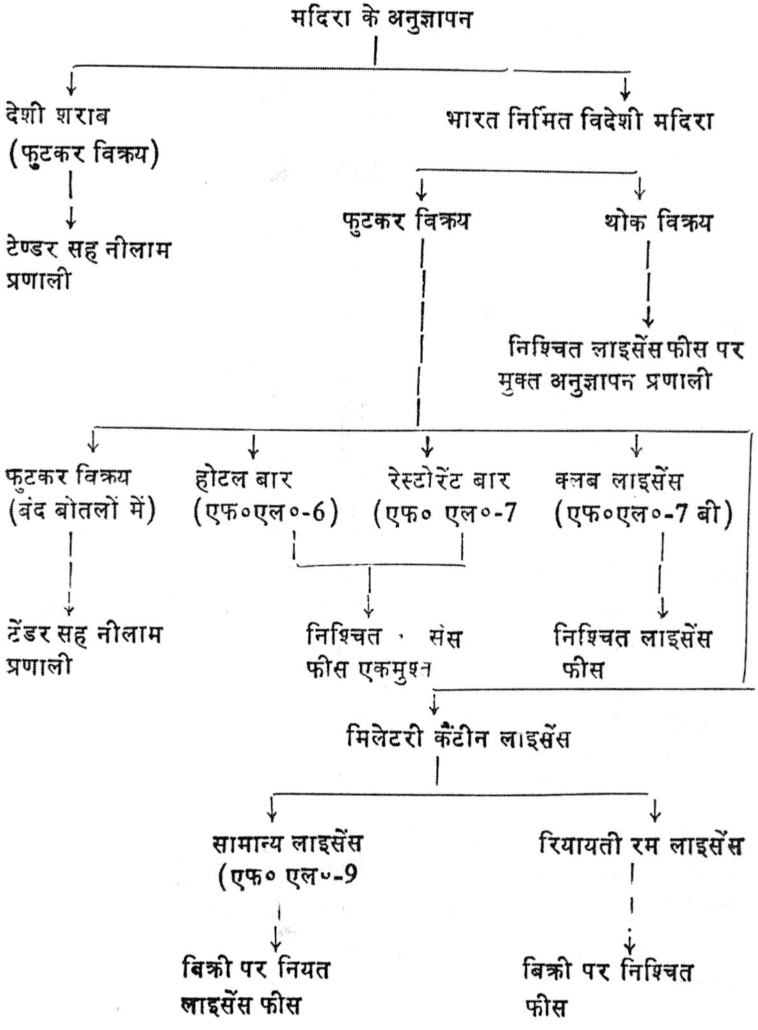

परिशिष्ट—दो

कुमाऊँ में नशाविरोधी आंदोलन

"If we are going to found the prosperity of the country upon an impregnable basis, we must cleanse the foundation of the rot of Alcohol.

—Liyod George.

आज नशा, नशीले पेयों, पदार्थों का व्यापार विश्व की प्रमुख समस्या बन चुका है। फिलहाल स्थानीय परिप्रेक्ष्य में देखें तो यह समस्या उत्तराखंड (कुमाऊँ व गढ़वाल) में गम्भीर रूप ले चुकी है। यही कारण है कि आजादी के बाद नशे के प्रसार, व्यापार के साथ-साथ इस क्षेत्र में स्थानीय विरोधों का क्रम भी बढ़ता चला गया और कालांतर में उत्तराखंड के प्रख्यात आंदोलनों के रूप में सामने आया। प्रस्तुत परिशिष्ट में स्वतंत्रता के बाद उत्तराखंड में उठे आबकारी विरोधी आंदोलनों के क्रम, स्वरूप व सरकारी दमन की प्रक्रियाओं को सामने लाने का प्रयास किया गया है।

वस्तुतः नशे के इतिहास, प्रशासन व नीतियों के संदर्भ में देखें तो ये तथ्य उभरकर आते हैं कि औपनिवेशिक आधिपत्य के साथ ही आर्थिक शोषण तंत्र के रूप में उभरी मादक पदार्थों के उत्पादन, व्यापार की प्रक्रियाएँ, नीतियाँ न केवल आर्थिक ढाँचे को परिवर्तित तथा प्रभावित करने लगी थीं वरन् इसके विस्तार के साथ ही सामाजिक-सांस्कृतिक बिखराव का असाधारण सिलसिला भी आरम्भ हुआ। फलतः जहाँ एक ओर आबकारी प्रशासन का विकास होता चला गया वहीं दूसरी ओर जन-विरोध के अंकुर भी इसके बिरुद्ध फूटने लगे थे। हालाँकि ये प्रतिक्रियाएँ इस शताब्दी के आरम्भ से ही छुट-पुट विरोधों का रूप लेने लगी थीं लेकिन राष्ट्रीय आंदोलन के दौर (1920-47) में यह विरोध व्यापक रूप ले चुका था। यह उल्लेखनीय है कि स्थानीय सामाजिक दबावों के फलस्वरूप बेगार, वन, छुआछूत के विरोध में उभरी व्यापक जनाधार वाली

स्थानीय लहर के साथ-साथ राष्ट्रीय हलचल की चेतना के कारण नशाविरोधी आंदोलन तब एक स्वतंत्र आंदोलन के रूप में नहीं उभर सका और यह आंदोलन राष्ट्रीय संघर्ष के कार्यक्रमों के पूरक के रूप में बने रहे।

1947 में स्वतंत्र राजनैतिक सत्ता की स्थापना के साथ ही नशाबंदी कार्यक्रम व नीतियों की अपेक्षा की जाने लगी लेकिन दुर्भाग्य से तब भी नशाबंदी को राष्ट्रीय नीति के रूप में विकसित नहीं किया जा सका।[1] यद्यपि आजादी के आरम्भिक वर्षों में अनेक प्रांतों में नशाबंदी के प्रयोग हुए लेकिन यह प्रक्रिया स्थायी रूप ग्रहण न कर सकी। इसी दौर में उत्तर प्रदेश के अनेक जिलों में नशाबंदी लागू की गई, परंतु कुमाऊँ तथा गढ़वाल को इस योजना के अंतर्गत नहीं लाया गया।

आजादी के बाद तथाकथित विकास योजनाओं का क्रम आरम्भ हुआ। इसी दौर में इसकी हलचल पहाड़ों में भी दिखने लगी और इसके समानांतर ही नशीले पदार्थों के व्यापार प्रचलन का विकास भी होता चला गया। 1962 में चीन-भारत सीमा युद्ध के कारण पूरे प्रांत से शराबबंदी हटा दी गई थी, फलतः इस प्रसार को और त्वरा मिली। नशीले पदार्थों के प्रसार से जहाँ एक ओर सरकार द्वारा व्यक्ति की मजबूरियों को राजस्व कमाने का साधन बनाए रखा वहीं दूसरी ओर यह तंत्र वैध-अवैध व्यापार के जरिए व्यक्तिगत मुनाफों का साधन भी बनता चला गया। लेकिन नशीले पेयों/पदार्थों के व्यापार की इस अतिरिक्त उदारता को प्रदेश के अन्य भागों की भाँति पर्वतीय क्षेत्र मूल स्वीकृति नहीं दे सके और इसी दशक से उत्तराखंड में नशीले पदार्थों व सरकारी नीति के विरोध व आंदोलनों की शुरुआत हुई। उत्तराखंड में नशे के विरोध में उठे इन आंदोलनों को तीन अलग-अलग अवस्थाओं में देखा जा सकता है—

1. 1962 में बिखरे विरोध के रूप में उठी लहर,
2. 1965-72—संगठित संघर्ष की दूसरी लहर,
3. 1984 में उठी संघर्ष की तीसरी बड़ी लहर।

स्वतंत्र उत्तराखंड (कुमाऊँ-गढ़वाल) में नशे के विकसित होते कुचक्रों के विरुद्ध स्थानीय प्रतिक्रिया व विरोध की पहली लहर तब उभरी जब देहरादून में दर्जी का काम करने वाले सर्वोदयी कार्यकर्ता—सोहनलाल भूभिक्षुक ने सरकार की मादक पदार्थों सम्बन्धी नीति का विरोध करते हुए पोस्टकार्ड अभियान आरम्भ किया। इस अभियान से प्रेरित हो सैकड़ों लोगों ने सरकार को चिट्ठियाँ लिख-लिखकर शराबबंदी की माँग आरम्भ की। लेकिन यह अभियान आबकारी नीति में परिवर्तन न ला सका। मई, 25, 1961 को भूभिक्षुक द्वारा शराबबंदी दिवस मनाने की अपील की गई। साथ ही इस संघर्ष को आगे

बढ़ाने हेतु धरनों का कार्यक्रम बनाया गया। फलस्वरूप दो अक्टूबर से 8 अक्टूबर तक भूभिक्षुक के साथ 57 महिलाओं व पुरुषों ने शराब की दुकानों के आगे कताई व उपवास करना आरम्भ किया, अनेक शराब के उत्पादकों व व्यापारियों को शपथ दिलाई गई कि—

"न हम पीयेंगे, न पिलायेंगे, न मिलाने ही देंगे।
न हम बनायेंगे, न बनवायेंगे, न बनवाने ही देंगे।
न हम ठेका लेंगे, न लिवायेंगे, न लेने ही देंगे।"[2]

यह अभियान हल्दूखात, कोटद्वार से लैंसडौन, सतपुली पौड़ी तथा श्रीनगर होते हुए चमोली तक चलाया गया। यह उल्लेखनीय है कि इन स्थानीय विरोधों-संघर्षों के बाद भी सरकार द्वारा घनसाली (टिहरी) में शराब की नई दुकान खोलने का निर्णय लिया गया था। अतः 3 मार्च को श्रीनगर जिला परिषद् अध्यक्ष सकलानंद डोभाल द्वारा सरकार की इस योजना के विरोध में श्रीनगर (गढ़वाल) में सम्मेलन कराया गया। इस सम्मेलन में नशाबंदी आंदोलन को व्यापक रूप देने के लिए अनेक कार्यक्रम निर्धारित किए गए। 7 मार्च 1962 को पौड़ी की शराब की दुकान में सकलानंद डोभाल के नेतृत्व में धरना आरम्भ किया गया। इसी क्रम में पौड़ी आदि अनेक भागों में धरने आरम्भ हुए। पौड़ी व कोटद्वार की दुकानों में धरनों का यह क्रम तीन महीनों तक जारी रहा।[3] आंदोलनकारियों ने घोषणा की थी कि जब तक सम्पूर्ण गढ़वाल में शराब की दुकानें बंद नहीं कर दी जातीं आंदोलन जारी रहेगा। सरकार द्वारा आबकारी नीतियों में किसी परिवर्तन की सम्भावना को न देखते हुए अंततः विवश होकर भूभिक्षुक को विधान सभा भवन (उ० प्र०) के आगे आमरण अनशन करना पड़ा। भूभिक्षुक का यह कदम अपने लक्ष्यों को पाने में सफल नहीं हो सका और विनोबा भावे के आग्रह पर उनके द्वारा अनशन तोड़ दिया गया।[4]

1 अप्रैल 1962 को टिहरी शराब की दुकान में धरना आरम्भ किया गया। वास्तव में यह धरना इतना सशक्त विरोध था कि सरकार को बाध्य होकर टिहरी में शराब की दुकान बंद करनी पड़ी। 1963 में टिहरी के समीप अठूर में शराब की दुकान खोले जाने के विरोध में पूरे गढ़वाल में मद्य निषेध सप्ताह मनाया गया। नशे व सरकारी नीतियों के विरोध में उठी संघर्ष की यह लहर जनता में ज्यादा गहरी न जा सकी। फलस्वरूप आंदोलन की शक्ति धीरे-धीरे कमजोर होती चली गई। ऐसा प्रतीत होता है कि सम्भवतः तब ये विभिन्न क्षेत्र इन विरोधों के लिए तैयार नहीं हो सके थे। फलतः एक संगठित सामाजिक दबाव न उभर सका। इस आंदोलन का एक कमजोर पक्ष यह भी रहा कि हालांकि स्थानीय जनता की सहानुभूति और सहयोग तो मिलता था

लेकिन वह प्रत्यक्ष रूप में इस आंदोलन में हिस्सेदारी नहीं कर रही थी। सरला बहन ने इस आंदोलन पर टिप्पणी करते हुए कहा—

"यह आंदोलन असामयिक और अमनोवैज्ञानिक था।"[5]

परंतु निष्पक्षतः यह कहा जा सकता है कि इतनी जल्दी यह सम्भव भी न था।

हालाँकि यह आंदोलन प्रांतीय आबकारी नीति में कोई परिवर्तन न ला सका और न ही इस पर्वतीय क्षेत्र में शराब आदि नशीले पेयों के व्यापार व प्रचलन में प्रतिबंध लगाया जा सका, परंतु इसने नशे के विरुद्ध सामाजिक चेतना व विरोध की एक ऐसी लहर को जन्म दिया जो आगामी दशकों में उत्तराखंड में नशे के विरुद्ध व्यापक व तीव्र आंदोलन के रूप में उभरी।

1965 में उत्तराखंड में नशा विरोधी आंदोलन की दूसरी सशक्त लहर उठी। यह लहर सर्वोदयी विचारधारा से पहली लहर की अपेक्षा अधिक प्रेरित व प्रभावित थी। वस्तुतः 1962 में नशे के विरुद्ध हुए आंदोलन व स्थानीय भावनाओं को जानते हुए भी सिल्यारा (टिहरी गढ़वाल) में देशी शराब की दुकान खोले जाने के साथ ही इस विरोध की शुरुआत हुई। दूर-दूर से ग्रामीण जनता ने घनसाली पहुँचकर सरकार के इस कदम के विरोध में प्रदर्शन किया, सभाएँ आयोजित कीं। आंदोलन को दिशा देने व संगठित करने के उद्देश्य से रामलीलाएँ आयोजित की गईं। सभाओं में सरला बहन ने जनता को सम्बोधित करते हुए कहा—

"शराब की दुकानें खुलवाना अपने घरों में आग लगवाने के समान है। सरकार ने सीमा क्षेत्रों में शराब की दुकानें खोलकर राष्ट्रीय सुरक्षा को खतरे में डाल दिया है।··· मुझे लगता है कि जिस तेजी से पहाड़ी इलाकों में शराब की नई-नई दुकानें खुलती जा रही हैं, वह सबके लिए चुनौती है।"[6]

इस आंदोलन की प्रमुख विशेषता यह थी कि पहली बार महिलाओं ने इसमें महत्त्वपूर्ण भूमिका निभाई। साथ ही पिछले आंदोलन के विपरीत यह आंदोलन गढ़वाल के साथ-साथ कुमाऊँ के भी अनेक भागों में फैलता चला गया।

3 मार्च 1966 से स्वतंत्रता संग्रामी श्रीदेव सुमन की वृद्ध माँ तारादेवी के नेतृत्व में स्वराज्य संघ द्वारा चम्बा के पास बादशाही थौल में धरने की शुरुआत की गई।[7] तारादेवी ने स्थानीय जनता का आह्वान करते हुए कहा—

"मेरा सुमन एक नहीं था, वरन् तुम सब मेरे सुमन हो। सुमन ने जो दीप जलाया, उसे बुझने न देना।"

इससे प्रभावित हो स्वराज संघ कार्यकर्ताओं के साथ-साथ बड़ी संख्या में स्थानीय जनता ने भाग लेना आरम्भ किया। शराब की दुकानों के सामने धरने

के साथ-साथ उपवास व जागरण भी किया जाने लगा। शीघ्र ही चंद्रापुरी में भी विरोध की लहर उठ खड़ी हुई। ग्रामीण इलाकों से एकत्र हुए लोगों द्वारा ढोल-नगाड़ों के साथ आबकारी नीति व शराब के विरोध में व्यापक जुलूस निकाले जाने लगे।[8] मद्य निषेध समिति व विनोबा भावे पुरी ने घोषणा की कि चन्द्रापुरी में शीघ्र शराब की दुकान वंद कर दी जाय व अगले वर्ष हेतु ठेका न दिया जाय। अन्यथा चंद्रापुरी की जनता पुनः धरना आरम्भ कर देगी।[9] जून 1966 को गोपेश्वर में आयोजित सम्मेलन में प्रस्ताव रखा गया कि कुमाऊँ के गरुड़ इलाके से नशाबंदी आंदोलन आरम्भ किया जाय। इसके साथ ही अब कुमाऊँ में भी आंदोलन की लहर उभरने लगी। गरुड़ से शराब की दुकान हटाए जाने की माँग को लेकर दूर-दूर के ग्रामीण इलाकों से जनता 42 कि० मी० दूर जिलाधिकारी के कार्यालय में पहुँची। इतना ही नहीं वरन् एक शिष्टमंडल मुख्य मंत्री/आबकारी मंत्री के पास भेजा गया। लेकिन इस प्रक्रिया का सरकार पर कोई प्रभाव नहीं पड़ा।[10] अतः विवश होकर 9 अगस्त 1966 से गरुड़ में आंदोलन आरम्भ हुआ। सैकड़ों लोगों ने, जिनमें महिलाएँ भी थीं, संगठित होकर जुलूस निकाला जो अंत में सभा में परिवर्तित हुआ। इस सभा में अध्यक्ष मोहन सिंह मेहता के सम्मुख यह प्रस्ताव रखा गया—

"आज से हम देशहित को ध्यान में रखकर न शराब पीयेंगे और न दूसरे लोगों को पीने देंगे।"[11]

गरुड़ से शराब हटाए जाने हेतु क्षेत्रीय विकास समितियों, ग्राम सभाओं, व्यक्तिगत पत्रों के साथ-साथ सैकड़ों हस्ताक्षरयुक्त मांगपत्र सरकार के पास भेजकर दबाव डाला जा रहा था। गरुड़ में विरोध का यह क्रम लगातार जारी था। सितम्बर में नंदाष्टमी के अवसर पर स्थानीय जनता ने पांच दिन तक गरुड़ की दुकान में शांतिपूर्वक धरना दिया। 1 जनवरी 1967 को उत्तरायणी के अवसर पर पुनः शराब की दुकानों में एक सप्ताह तक धरना दिया गया। यह एक रोचक पक्ष है कि इन तमाम विरोधों-प्रदर्शनों के बाद की नशीले पेयों का व्यापार लगातार बना व विकसित होता गया। इतना ही नहीं वरन् शराब की पेटियाँ भर-भरकर गंगोली, गोपेश्वर, बागेश्वर, कौसानी, सोमेश्वर आदि दूर-दूर के इलाकों तक, इस दुकान से आपूर्ति की जाने लगी थी। 16 मार्च को नशीले पदार्थों के विकसित होते इस तंत्र के विरोध में गरुड़ में विशाल जुलूस निकाला गया। यह जुलूस बैजनाथ मंदिर में पहुँचकर सभा में परिवर्तित हुआ। मंदिर में आंदोलनकारियों द्वारा शपथ ली गई कि जब तक गरुड़ की शराब की दुकान बंद नहीं होगी तब तक हम धरना स्थल पर रक्षक बनकर रहेंगे। इसी दौर में शराब के व्यापारियों व सरकार द्वारा आंदोलन को तोड़ने के असफल प्रयासों के बावजूद आंदोलन तीव्रतर होता चला गया। आंदोलन-

कारी दीवान सिंह द्वारा 1 अप्रैल 1967 तक गरुड़ की शराब की दुकान को बंद न किए जाने पर आत्मदाह कर लेने की धमकी दी गई। इसी दिन गरुड़ से एक ग्रामीण शिष्टमंडल जिसमें महिलाएँ भी थीं, जिलाधिकारियों से मिला। एक ओर आंदोलन का यह क्रम जारी था तो दूसरी ओर सरला बहन के नेतृत्व में अनेक महिलाएँ तत्कालीन मुख्यमंत्री सुचेता कृपलानी के पास, पहाड़ में मद्य-निषेध की माँग को लेकर पहुँचीं। आंदोलन व जनता के इस दबाव से विवश हो सरकार को टिहरी के पास बादशाही थौल, चंद्रापुरी (चमोली) थल (पिथौरागढ़) व अल्मोड़ा जिले में शराब की भट्टी को बंद करना पड़ा। हालांकि ये भट्टियाँ बंद हो चुकी थीं लेकिन यह आंदोलन का अंतिम लक्ष्य या स्थायी परिणाम नहीं था। यह उल्लेखनीय है कि शेष भागों में व्यापार व प्रसार का क्रम जारी था। अगले ही वर्ष चौखटियाँ गणाई, बमराड़ी (गरुड़), चमोली, पीपलकोटी, नंद प्रयाग, कर्ण प्रयाग आदि स्थानों में खुलेआम शराब बिकने लगी।[12] अत: एक बार पुन: कत्यूर घाटी, पिथौरागढ़, जोहारघाटी आदि में विरोध के स्वर उभरने लगे। 19 मार्च को तेजम, मुन्स्यारी आदि उच्च भोटांतिकों के हजारों स्त्री-पुरुषों ने शराब की दुकान से चलकर परगना अधिकारी कार्यालय तक शराब के विरोध में विशाल जुलूस निकाला। अंत में यह जुलूस सभा में परिवर्तित हुआ। श्री जयशंकर द्विवेदी के सभापतित्व में स्थानीय जनता ने 1 अप्रैल तक मुन्स्यारी से शराब की दुकान हटा लिए जाने की माँग रखी।[13] इस प्रदर्शन पर टिप्पणी करते हुए स्थानीय समाचार-पत्र शक्ति लिखता है —

"19 मार्च का यह प्रदर्शन पिथौरागढ़ जिले का अब तक का सबसे बड़ा प्रदर्शन था।"

कुमाऊँ की भाँति गढ़वाल में भी विरोधों का सिलसिला जारी था। 23 मार्च को गोपेश्वर में विशाल जुलूस निकाला गया था। दूर-दूर के इलाकों से आई जनता ढोल-नगाड़े बजाते हुए शराबबंदी की माँग कर रही थी। जुलूस की समाप्ति पर घनश्याम डिमरी की अध्यक्षता में सभा हुई जिसमें यह प्रस्ताव रखा गया कि बद्रीनाथ यात्रा मार्ग पर खोली जाने वाली शराब की दुकान को न खुलने दिया जाय।[14]

इस दौर में सीमांत नगर पिथौरागढ़ में भी शराबबंदी आंदोलन फैलने लगा था। 2 अप्रैल 1967 से आंदोलनकारियों की एक टोली ने बजेटी, पपदेव, ढौला, विणवासिनी, दाड़िमखोला, टकाड़ी, हुड़ेती, कुजौली, पांडेगाँव, पुनेड़ी आदि गाँव में जा-जाकर नशाबंदी का प्रचार किया। इस प्रचार से प्रेरित व प्रभावित हो 8 अप्रैल 1967 को बजेटी-पपदेव आदि समीपस्थ गाँवों के लोगों ने पिथौरागढ़ में विराट प्रदर्शन किया। आंदोलनकारी 'शराब छोड़ो—बहनों की लाज बचाओ' लिखे पोस्टर लिए चल रहे थे। नगर में पहुँचने से पूर्व ही

यह जुलूस व्यापक रूप धारण कर चुका था। अफीसर्स क्लब पहुँचने से पूर्व सभा आयोजित की गई जिसका समापन विनोबा भावे ने किया। पिथौरागढ़ की भाँति थल में भी आंदोलन को गतिशील बनाए रखने के उद्देश्य से शेरसिंह कार्की द्वारा शराब के विरोध में सम्मेलन करवाया गया।[15]

गढ़वाल में खंडोली में शराब की दुकान को हटाने में सरकार की लापरवाही को देखते हुए स्थानीय जनता व आंदोलनकारियों ने निर्णय लिया कि जो व्यक्ति शराब पीता या बनाता पाया जाएगा उसका सामूहिक बहिष्कार किया जाय। इतना ही नहीं यदि शराब की दुकानें यथाशीघ्र बंद न की गईं तो समस्त सम्बन्धित ग्राम सभाओं के प्रधान व उपप्रधान अपने-अपने पदों से त्यागपत्र दे देंगे। तत्पश्चात् गोविंदप्रसाद जी की अध्यक्षता में गठित 15 सदस्यीय संघर्ष समिति द्वारा शराबबंदी हेतु अनेक प्रस्ताव पारित किए गए।[16] 5 जून 1967 से जोगेश्वर प्रसाद, हरिकृष्ण व 8 जून से पीताम्बर जी ने शराबबंदी की माँग को लेकर भूख-हड़ताल आरम्भ की, लेकिन उप गृह निदेशक के आश्वासनों पर यके अनशन समाप्त कर दिया गया।[17] हालाँकि सरकार की आबकारी नीति अब भी वही बनी रही। 15 फरवरी 1968 को आबकारी विभाग द्वारा तल्ला कत्यूर बमराड़ी में पुनः शराब का ठेका दे दिया गया था परंतु सशक्त जन-प्रतिरोध ह कारण यह दुकान खोली न जा सकी। 4 अप्रैल 1968 को कत्यूर घाटी में शराब के प्रसार के विरोध में हजारों पुरुषों व महिलाओं ने बमराड़ी से रवाईखाल तक पदयात्रा की। शराब विरोधी नारे लगाए।[18] लेकिन इन विरोधों के बाद भी प्रशासन बागेश्वर के निकट अड़ौली में शराब की दुकान खुलवाने में सफल रहा। इस दौर में नशा विरोधी आंदोलन अपने पूरे जोर में था। 31 मार्च 1968 को शराब विरोधी दिवस मनाया गया। इसी क्रम में उत्तरकाशी, गोपेश्वर, डीडीहाट आदि की जनता ने शराब के व्यापार को हटाने हेतु राजपाल को माँगपत्र भेजे।[19]

1969 में पुनः आबकारी ठेकों के दौरान आंदोलन में तेजी आई। 27 मार्च 1969 को आबकारी विभाग द्वारा कोटद्वार व बाघाट के देशी शराब के ठेकों की नीलामी किए जाने के विरोध में दुगड्डा कोटद्वार लैंसडौन में विशाल प्रदर्शन हुए। वहीं दूसरी ओर हिंसक तथा असफल बनाने के उद्देश्य से सरकार प्रेरित असामाजिक तत्वों द्वारा तोड़-फोड़ के प्रयास भी किए जाने लगे। तथापि आंदोलन की तीव्रता को प्रभावित नहीं किया जा सका। उत्तराखंड में चल रहे इन नशा विरोधी आंदोलनों के दबाव के साथ-साथ गांधी जन्म शताब्दी को देखते हुए 1 अप्रैल 1969 को उत्तरकाशी, चमोली व पिथौरागढ़ आदि सीमांत जिलों में शराबबंदी की घोषणा की गई।[20] लेकिन शेष भागों में नशीले पदार्थों का व्यापार ज्यों-का-त्यों बनाए रखा गया। 2 अप्रैल 1969 को शराबबंदी की

माँग को लेकर कोटद्वार में विशाल प्रदर्शन किया गया तत्पश्चात् झंडा चौक में एक सभा का आयोजन किया गया। इस सभा में महिलाओं ने कोटद्वार से शराब की दुकान को हमेशा के लिए हटाने हेतु शपथ भी ली।[21] परंतु दूसरी ओर आंदोलनकारियों को आतंकित करने हेतु धारा 144 लगाकर पुलिस व पी० ए० सी० के संरक्षण में शराब की दुकान खोली गई तथा अनेक आंदोलनकर्ताओं को गिरफ्तार कर पौड़ी जेल भेजा गया। लेकिन शीघ्र ही ये कदम वापस ले लिए गए और इसी बीच नशाबंदी समर्थक मोरारजी देसाई व स्वामी नारायण के कोटद्वार दौरे ने इस आंदोलन की तीव्रता को और त्वरा दी।

आंदोलन का यह क्रम गढ़वाल के साथ-साथ कुमाऊँ में भी जारी था। 13 मई को चौखुटिया में 4000 से अधिक ग्रामीणों ने एकत्र होकर विशाल जुलूस निकाला।[22] वास्तव में यह अपार जनशक्ति आंदोलन की व्यापकता व जन-समर्थन का स्पष्ट संकेत थी। 30 मई से 3 जून तक सरला बहन ने धौला देवी, पनुआनौला, दुड़म ध्याड़ी आदि गाँवों में जा-जाकर शराबबंदी के प्रयास के साथ-साथ आंदोलन का आह्वान किया।[23]

15 जून को पुन: चौखुटिया में शान्तिपूर्ण प्रदर्शन किया गया। कत्यूर घाटी में भी संघर्ष का क्रम जारी था। बागेश्वर खोली, क्वेराली, कमेड़ी, अड़ौली, मंडल सेरा आदि अनेक गाँवों से तत्कालीन मुख्यमंत्री के पास शराब की दुकानें हटाये जाने हेतु माँगपत्र भेजे जा रहे थे।[24] 14 जुलाई को अल्मोड़ा में शराब-बंदी की माँग को लेकर जुलूस निकाला गया। इसी वर्ष 17 अक्टूबर को गंगा सिंह की अध्यक्षता में मद्यनिषेध सम्मेलन का आयोजन किया गया। उत्तराखंड में संघर्ष व आंदोलन के इस दबाव से अंतत: बाध्य होकर 1970 में प्रांतीय सरकार ने टिहरी तथा पौड़ी जिले में भी पूर्ण नशाबंदी लागू कर दी। इस तरह नशीले पदार्थों मुख्यत: शराब के विरुद्ध उठे इन व्यापक आंदोलनों से उत्तराखंड के पाँच जिलों में नशाबंदी लागू की जा सकी। लेकिन ये व्यवस्था अधिक लम्बे समय तक नहीं टिक सकी और 14 अप्रैल 1971 को इलाहाबाद उच्च न्यायालय ने शराब के व्यापारियों की याचिका पर निर्णय देते हुए उत्तर प्रदेश आबकारी नियमों की शराबबंदी सम्बन्धी धारा को अवैध घोषित कर दिया। इसके साथ ही नशे को इन इलाकों में प्रवाहित करने के लिए सरकार द्वारा लाइसेंस दिए जाने लगे। नशे के पुनर्प्रसार ने एक बार फिर जन-असन्तोष को उभारा। जगह-जगह पर प्रतिक्रियास्वरूप प्रदर्शन हुए। आन्दोलनकर्ता गाँव-गाँव जाकर आन्दोलन हेतु ग्रामीण जनता को प्रेरित करते रहे। 20 नवम्बर को टिहरी में शराबबंदी की माँग को लेकर विशाल प्रदर्शन हुआ, साथ ही दुकानों में धरना आरम्भ किया गया। अगले दिन धरना दे रही 31 महिलाओं को गिरफ्तार कर सहारनपुर जेल भेज दिया गया। तथापि आंदोलन के दबाव को कम नहीं

किया जा सका और अंततः बाध्य होकर सरकार को झुकना पड़ा और 1 अप्रैल 1972 से पुनः उत्तराखंड के पाँच जिलों में नशाबंदी लागू कर दी गई। इस आंदोलन की महत्त्वपूर्ण विशेषता महिलाओं का खुलकर भागीदारी करना थी।

यह आंदोलन लगभग 7 वर्षों तक उत्तराखंड के विभिन्न भागों में चलता रहा। हालाँकि इस संघर्ष के परिणामस्वरूप उत्तराखंड के पाँच जिलों में नशाबंदी लागू तो हो गई फिर भी यह आंदोलन स्थायी प्रभाव नहीं छोड़ सका। इसका प्रमुख कारण जहाँ एक ओर गांधी की विचारधाराओं को लेकर चलना था वहीं दूसरी ओर इसे किसी अंतिम लक्ष्य से नहीं जोड़ा गया था। यहाँ पर यह उल्लेख करना उचित होगा कि यद्यपि इन समस्त आंदोलनों में विभिन्न सामाजिक संगठनों, विभिन्न विचारधारा लिए सामाजिक कार्यकर्ताओं की भागीदारी थी लेकिन आंदोलन का नेतृत्व मूलतः सर्वोदयी रहा। इस आंदोलन की असफलता का एक अन्य कारण उस वक्त नशे के सामाजिक-आर्थिक तथा राजनैतिक स्वरूप, प्रभाव तथा परिणाम विश्लेषित नहीं करना भी था। न ही इस आंदोलन के बाद इस जन-विरोध व शक्ति को भविष्य में बनाए रखा गया। फलस्वरूप एक बार पुनः नशीले पदार्थों का अवैध व्यापार असाधारण रूप से फला-फूला और देशी शराब (कच्ची) तो इस क्षेत्र में कुटीर उद्योग-सी बन गई। यह आश्चर्यजनक है कि कुछ ही समय पहले आंदोलन के केंद्र रहे क्षेत्र अब अवैध शराब-उत्पादन के केंद्र के रूप में उभरने लगे।

1977 में जब जनता पार्टी की सरकार बनी तो केंद्र की नशाबंदी सम्बन्धी नीति को अन्य प्रांतों की तरह उत्तर प्रदेश में भी लागू किया गया। इसी क्रम में उत्तराखंड के शेष तीन जिलों अल्मोड़ा, नैनीताल व देहरादून में भी नशाबंदी लागू कर दी गई। साथ ही लगभग 18 सुरा मिश्रित औषधियों को शराब घोषित कर आबकारी कानूनों के अंतर्गत रखा गया। परन्तु सरकार द्वारा लाए गए ये महत्त्वपूर्ण परिवर्तन प्रशासनिक लापरवाही, कम सामाजिक सक्रियता व जनता सरकार के अल्पावधि के शासन के कारण सफल न हो सके। फलतः इन वर्षों में नशीले पदार्थों की व्यापक तस्करी का सिलसिला आरम्भ हुआ। इतना ही नहीं उच्च न्यायालय द्वारा सुरालिक्विड आदि अल्मोहलीय उत्पादों पर लगे प्रतिबंध को समाप्त किए जाने के साथ ही इन बायोटानिकों का पहाड़ों की ओर तेजी से प्रवाह हुआ। यह प्रक्रिया समूचे उत्तराखंड में समान रूप से चल रही थी।

1980 में कांग्रेस सरकार को पुनरागमन के साथ ही अल्मोड़ा, नैनीताल तथा देहरादून में से शराबबंदी हटानी पड़ी और पिथौरागढ़, टिहरी तथा पौड़ी गढ़वाल में परमिट द्वारा शराब बेचने की व्यवस्था की गई।[25] इस अवधि में उत्तराखंड के दूरस्थ क्षेत्रों तक नशे का प्रचलन व संगठित तंत्र विकसित होता

चला गया। इन नशों का फैलाव कितना अधिक था इसकी झलक इस तथ्य से मिलती है कि सुदूर देघाट, स्यालदे, बागेश्वर, देवाल, डीडीहाट, बीरोंखाल, पिथौरागढ़, घाट जैसी अनेक जगहों में सुरा शराब की खाली बोतल का व्यापार करने वाले कबाड़ी आ पहुँचे थे ।[26]

1983 के अंत तक यह प्रक्रिया समाज, राजनीति और अर्थ-व्यवस्था के उस बिंदु पर पहुँच चुकी थी जहाँ जन-आक्रोश अवश्यंभावी था। फलस्वरूप उत्तराखंड में नशे के विरुद्ध आंदोलन की तीसरी बड़ी लहर उठ खड़ी हुई। इस बार आंदोलन की शुरुआत कुमाऊँ से हुई। 2 फरवरी 1984 को चौखुटिया (जो अंतर्जिला नशा व्यापार केंद्र के रूप में उभर चुका था) के समीप बस-भीड़ा घुंघोली में उत्तराखंड संघर्ष वाहिनी की सभा के साथ आंदोलन की शुरु-आत हुई। 14 फरवरी को चौखुटिया से बसभीड़ा तक विशाल जुलूस निकाला गया। विरोध का यह क्रम लगातार बना रहा। 20 तथा 26 फरवरी को चौखु-टिया में 12 हजार लोग शराब तथा अन्य नशीले पदार्थों के विरोध में एकत्र हुए थे। शीघ्र ही विरोध जुलूस और सभाओं का यह क्रम चौखुटिया से द्वाराहाट मांसी, भिक्यासैंण, स्यालदे, गगास, सोमेश्वर, रानीखेत, ताड़ीखेत, बागेश्वर, बिंता, बेरीनाग, पिथौरागढ़, भवाली, रामगढ़, नैनीताल आदि अनेक स्थानों में फैल गया। स्थानीय जनता द्वारा गाँवों, कस्बों में सभाएँ व प्रदर्शन किए जाने लगे। 10 तथा 11 मार्च को ताड़ीखेत में आंदोलन प्रशिक्षण शिविर आयोजित किया गया। 20 मार्च 1984 को अल्मोड़ा में शराब के ठेकों की नीलामी को रोकने हेतु दूर-दराज से आई ग्रामीण जनता ने ढोल-नगाड़ों के साथ विशाल प्रदर्शन किया। इस दबाव के कारण प्रशासन नीलामी करने में उस समय तो सफल न हो सका लेकिन 26 मार्च को पुनः नीलामी की घोषणा की गई। सरकार की इस योजना के विरोध में 26 मार्च को कुमाऊँ बंद का आयोजन किया गया लेकिन वहीं दूसरी ओर इस विरोध को कुचलने की नीयत से अल्मोड़ा में धारा 144 लगाकर 51 लोगों को गिरफ्तार कर लिया गया। नशीले पदार्थों के विरुद्ध जन-आक्रोश के स्वरूप को इस तथ्य से स्पष्टतः समझा जा सकता है कि 26 मार्च को ही हल्द्वानी जा रहे चार शराब के व्यापारियों को पकड़कर गरभपानी की जनता ने मुँह काला कर नंगा सड़कों में घुमाया था। साथ ही भविष्य में यह धंधा न करने की शपथ दिलवायी थी। 27 मार्च को पुनः अल्मोड़ा में शराब की नीलामी स्थगित कराने हेतु सैंकड़ों लोग इकट्ठा हुए। इस विरोध में महिलाओं की प्रमुख व महत्त्वपूर्ण भागीदारी रही। कला कांड-पाल के नेतृत्व में जिला कार्यालय अल्मोड़ा में विशाल प्रदर्शन किया गया।[27] वास्तव में नशे के विरुद्ध उठी इस सक्रिय जन-चेतना व दबाव के कारण साव-जनिक रूप से नीलामी नहीं की जा सकी। मार्च के इन अंतिम चार दिनों में

जगह-जगह सभाओं-प्रदर्शनों का क्रम जारी रहा। फिर भी 31 मार्च को पी० ए० सी० के संरक्षण में गुप्त ढंग से शराब का ठेका दे दिया गया। प्रशासन के इस दुराग्रहपूर्ण रवैये को देखते हुए 1 अप्रैल से अलमोड़ा, रानीखेत तथा भवाली में और 3 अप्रैल से रामगढ़ की शराब भट्टी में धरनों की शुरुआत हुई लेकिन वहीं दूसरी ओर सरकारी दमन-चक्र का सिलसिला भी आरम्भ हुआ। 5 अप्रैल को अल्मोड़ा शराब भट्टी में प्रशासन-प्रेरित गुंडों व पुलिस द्वारा डंडे बरसाए गए। इस दमन के विरोध में स्थानीय जनता द्वारा जिला प्रशासन का पुतला जलाया गया। 12 अप्रैल को आंदोलनकारियों की रिहाई व माँगों के समर्थन में हुए सोमेश्वर बंद के विरुद्ध, सोमेश्वर, टोटाशिलिंग, लोद में तत्कालीन परगनाधिकारी के नेतृत्व में पी०ए०सी० द्वारा स्थानीय जनता पर घृणित लाठी चार्ज किया गया। साथ ही नवयुवक विकास संगठन, सोमेश्वर के आठ कार्यकर्ताओं को गिरफ्तार किया गया। प्रशासनिक दमन की यह प्रक्रिया लगातार जारी थी। भवाली में धरना दे रही महिलाओं पर पत्थर बरसाए गए। 13 अप्रैल को इन दमनात्मक कार्यवाहियों के विरोध में सोमेश्वर, अल्मोड़ा, रामगढ़ भीमताल, भवाली में प्रदर्शन हुए। 14 तथा 15 अप्रैल को नैनीताल और अल्मोड़ा में सरकार की इन दमनकारी नीतियों के विरोध में विराट प्रदर्शन हुए।[28] वास्तव में आंदोलन के इस व्यापक दबाव से बाध्य होकर सरकार को अंततः अल्मोड़ा जिले में शराबबंदी लागू करनी पड़ी लेकिन नैनीताल जिले में अभी भी नशीले पेयों का व्यापार बना रहा। 23 अप्रैल को भवाली में शराब भट्टी के विरोध में पुनः प्रदर्शन हुए और 24 अप्रैल से जिला कार्यालय नैनीताल में क्रमिक अनशन की शुरुआत हुई। इसी बीच स्थानीय कालेजों, विभिन्न राजनैतिक-गैर-राजनैतिक संगठनों, श्रमिकों तथा आम नागरिकों के सहयोग से उत्तराखंड संघर्षवाहिनी महिला मोर्चा, जागर, उत्तराखंड छात्र संगठन के नेतृत्व में धरने दिए गए, जुलूस निकाले गए और नैनीताल में शराबबंदी की माँग को लेकर सभाएँ की गईं। 2 मई को अनशन कर रहे तीन आंदोलनकारियों, निर्मल जोशी, देवीदत्त पांडे, मनोहरलाल को गिरफ्तार कर लिया गया, फिर भी विरोध, प्रदर्शन व उच्च अधिकारियों के घिराव का क्रम जारी रहा। 3 जून को चौखुटिया व 17 जून को नैनीताल में नशे के विरोध में विशाल प्रदर्शन किया गया। जुलाई में पब्लिक लेटिगेशन के अंतर्गत सुरा लिक्विड आदि के विरोध में सर्वोच्च न्यायालय में अपील हेतु हस्ताक्षर अभियान आरम्भ किया गया। आंदोलन को गढ़वाल में फैलाने के लिए 4-5 अगस्त को पौड़ी में एक बैठक की गई।

यह उल्लेख करना प्रासंगिक होगा कि हालाँकि अल्मोड़ा जिले में नशाबंदी लागू की जा चुकी थी और यह आंशिक थी लेकिन अवैध व्यापार को रोकने,

सुरा लिक्विड आदि को हटाए जाने की माँग को लेकर आंदोलन का क्रम जारी रहा।

इस दशक में पहाड़ों, विशेषत: कुमाऊँ में उठे इस असाधारण आंदोलन, जिसमें महिलाओं सहित ग्रामीण जनशक्ति की मुख्य भूमिका थी। लेकिन इस दशक के व्यापक आंदोलन के बावजूद भी नैनीताल में शराबबंदी व अन्य स्थानों में सुरा लिक्विड के व्यापार को प्रतिबंधित नहीं किया गया। यदि इस आंदोलन का समग्र विश्लेषण करें तो यह स्पष्ट होता है कि नशे से जुड़े व्यापारियों, नशे के राजनैतिकार्थिक लाभ से प्रेरित सरकारी गठजोड़ ने जनसाधारण की विरोध की इस अभिव्यक्ति को सफलता की अंतिम मंजिल तक नहीं पहुँचने दिया। कहने का अभिप्राय यह नहीं कि यह आंदोलन बिना कुछ पाए समाप्त हो गया वरन् नशे की संस्कृति के खिलाफ एक विराट चेतना ने लोगों के मन को नि:संदेह उद्वेलित करने के साथ-साथ एक लक्ष्य की ओर जाने को प्रेरित किया। यही कारण है कि आज भी इस व्यवस्था के खिलाफ जन आक्रोश के अंकुर फूटते दिखते हैं।

संदर्भ

1. थिमैय्या, जी० : सोशियो इकोनोमिक इम्पेक्ट आफ ड्रिंकिंग इन कर्नाटक (भूमिका)
2. सत्यपथ : 8 नवम्बर 1961, पृ० 4
3. पाठक, शेखर : नशा एक षड्यंत्र है, पृ० 10
4. सरला देवी : व्यावहारिक वेदांत : एक आत्मकथा, पृ० 187
5. उक्त
6. कर्मभूमि : 10 अप्रैल, 1965, पृ० 6
7. सरला देवी : पृ० 186-87
8. सत्यपथ : 16 मार्च 1966, पृ० 3
9. कर्मभूमि : 19 जून 1965, पृ० 3-4
10. शक्ति : 28 जनवरी 1967, पृ० 3
11. सत्यपथ : 8 दिसम्बर 196[illegible], पृ० 7
12. कर्मभूमि : 18 मार्च 1967, पृ० 8
13. शक्ति : 8 अप्रैल, 1967, पृ० 3
14. युगवाणी : 2 अप्रैल 1967, पृ० 3
15. शक्ति : 6 मई 1967, पृ० 3
16. युगवाणी : 14 मई, 1967, पृ० 3

17. कर्मभूमि : 22 जुलाई, 1967, पृ० 4
18. स्वाधीन प्रजा : 27 फरवरी 1968, पृ० 5
19. सत्यपथ : 16 अप्रैल 1968, पृ० 3
20. पाठक, शेखर : नशा एक षड्यंत्र है, पृ० 10
21. स्वाधीन प्रजा : 8 अप्रैल 1969, पृ० 3
22. स्वाधीन प्रजा : 3 जून 1969 पृ० 7
23. स्वाधीन प्रजा : 1 जुलाई 1969, पृ० 1
24. स्वाधीन प्रजा : 8 जुलाई 1969, पृ० 1
25. आबकारी विभाग का कार्यपूर्ति दिग्दर्शक, 1981-82
26. पाठक, शेखर : नशा एक षड्यंत्र है, पृ० 23
27. पाठक, शेखर : नशा एक षड्यंत्र है, पृ० 19
28. पाठक, शेखर : नशा एक षड्यंत्र है, पृ० 21

परिशिष्ट—तीन

कुमाऊँ में नशे के सामाजिक-आर्थिक प्रभाव

"इतिहास में अपने धर्म और समाज के लिए जितने लोग मरे हैं, उससे कहीं अधिक अपनी पीने की आदत से और अफीम खाने से मरे हैं।"

—एडल्स हक्सले

नशा सिर्फ एक विषय ही नहीं वरन् पर्वतीय जन-जीवन को नष्ट करने का एक कुचक्र है। यदि अतीत में झांकें तो यह तथ्य सामने आते हैं कि लगभग एक शताब्दी पूर्व उत्तराखंड में शराबखोरी और इससे उत्पन्न सामाजिक-सांस्कृतिक तथा आर्थिक विकृतियों व बिखराव की समस्या नहीं उभरी थी। लेकिन औपनिवेशिक सत्ता के विकास-विस्तार व नीतियों के विकास के साथ-साथ नशीले पदार्थों के असाधारण प्रचलन के साथ इन बिखरावों का सिलसिला आरम्भ हुआ। फिर भी स्थानीय सामाजिक-आर्थिक ढांचे का इतना विकृत रूप नहीं उभरा था जितना स्वतंत्रता के बाद के इन 42 वर्षों में देखने को मिला। इस दौर में नशीले पदार्थों ने न केवल जनता का स्वास्थ्य चौपट किया वरन् इस इलाके में मृत्यु दर बढ़ी। सेना में स्थानीय युवकों की भर्ती-दर में असाधारण कमी आई। इतना ही नहीं बल्कि आर्थिक स्थितियों में असंतुलन, चारित्रिक-नैतिक गिरावट के साथ-साथ अपराधों में वृद्धि और जनजीवन में असुरक्षा भी दिखने लगी। शीघ्र ही यह क्रम कुमाऊँ के दूरस्थ अंचलों में भी तेजी से फैलता चला गया।

नशे के व्यापक प्रसार ने स्थानीय जनता के स्वास्थ्य को बुरी तरह प्रभावित किया। पिथौरागढ़-अल्मोड़ा जनपदों में इस दौर में अधिकांश लोगों की मृत्यु नशा जन्य बीमारियों से हो रही है। भारत सरकार के महानिदेशक (स्वास्थ्य) ने इस बात का उल्लेख किया था कि दिल्ली में तपेदिक रोगियों में लगभग 60 प्रतिशत लोग पहाड़ों के रहने वाले हैं। इस बीमारी का मुख्य कारण नशीले पदार्थों का सेवन है। स्थानीय सरकारी चिकित्सकों का भी यह मानना है कि

मरीजों में 25 प्रतिशत को हुई बीमारियाँ नशीले पदार्थों के सेवन से जन्मी हैं। वास्तव में नशीले पदार्थों के सेवन से टी० बी०, सिरोसिस जैसी अनेक घातक बीमारियों ने जनता के स्वास्थ्य को बुरी तरह प्रभावित किया है। साथ ही इस तंत्र ने नशीली/जहरीली शराब बनाकर लोगों के जीवन को असुरक्षित भी किया है। शराब के नाम पर बिकने वाले अनेक जहरों ने अनेक लोगों की जान ली है। 1983 में कोटद्वार में, 1984 में रामनगर में दो यात्री बस परिचालकों की मृत्यु अशोका लिक्विड पीने से हुई थी। इसी दौर में अल्मोड़ा में बाहर से आए अध्यापक तथा नैनीताल में विद्युत विभाग के कर्मचारी व वकील की असामयिक मृत्यु का कारण शराब ही थी। 1971 में पिथौरागढ़ जिले में नशे से बेहोश एक ग्रामीण को सियारों ने नोचकर मार डाला था। हाल ही में चम्बा इंटर कालेज (टिहरी गढ़वाल) में दो नशा प्रेमी अध्यापकों तथा एक प्रयोगशाला सहायक की मृत्यु स्प्रिट पीने से हुई थी। इसी जिले में अंजनी सैंण के पास शराबियों ने एक व्यक्ति पर मिट्टी का तेल छिड़ककर आग लगा दी थी। ये घटनायें कुछ ही स्थानों तक सीमित न थीं वरन् लगभग सम्पूर्ण उत्तराखंड और देश के विभिन्न भागों में इसे देखा जा सकता है। 5 मार्च 1989 को बड़ौदा में 126 लोगों के जहरीली शराब पीने से मर जाने की घटना इस वीभत्ससता के स्पष्ट उदाहरण हैं।

नशीले पदार्थों के प्रचलन ने न केवल स्थानीय जनता के स्वास्थ्य को चौपट किया है वरन् समूचा पहाड़ इस तंत्र से आर्थिक रूप से भी तबाह होता जा रहा है। लोगों के पास मजदूरी, पेंशन, मनीआर्डर, अनुदान, ऋण आदि के माध्यम से मिल रही पूँजी का अधिकांश भाग नशीले पदार्थों के सेवन में चला जाता है। शहरों, कस्बों के आस-पास की देहाती जनता लकड़ी, साग-भाजी, दूध आदि बेचकर नशीले पदार्थों का प्रयोग करती देखी जा सकती है। लेकिन इन स्थानों में जहाँ कृषि या अन्य माध्यमों से अपेक्षाकृत अधिक सम्पन्नता है, जैसे—चम्पावत (पिथौरागढ़), चम्बा (टिहरी गढ़वाल), मसूरी, रवाँई (उत्तरकाशी), सोमेश्वर, गरुड़, चौखुटिया द्वाराहाट, बालगंगा घाटी आदि में नशीले पदार्थों का प्रचलन स्थायी रूप न ले सके थे।

नशे के प्रचलन ने पहाड़ी युवकों की सेना में भर्ती की दर को घटाया है। भूतपूर्व लेफ्टीनेंट जनरल गजेंद्र सिंह रावत ने भी यह बात स्वीकार की थी। 1983 में गढ़वाल राइफल्स में भर्ती के समय 500 युवकों में से केवल 35 ही शारीरिक रूप से सेना हेतु स्वस्थ पाए गए थे। ये तथ्य इस बात के स्पष्ट संकेत हैं कि स्थानीय लोगों ने नशीले पदार्थों द्वारा किस सीमा तक अपने स्वास्थ्य को खोया है। नशीले पदार्थों द्वारा उत्पन्न इन विकृतियों के साथ-साथ नशे ने सामाजिक-राजनैतिक तनावों और हत्या-अपराध संस्कृति को भी जन्म दिया है।

इस दौर में नशे के विरुद्ध उठे जन-आंदोलनों को कुचलने के लिए ऐसे लोगों की आवश्यकता हुई जो समय पड़ने पर खतरे उठा सकें, रक्तपात कर सकें। यहीं से अपराधी गिरोहों की पहाड़ों में नशे के तंत्र से व्यापक साझेदारी की शुरुआत हुई। राजनेताओं ने इनको आश्रय दिया। जब इन अपराधियों की उपयोगिता समाप्त हो जाती है तो यह तंत्र इन्हें स्वयं समाप्त करवा देता है और शेष आपसी लड़ाइयों में मारे जाते हैं। यही कारण है कि पिछले दशक के बाद से उत्तराखंड में युवकों की तथाकथित हत्याओं की संख्या तेजी से बढ़ी है। अल्मोड़ा जिले के पुलिस अधीक्षक ने भी इस बात को स्वीकार किया है कि शराब का प्रचलन बढ़ने से पहाड़ों में मारपीट और हिंसक वारदातें हुई हैं। बेरीनाग में सुरा-शराब के अवैध व्यापारी द्वारा स्थानीय जनता को आतंकित किए जाने पर उसकी हत्या, इन घटनाओं का स्पष्ट उदाहरण है। इतना ही नहीं वरन् जनवरी 1982 को चलमीछीना (अल्मोड़ा) में शम्भूदत्त पांडे, 1983 सितम्बर में अल्मोड़ा में अजय पंत, दिसम्बर 1983 में जौरासी (अल्मोड़ा) में लालसिंह, फरवरी 1984 में दोड़म में धानसिंह, मार्च 1984 में लोहाघाट में एक युवक और 1984 अगस्त में बीसाबजेड़ (पिथौरागढ़) में उमेद सिंह द्वारा किए गए हत्याकांड और प्रतिशोध स्वरूप उसकी हत्या में सुरा-शराब की अहम् भूमिका रही थी। अपराध व अपराधियों के एक सर्वेक्षण से यह तथ्य सामने आए हैं कि उत्तर प्रदेश की जेलों में सजा भुगतने वालों में 70 प्रतिशत अपराधी ऐसे हैं जिन्होंने नशे में संतुलन खोकर गम्भीर अपराध किए हैं। 8 अक्टूबर 1983 को नैनीताल के सिनेमा हॉल में हुए गोलीकांड, जिससे अरुण कुमार नामक एक युवक की मृत्यु हुई थी, का कारण पुलिस वालों का शराब पिया होना था। फरवरी 1984 में अन्यत्र नंद प्रयाग में फतेहसिंह की मृत्यु का कारण भी शराब ही थी। नशे ने प्रत्यक्ष या अप्रत्यक्ष रूप से स्त्रियों की दशा को बुरी तरह से प्रभावित किया है। जहाँ एक ओर पुरुषों के नशे में डूबे रहने से परिवार की व्यवस्था बनाए रखने का पूरा बोझ उन पर आया है वहीं दूसरी ओर नशा-जन्य पारिवारिक कलह-मारपीट ने उनकी स्थिति को दुखमय बनाया है। कासनी (पिथौरागढ़) में एक ग्रामीण महिला देवकी देवी को एक अवर अभियंता द्वारा जिंदा जलाए जाने की घटना भी नशीले पदार्थों से ही जुड़ी थी। नशीले पदार्थों ने इस अपराध संस्कृति को विकसित करने के साथ-साथ अनेक सड़क दुर्घटनाओं को भी जन्म दिया है। चालकों द्वारा नशा किया होने के कारण उत्तराखंड में सैकड़ों लोगों को ट्रक-बस दुर्घटनाओं में अपनी जान गँवानी पड़ी है। 22 जनवरी 1975 को पिथौरागढ़ के समीप नैनीपातल में हुई बस दुर्घटना में चालक सहित टिंचरी पीए हुए 30 लोग मारे गए थे। अगस्त 1981 में बाराकोट (पिथौरागढ़) के पास बस दुर्घटना में

50, 1982 जनवरी को गौरीहाट में 7, 1984 में चम्बा (टिहरी गढ़वाल) में ट्रक दुर्घटना में 5 मार्च, 1984 में ओखलकांडा में बस दुर्घटना में 10 लोगों के मारे जाने के साथ-साथ 9 जनवरी 1988 को खैरना (अल्मोड़ा) के पास बस में रखी शराब के आग पकड़ लेने से 46 लोगों को जीवित जल जाना पड़ा था। नशीले पदार्थों से जुड़े ये अपराध-दुर्घटनाएँ अब इस पर्वतीय क्षेत्र में आम हो चुकी हैं।

यह उल्लेखनीय है कि नशे के इस प्रसार से स्थानीय सामाजिक-आर्थिक ढांचे के चरमरा जाने के बाद भी सुरा-शराब तथा नशे की संस्कृति का सम्मान बना हुआ है। इस सम्पूर्ण व्यवस्था का जरा गहराई से विश्लेषण करें तो यह स्पष्ट होता है कि प्रशासन, पुलिस, आबकारी प्रशासन की लापरवाही के साथ-साथ सुरा-शराब तंत्र के प्रशासन और राजनीति पर हावी हो जाने से अभी तक नशीले पदार्थों का पहाड़ों में प्रवाह जारी है।

परिशिष्ट—चार

नशीली औषधियों के विरुद्ध 1986 में उच्च न्यायालय, इलाहाबाद, द्वारा दिया गया निर्णय

IN THE HIGH COURT OF JUDICATURE AT ALLAHA BAD

CIVIL SIDE.
ORIGINAL JURISDICTION.
DATED : ALLAHABAD, 15th OCTOBER, 1986.
BEFORE THE : HON'BLE K. C. AGRAWAL, J.
HON'BLE R. P. SINGH, J.

CIVIL MISCELLANEOUS WRIT PETITION NO. 480 OF 1982.

Order on the petition filed on behalf of Dabur (Dr. S. K. Burman) Private Limited, Sahibabad, Ghaziabad through the Director Shri G. C. Burman, and another.

...Petitioner.

INRE :

1. Dabur (Dr. S. K. Burman) Private Limited, Sahibabad, District Ghaziabad, through the Director Shri G. C. Burman.
2. Jagat Singh Bisht, Wholesale Dealer of Dabur (Dr. S. K. Burman) Private Limited, Mall Road, Almora.

......Petitioners.

Versus

1. The state of U. P.
2. The Excise Commissionar, U. P., Allahabad.
3. The Collector, Ghaziabad
4. The Collector, Almora.
5. The Collector, Pithoragarh.......Respondents.

Counsel for the Petitioners—Shri M. S. Negi.
Counsel for the Respondents, S. C.

(By the Court)

(Delivered by Hon'ble K. C. Agrawal, J.)

This writ petition under Article 226 of the constitution has been filed by Dabur (Dr. S K. Burman) Private Limited, Sahibabad, district Ghaziabad and Jagat Singh Bisht, who was the wholesale dealer of Drug products, carrying on his business in Almora. The reliefs sought for by this petition is for quashing of the notifications, the details of which would be given at appropriate places in this judgement, and for Mandamus directing the state of U. P. and the Excise commissioner as also its officers from Interfering with the business of the petitioners in Ayurvedic medicines, including Mrit Sanjiwani Sura, in pursuance of the impugned notifications and the Rules Published by Respondents 1 and 2 on 14th September, 1978.

For discussing the points urged, since it is necessary to make a brief reference of the relevant provisions of the U. P. Excise Act, we hereby do so. Amongst the various objects of the aforesaid Act enumerated in its preamble, one of them is to carry into effect the policy of prohibition.

Section 3 of the Act is an interpretation clause giving definitions of various terms used in the Act. The words which are important for our purposes are : 'Spirit', defined in S. 3 (8), 'Liquor', defined in S. 3 (21), 'Intoxicating drug', defined in S. 3 (12) and 'Intoxicant', defined in S. 3 (13). Section 4 confers power on the State Government to declare what is to be deemed 'Liquor'. It reads :

"The State Government may by notification declare any substance to be 'Liquor' for the purposes of this Act or any portion thereof."

Section 37-A is the next provision, relevant for our purposes. This section was enacted in Chapter VI-A by U. P. Act No. 6 of 1972. This section was subsequently declared ultra vires by a Full Bench of this Court in Sheo Kumar V. State (A. I. R. 1976, Allahabad 386). Subsequently, sectioa 37-A was substituted by Section 4 of U. P. Act No. 30 of 1978 retrospectively (with effect from 1.5.1972). It received the assent of the president of India. Section 40 confers power on the State Government to make rules for the purposes of carrying out the provisions of this Act or other law for the time being in force relating to excise revenue. Sub Section (2) of section 40 provides for various matters in respect of which rules could be made by the State Government. Section 41 confers power on the Excise Commissioner to make rules with respect to matters mentioned therein, subject to the previous sanction of the State Government.

Section 75, with which we are concerned, is one of the main provisions on the interpretation of which the fate of this writ petition hangs upon. Consequently, we would prefer to goute this section in full. It reads :

"75. Exception of medicated articles — Nothing in the foregoing provisions of this Act applies to the import, manufacture, possession, sale or suply of any bonafide medicated articles for medicinal purposes by medical practitioners, Chemists, Druggists, apothecaries of keepers of dispensaries, except in so far as the State Government may by notification so direct."

Under Section 75 of the State Government has the power to exempt any person or class of persons or any intoxicant, wholly or partly, from the operation of all or any of the provisions of this Act or of all or any one of the rules made under this Act, either throughout Uttarpradesh or in any specified area comprised therein. The main provision of section 77 is thal all rules made and notifications issued under this Act shall be published in the Official Gazette and shall have effect as if enacted in this Act from the date of such publication or from such other date as may be specified in that behalf.

In view of Section 75 of the U. P. Excise Act nothing contained in Sections 1 to 74 applies to the import, manufacture, possession, sale or supply of any bonafide medicated article for medicinal purposes by madical practitioners, chemists etc. As a result of this, nothing contained in Chapters I to VIII applies to bonafide medicated articles meant for medicinal purposes. The State Government had materials in its possession that the medicated articles including Mrit Sanjiwani sura, Mrit Sanjiwani and Mrit Sanjiwani Sudha, which were being prepared or manufactured according to Ayurvedic System, were being misused. From paragraph 5 of the counteraffidavit, it appears that in view of a number of complaints against the use of misuse of the Ayurvedic and other medicines, the Government of India in 1963 appointed a committee under the Chairmanship of Justice Tekchand to make an assessment of the magnitude of illicit distillation. At that time numourous complaints had been made to the Government as against Mrit Sanjiwani Sura and the reports were that the said Sura was being used as substitute for alcoholic beverage.....................termendously in the prohibition districts. Tekchand submitted his report, Chapter XXI of the report submitted by him dealt with the misuse of spirituous medicinal, tiolet and other preparations. The committee observed, as it is clear from Annexure 'A' to the counter affidavit, that :

"The manufacture of Asavas by the addition of alcohol or by distillation should be prohibited.

Another clause of spirituous Ayurvedic preparations marketed particularly in West Bengal are what are known as Suras and Sudhas (Mrit Sanjiwani Sura).

The only was to put a stop to such a preparation is to subject them to a very high rate of duty so as to make their availability as costly as possible."

In the year 1966, a Sub Committee was appointed by the U. P. Government for making recommendations regarding categorisation of Ayurvedic medicines containing alcohol which were capable of being consumed as ordinary alcoholic beverage. This Committee consisted of the Director of Ayurvedic Medicines, Superintendent, State Pharmacy, Director of Post Graduate Institute of India (Medicine), Banaras Hindu University, Varanasi, and one Haji Mohammad Sabbir Raza of Lucknow. This Committee came to the conclusion that the Ayurvedic preparations could be used for potable purposes at a place where no other alcoholic beverages are available.

In M. B. S. Ousdhalaya V. Union of India (A. I. R. 1963, S. C. 622), thc question before the Supreme Court was about the legality of duties levied on the medicinal and toilet preparations by the State Government. The Supreme Court allowed the petitions filed before it under Article 32 of the constitution and directed that Mrit Sanjiwani Sura. Mrita Sanjiwani and Mrita-Sanjawani Sudha were three Ayurvedic medicinal preparations. They could be taxed under the various excise Acts in forcc in various States and could further be taxed in accordance with the provisions of the medicinal and Toilet Preparations (Excise Duties) Act. The observations, which are material for our purposes in this case, are :

'They are also capable of being misused as ordinary alcoholic beverages.'

The State Legislature had enacted Section 37 A empowering the State Government to prohibit import, export transport, possession or consumtion of intoxicants in the areas mentioned in Sub-Section (4) of Section 37 A, Sub-Section (4) of section 37 A was, however, subject to sub section (3) of the aforesaid section. Sub-section (3) of Section 37 A empowered the State Government to select different areas for prohibition in the State after taking into account any or more of the factores enumerated in clauses (a) to (b) of the aforesaid sub-section. Sub section (3) was enacted an order to give affect to the policy of gradual extension of prohibition. In clause (iv) of (a), 'Hill area & is mentioned as an area where prohibition could be imposed. The State Government had earlier imposed the policy of prohibition in twelve districts but subsequently it was confined to five districts, which were Pithoragarh, Uttar Kashi, Chamoli, Tehri Garhwal and Pauri Garhwal. They had been declared to be dry, in addition to Hardwar and Brindawan areas in the districts of Saharanpur and Mathura.

In order to have successful implementation of the policy of prohibition, the State Government felt it necessary that it should issue a notification as empowered by section 75, which reads 'except in so far as the State Government may by notification so direct.' The State Government issued Notification No. 9249-E/XIII-564-77 on 14th September, 1978, the relevant portion of which is quoted below :

> "The exercise of the powers under section 75 of the U. P. Excise Act, 1910 (U. P. Act No. IV of 1910), the Governor is pleased to direct that with effect from the date of publication of this notification in the Gazette, the provisions preceding section 75 of the aforesaid Act and the rules, existing and as may from time to time be made with respect to transport, possession, sale or Supply of Restricted Spirituous preparations, shall in areas specified or as the State Government may from time to time specify under sub section (4) of section 37-A of the said Act apply to the transport, possession, sale or supply by medical practitioners, chemists, druggists apothecaries and keepers of dispensaries of banafide

medicated articles for medicinal purposes as may be declared liquor under sub section (1) of Section 4 and of the said Act."

This issuance of the notification under Section 75 applying the provisions of Sections 1 to 74 to medicinal preparations could not serve the purpose unless some more steps were taken. For this purpose, on the same date, the state Government issued another notification No. 9250-E/XIII-564-77 declaring that with effect from the date of publication of the notification itself the Homeopathic Dilutions containing alcohol and other Spirituous Medicinal Preparations would be deemed to be liquor for the purposes of transport, possession, and sale with in the meaning of this Act. The combined effect of the two notifications was that the medicines mentioned therein were to be regarded or deemed to be liquor for the purposes of transport, possession and sale.

As a result of the combined effect of the two notifications aforesaid, the medicinal preparations mentioned in the schedule in the notification under Sub-Section (1) of section 4 were to be regarded as Restricted Spirituous Preparation. Further steps were necessary to make rules under section 40 by the state Government in exercise of the powers under sub laying down the details about transport and possession of notified Restricted spirituous preparations. Consequently, the state Government in exercise of the powers under Sub-Sections (1) and (2) and the provison to Sub-Section (3) of Section 40 of the U. P. excise Act issued notification No. 9251-E/XIII-564-77 on 14th September, 1978, itself, publishing "The Uttar Pradesh Transport and possession of notified Restricted Spiritous Preparations (prevention of Misuse) Rules, 1978", Rule 3 of the said Rules Classified Spirituous Medicinal and toilet preparations in two categories, namely, Restricted preparation and Unrestricted Preparation. A list of Restricted Preperations was given in the schedule appended to these Rules. This list included, amongst others, Mrit Sanjiwani Sura.

In exercise of the powers under section 76, the State Government issued another notification No. 9252-E/XIII-564-77 on 14th September, 1978, exempting throughout Uttar Pradesh the 'Notified Restricted Spirituous Preparation' as defined in rule 2 (ii) of the Uttar Pradesh Transport and Possession of Notified Restricted Spirituous Preparation (Prevention of Misuse) Rules, 1978, from the operation of the provisions of the said Act, other than sections mentioned therein and of the Rules made under the aforesaid Act other than the Uttar Pradesh Transport and Possession of Notified Restricted Spirituous Preparations (Prevention of Misuse) Rules, 1978.

The only other Rule to which mention was made during the course of argument by the learned counsel for the petitioners was Rule 12. It deals with the grant and renewal of licence for the retail vend of Notified Restricted Spirituous Medicinal Preparations. It provides that licence for the retail vend of Notified Restricted Spirituous Medicinal Preparations in form 15 B (Appendix II) shall be granted by the collector of the district to banafide chamists and druggists who may make an application for the same giving details of the licences held by them under the Drugs and Cosmetics Act, 1940 and the Central Drugs and Cosmetics Rules, 1945.

Feeling it necessary that sale of Notified Restricted Spirituous Preparation was necessary, the Excise Commissioner in exercise of the powers under section 41 of the U. P. Excise Act, with the previous sanction of the State Government, made the rule known as The Uttar Pradesh Sale of Nolified Restricted Spirituous Preparations (prevention of Misuse) Rules, 1978, notifying on September 14, 1978, by notification No. 4487—Licence with a view to regulate the sale of the Notified Restricted Spirituous Preparations.

The first submmission of the learned counsel for the petitioners was that the notifications Nos. 9250, 9251 and 4487 aforesaid were ultra vires the powers of the State Government in as much as the State Government being the delegates could exercise only such powers as had been conferred upon it. The occasion to issue the notifications under Section (4) (1), 40, 41 and 76 could arise only when the notification under Section 75 applying the Provisions of sections 1 to 74 of the U. P. Excise Act had been first lifted. So long as the notification lifting the applicability of Section 1 to 74 had not been published, as was required by Section 77, the State Government did not have the power to issue notifications under Sections 4 (1), 76, 40 and the Excise Commissioner under S. 41. Issuance of the notification under Section 75 and its publication in the official Gazette was a condition precedent and so long as that condition had not been accomplished, the publication of other notifications though simultaneous, was invalid. For the proposition advanced, learned counsel for the petitioners relied on a decision of this Court in Vir Narain Tyagi V. The state of U. P. (1978. A.L.J. 919). This was also a case relating to the validity of the notifications issued under Sections 75, 76-40 and 41. The sequence of the notification of that case was :

1. Notification No 1130/E/XIII-523-72 under Sec. 4,
2. Notification No. 1128-E/XIII-523-72 under Sec. 40,
3. Notification No. 1131-E/XIII-523-72 under Sec. 75,
4. Notification No. 1132-E/XIII-523-72 under Sec. 76.

All the aforesaid notification were dated February 13, 1978. The fifth notification involved in that case was 11719/XXV-19, published on the same date by the Excise Commissioner.

Before the Division Bench, the argument was that the power to issue notifications under the U. P. Excise Act came into being only after the notification containing the relevant direction under section 75 had been issued, and as the notification under Section 75 was not first in point of time, the other notifications issued under section 4, 40, 41 and 76 were invalid. This contention was upheld by the Division Bench by holding that :

> "In view of the words 'except in so far as the State Government may by notification so direct' occurring in S. 75 and the manner of issuing such a notification provided for in S. 77 of the U. P. Excise Act the prior publication of a notification under S. 75 is a condition precedent to the exercise of any power under S. s. 1 to 74 in so for as they relates to the import, manufacture, possession, sale or supply of any bonafide medicated article for medicinal purposes by medical practitioners etc. referred to in S. 75."

We respectfully agree with the view taken in Vir Narain Tyagi V. The State of U. P. (Supra) that the notification under Section 75 had to be issued first directing the application of the provisions of the Sections 1 to 74 to the Medicinal Preparations before the notifications under Section 4, 40, 41 and 76 were issued. We also respectfully express our agreement that publication of the notification under s. 75 was a condition precedent. In other words, so long as a notification under Section 75 had not been published, no action under the Act with regard to bonafide medicated articles for medicinal purposes could be taken. By Section 75, the applicability of Sections 1 to 74 to bonafide medicated articles for medicinal purpose had been excluded except in so far as the State Government may direct by notification. The State Government had the power to issue a notification applying the provisions of the U. P. Excise Act to medicated articles meant for medicinal purposes. As observed above, so long as the notification directing the applicability of Sections 1 to 74 or any other provision preceding Section 75 had not been applied to Medicinal Preparations by the State Government by means of a notification, no action under them could be taken.

The difficulty, however, arises when the learned counsel for the petitioners want us to apply the ratio of the aforesaid case to the facts of the present case. In the instant case, we have given the details of all the relevant notifications issued in this case were in proper order and after Sectious 1 to 74 had been applied by means of notifications followed by Section 4 (1) declaring Spirituous Medicinal Preparations as 'Liquor' were issued notification No. 9249 being prior in point of time, the notification No. 9252 was not beyond the powers of the State Government. The State Government had acquired the power to declare Spirituous Medicidal Preparation as 'Liquor' in as much as Sub-Section (1) of Section 4 had become applicable by reason of the lifting of the exception provided for by Section 75.

Learned counsel urged that irrespective of the sequence in which the notification were issued in Vir Narain Tyagi's case (Supra), the law laid down in that case was that the relevant notification could not be issued on the same date in as much as the State Government could acquire jurisdiction to issue other notification only after the publication of the notification under Sec. 75 had been finalised, and since at the time when the notifications under Sections 4 (1), 40 and 41 and 76 had been prepared by the State Government in the instant case, the notification under Section 75 had not seen the light of the day, the State Government did not have the power or jurisdiction to declare under Section 4 (1) that the Spirituous Medicinal Preparations were liable to be treated as liquor. Similar argument was made by the learned counsel with regard to the notifications issued under Sections 76 and 40. We find it difficult to accept the submission of the petitioners learned counsel. The power of the State Government had to be found from the various provisions of the U. P. excise Act. Section 75 could not restrain the state Goverment from thinking about the policy which it had to apply with regard to Medicinal Preparations. The decision of imposing prohibition under Sub-Section (3) and (4) of Section 37-A is inter-linked, in the circumstances of the present case, with Section 75, 40 and 41. There could be no successful implementation of the policy of prohibition unless the State Government had taken decisions simultaneously with the matters enumerated therein. It is not the requirement of law that there should be time lag before the notification under Section 75 and other notifications under Sections 4, 40, 76 and 41 had been issued. For implementing the policy of prohibition, several steps were necessary and decision with regard to all the steps had to be taken at one and the same time.

For what we have said above, we agree with the submission of the learned counsel that Section 75 was a condition precedent. But, we are unable to uphold the contention that publication of this notification with others could not be simultaneuos. One aspect of the matter which we wish to emphasise here is that it is the same authority, that is, the State Government which had to issue all the three other notifications. It was emphasised by the learned counsel that the earlier judgement being that of a Division bench, this Court is bound by the same and if it wishes to differ, the case will have to be referred to a larger Bench. We must have thought of referring the case to a larger Bench had we decided to differ from the earlier decision. We, in fact agree with the ratio of the aforesaid case and therefore, there is no occasion or question of referring the controversy involved before us to a larger Bench. What is Binding on a subsequent Bench is the principle of the ratio decidendi. It has been said by Dias in his book on Jurisprudence at page 49 that statements which are not part of ratio decidendi are distinguised as obiter dicta and are not binding.

The Author says :

> "No rule could be regarded as being the ratio decidendi which would not support the ultimate result."

Another aspect of the matter which needs a mention is that a decision is to be read in the light of facts in which it is given. If it is divorced from facts, the true principle laid down cannot be found. In Quinn V. Leathem (1901) Ac, 495, Lord

Chancellor Halsbury said at page 506, indicating some of the principles on which the law of precedents is based, that first principle is that every judgement must be read in the contest of the facts of that particular case. The second principle is that a case is only an authoriry for what it actually decides and not for the proposition that seems to follow logically from it.

If we take into account the facts of the case of Vir Narain Tyagi (Supra), there would be no difficulty in finding that the ratio of the decision was that the notification under Section 75 had to proceed before the notifications under Sections 4, 40, 41 and 76 had been issued. In that case, the learned judges neither had any occasion nor did they say that irrespective of the sequence of the notification, all of them were invalid simply on the ground that had been issued on the same date. We are unable to find anything in the U.P. Excise Act with prohibited the State Government to have simultaneously published the notifications. In the interpretation of statutes, it is as important to read the Statute as it is to read about, it. If we were to keep this thing in mind, there would be no difficulty in accepting that the notifications could be made simultaneously. It would be impossible to think that the State Government would publish the notification under Section 75 without any purpose in view. It may be noted here that it is not possible for the Court to control the process of thinking of the State Government and to rule it that first it must decide Section 75 and only then start thinking about other steps necessary to be taken for achieving the purpose for which the notification under Section 75 is issued and the provisions of Sections 1 to 74 are made applicable to medicinal preparations. If we look for the meaning of a particular word, phrase, sentence, paragraph or section, the context also includes the relevant factors outside the item under examination that are contained in the Statute itself (Read Dikerson The Interpretation and Application of Statutes, Page 110).

If the Legislature would have intended, what was argued

before us by the learned counsel, It could have said so by making a provision in the U. P. Excise Act itself something which is not intended in the section, cannot be imported into it.

It has been said Introduction to English Lap by Phillip S. Jemes Seventh Edition, at Page 12 that :

"It is the duty of the Judges to know and to apply the principles which emerge from the case law of the past, to adapt, them to the conditions of the present, and so to mould them that they may be fit to serve for the future. Nothing every thing which a Judge says in the course of his judgement creates a precedent, but only his pronouncement of law in relation to the particular facts before him. This pronouncement as already stated above, is called the ratio decindi of the case."

Relying on the following passage from the decisicn of the Supreme Court in Somwanti V. State punjab (A I.R. 1963, S. C., Page 1) learned counsel urged that the sequance of the notifications has an important role to decide the controversy before us. The passage is quoted below :

"The serial numbers of the notifications are Nos. 5089/41 (B)/(1)/61/18754 dated August 18, 1961 and 5809-4 1B (1)/61/18760 dated August 19, 1961 and it would appear from them that the preliminary notification did in fact precede the final declaration."

We find that the notification under Section 75 was first in point of time and thereafter others were made. The court should follow the principle laid down by the Supreme Court in the aforesaid case where as well on the basis of serial number the Supreme Court held that the notification under Section 4 preceded the final declaration made under Sub-Section (1) of Section 6 of the Land Acquisition Act. In the aforesaid case, by dispensing with Section 5-A, the State Government had published the notifications under Sections 4 and 6 on the same date. The controversy was whether the State Government had the power to issue the two notifications on the same date, when the requirement of law was that Section 4 notification should Precede the notification under Section 6. The Supreme Court replied the argument raised on behalf of the appellant before it who had challenged the validity of the two notifications. The Supreme Court observed that the two notifications could be issued on the same date.

Distinguishing Somawanti's case (Supra), the learned counsel for the petitioners urged that as prior publication of the notification under Section 4 was not necessary as it is in respect of Section 75 notification, the notification under Sub-Section (1) of Section 6 of the Act could be issued simultaneously. For this proposition, our attention had been brawn to the observations made by the Division Bench in Vir Narain Tyagi's Case (Supra), which distinguished Somawanti's case from the facts of the case before it and stated :

"This observation was obviously based on the language of the two sections. Had the language of these Sections made prior publication of a notification under Sub-Section (1) of S. 4 a condition precedent to the publication of a notification under Sub-Section 6, the decision of the Supreme Court would obviously have been that notification under S. s. 4 and 6 could not be issued simultaneously."

At this juncture, we wish to make a reference to the decisions of the Supreme Court wherein it has been bound that prior publication of the notification under section 4 of the Land Acquisition Act is necessary before issuing a declaration under Sub-Section (1) of Section 6.

The Collector V. Raja Ram (A. I. R. 1985, S. C. 1622), the Supreme Court said :

"A bare perusal of Sec. 4 (1) clearly shows that in order to comply with the statutory requirements therein set out, a notification stating therein the land which is needed or is likely to be needed for a public purpose has to be published in the official Gazette. The second part of the Sub-Section provides that the Collector has to cause public notice of the substance of such notification to be given at convenient places in the locality in which the land proposed to be acquired is situated."

The further observations made in this case, which are helpful for us, are :

"The Court also referred to Smt. Somawanti v. State of Punjab (1963) 2 S.C.R. 774 (A.I.R. 1963), S. C. 151 and quoted with approval the statement therein made that a valid notification under Sub-S. (1) of S. 4 is a condition precedent to the making of a declaration under Sub-S. (1) of S. 6. This view has been consistently followed and was approved in State of Mysore V. Abdul Razak Sahib (1973), S.C.R. 856, (A.I.R. 1973, S.C. 2361), wherein it was observed that in the case of a notification under S. 4 of the Land Acquisition Act, the law has prescribed that in addition to the publication of the notification in the official Gazette, the Collector must also give publicity of the substance of the notification in the concerned locality."

Another decision to which reference may be made is Deepak Pahwa V. Lt. Governor of Delhi (A. I. R. 1984, S.C. 1721). In this case, the Supreme Court held :

"Publication in the Official Gazette and public notice are two vital steps required to be taken under S. 4 (1) before proceeding to take the next step of entering upon the land under S. 4 (2). The time factor is not a vital element of S. 4 (1), publication in the official Gazette and Public notice in the locality are the essential elements of S. 4 (1)."

We may also point out against passage from the decision of

the Supreme Court in Babu Singh V. Union of India (A.I.R. 1979, S. C. 1713) which is as under :

"A notification under Sub-Section (1) of Section 4 is a condition precedent to the making of notification under Sub-Section (1) of Section 6. If this Government, therefore, takes a decision to make such a notification and thereafter two further decisions, i. e., to dispense with compliance with the provisions of S. 5 A and to declare that the land comprised in the notification is in fact needed for a public purpose there is not departure from any provision of the law even though the two notifications are published on the same day."

In this case, the Supreme Court was considering the question about the publication of the notification under Section 6 where the enquiry contemplated under Section 5 A had been dispensed with. After having referred to Somawanti V. State of Punjab (Supra), the Supreme Court had ruled that after the publication of the notification under Section 4, the notification under Section 6 could be issued. What is important to note in all of these cases is that the publication of the notification under Section 4 had been found to be mandatory or, in other words, a condition precedent for proceeding with acquisition by making a final declaration where section 5 A had been dispensed with. The Supreme Court in Babu Singh's Case (Supra) said that Section 6 notification could be immediately issued after the notification under Section 4. They could be one after the other.

For what we have said above, we find that the view taken by the Supreme Court in Somawanti's case (Supra) about simultaneous publication of the notifications under Sections 4 and 6 is of great help to us in deciding the controversy. We are, therefore, unable to agree with the petitioners' learned counsel's argument that the notification under Section 4 (1) is since a limited Section only for enabling the officials to enter upon the land for inspection and for determination of compensation for keeping the value of the land fair with reference to the date of its publication, therefore, it could not be given as much importance as has been given to Section 75. He urged that a notification under Section 4 (1) was not a condition precedent to the publication of the notification under Section 6 (1). Whatever may be the purpose of Sec. 4 (1), it is first step and mandatory one for acquisition without which further action cannot be taken. Its publication is also mandatory, as would be clear from the decisions cited above by us above.

The question whether a particular piece of delegated legislation, whether a rule or regulation, is in excess of the power of subordinate legislation conferred on the delegate has to be determined with reference only to the specific provisions contained in the relevant statute which conferred the power to make the rules. It is exclusively within the province of the legislature and its delegate to determine, as a matter of policy, how the provisions of the statute can best be implemented and what measures substantive as well as Procedure would have to be taken for the efficacious achievement of the objects and purposes of the Act. It is not for the Courts to examine the merits or demerits of the policy laid down by rule making body because its secutiny is to be confined only to the question as to whether the rule falls within the scope of the regulation making power conferred on the delegate by the Statute.

In the instant case, we have mentioned above that one of the objects of the U. P. Excise Act is to provide for prohibition which is provided for by article 47 of the constitution. Article 47 requires the States to endeavour to bring about prohibition of the consumption for the purposes of improvement of public health. Article 47 is founded largely on Gandhian Puritanism and directed primarily towards socially and physically depressed classes of people living in India. The notifications issued by the State Government in respect of which it had been duly empowered, cannot be quashed on the technical ground which has been urged before us, even if we should have been in agreement with the petitioners counsel. We would have thought in that event that Article 226 of the Constitution is not to come to the aid of such persons. We have noted above that the notification were valid. We have already emphasised the distinction in facts of the present case and those which were for consideration before the Division Bench deciding Vir Narain Tyagi's case (Supra).

In his article 'The Theory of Judicial Precedents' 16 L.Q.B., page 376, J. W. Salmond observed :

> "The only thing in a Judge's decision binding as an authority upon a subsequent Judge is the principle upon which the case was decided "

For the purpo e of appreciation of the points decided, the Court must look into the facts of the earlier cases as well as that of the case before it. If the two cases are distinguishable on facts, the earlier decision would not be binding Every case has certain fac s which every body recognises would be material and the ratio decidendi is all the material facts plus the conclusion.

In the instant case, we have noted above that the decision of the earlier case turnd on its own facts, Divorced from facts, it is not possible to hold that in Vir Narain Tyagi V. State of U. P. (Supra) even if the sequence of the notifications would have been in the same order, as it is in the present case, the law would have been the same.

Having thus disposed for the main argument of the learned counsel for the petitioners, we come to the other submissions made before us. Some of these grounds have been either rejected by the Full Bench in Sheo Kumar V. The State (Supra) or by the Division Bench in Vir Narain Tyagi V. State of U. P. (Supra).

Learned counsel urged that Mrit Sanjiwani Sura is since a medicine, which is being used by the public at large for the last more than hundred years and which has great medicinal potentality, the State Government could not have included the said medicine in the list of 'Liquor'. It has been said in paragraph 50 of the counter affidavit that Mrit Sanjiwani Sura, which is manufactured by the process of distillation and fermentation, contains alcohol more than 24% V/V and is being generally misused as alcoholic beverages in the prohibition areas of the State. It was on this account that Mrit Sanjiwani Sura and other Medicinal Preparations in Homeopathic System have been declared as liquor.

The State Governmant had picked up 17 medicines out of 600, as according to the material in its possession, those medicinal preparations were being widely misused. This point had been raised earlier in Vir Narain Tyagi's case, and in paragraph 25 of the said judgements, the argument was repelled. Since the same material exists in the instant case, as it was before the Bench deciding Vir Narain Tyagi's case, we respectfully agree with the decision given in that case. In M.B.S. Oushdhalaya V. Union of India (A.I.R. 1963, S. C. 622) the Supreme Court held that Mrit Sanjiwani Sura is also capable of being used as ordinary alcoholic beverage. It has been seen earlier that by the notification issued under Sub-Section (1) of Section 4, Spirituous Medicinal Preparations and Homeopathic Dilutions containing alcohol have to be treated as liquor.

Broadly speaking, the word 'liquor' signifies any sort of liquid or fluid substance, but it is employed more particularly in characterising intoxicating beverages. However, the word 'liquor' is sometimes used in a general sense denoting an alcoholic or spirituous liquor, eithar distilled or fermented, and as including all kinds of intoxicating decoctions, liquids, or beverages, whether spirituous, vinous, malt or intoxicating and it has frequently been defined by statute as including all distilled or rectified spirits, wine, and fermented and malt liquor. The State Government's decision, therefore, with regard to Mrit Sanjiwani Sura cannot be challenged as incorrect.

Section 3 (11) of the U. P. Excise Act defines the expression 'liquor' as meaning intoxicating liquor. The expression 'intoxicant' has been defined in Sub Section 13 of Section 3 as 'intoxicant means any liquor or intoxicating drug as defined by this act.'

Section 4, as has been noted by us above, confers power on the State Government to declare by notification any substance to the liquor for the purposes of this Act. In exercise of the power conferred by Sec. 4 (1), certain medicinal preparations have been declared as spirituous medicinal preparations. The word 'spirituous' has been defined in Webstor's Dictionary as rum, whisky, brandy and other distilled liquors. The Century Dictionary defines 'spirituous liquors' as containing much alcohol. The use of the word 'deemed' introduces statutory fiction and thus has artificial conceptions imbilede therein.

In com .V. Grey, 502, 61 AM DEC, 476, Metcalf, J. said :
"All Spirituous liquors are intoxicating..."

Learned counsel had argued that since the medicinal preparations were wrongly notified as Spirituous Medicinal Preparations, prohibition laid down by Section 37 A in the five hill districts had been wrongly applied in respect of Mrit Sanjiwani Sura, and others which are notified in the schedule as such. The general test for determining what medicinal compound or preparation containing alcohol may be considered intoxicating within the meaning of the term a 'intoxicating liquors' is the capability of the article in question for use as a beverage. Where, as here, therefore, a preparation had medicinal qualities and had been classed as a medicine but that does not prevent its being within the prohibitory laws so far as liquors retain their intoxicating character and are capable of being used as a beverage. Liquor traffic is dangerous to public health, safety and morals and, therefore, prohibition with regard to its transport, possession and sale is fully justified. This power is incidental to societies, right to selfprotection. It rests upon the right of the State to care for the health morals and Welfare of the people.

The next argument of the petitioner's counsel was that by issuing notifications impugned by this petition, the State Government has put a ban to trade in the medicinal preparations in respect of which fundamental right has been conferred by Article : 9 (1) (g) of the constitution. This argument was repelled by this Court in Vir Narain Tyagi's case (Supra) by observing :

> "In our opinion, for this reason too the challenge to the impugned notifications on the ground that they are hit by Article 19 of the constitution cannot be sustained, Consequently, the challenge to the impugned notifications on the ground that thay contravene the provisions of article 19 (1) (g) of the constitution also fails."

In fact, the aforesaid Division Bench which while negativing the claim of fundamental right relied on a Full Bench decision of this Court in Sheo Kumar V. State (Supra). The Full Bench had held that no person has any right to trade in intoxicants or drugs. The State has the exclusive privilege in respect of manufacture, possession, sale or consumption of intoxicating liquors and drugs. While taking the aforesaid view, the Full Bench had referred to a number of decisions of the Supreme Court. In paragraph 8, the Full Bench held :

> "In this context, if the State Totally prohibits transport or possession of intoxicating liquors or drugs, it will be placing reasonable restrictions on the freedom of inter-State trade and commerce in such bussiness—Narendra Kumar V. Union of India (A.I.R. 1960, S.C 430), M/s Fatehchand Himmatlal V. State Maharashtra (A.I.R. 1977, S.C. 1825), Suresh Chandra V. Stare of U. P. (A.I.R. 1977 All, 515 FB). It cannot be said that S. 37 A violated Art. 301."

The next argument of the petitioners learned counsel was

that the Drugs and Cosmetics Act, 1940, as well as medicinal and Toilet Preparations (Excise Duties) Act, 1955, which are Central Acts, Control and regulate the manufacture, production, distribution and sale of medicines containing alcohol. Consequently, the State had no jurisdiction to make any laws regulating the transport, possession and sale of medicines containing alcohol and narcotic drugs.

A similar argument was raised and rejected in Vir Narain Tyagi's case (Supra). We may recall that the aforesaid case was also a case challenging the notifications issued under Sections 75, 4, 40 and 41 with respect to medicinal preparations, including Mrit Sanjiwani Sura. After having elaborately discussed all the aspects on the aforesaid controversy, the Division Bench held :

> "As a necessary corollary provisions regulating misuse of medicinal preparations and drugs containing alcohol can be made by the State Government as also by the Excise Commissioner in the exercise of powers conferred on them by various Sections of the U. P. Excise Act. Such an interpretation would be in conformity with the rule of interpretation about 'harmonious construction', making an endeavour 'to solve the conflict' and attempting a 'reconcilliation' as laid down by the Supreme Court in Harakh Chand's case."

We respectfully agree with the view taken in that case and reject the submission of the petitioner's counsel.

Learned counsel also urged about the selection of areas under Section 37-A of the U. P. Excise Act for regulating the sale of Mrit Sanjiwani Sura and other Spirituous Medicinal Preparations as arbitrary. Counsel urged that the selection of five hill districts being arbitarry, the prohibition hits Article 14 of the constitution. It may be noted that Section 37-A confers power on the State Government to choose the districts or areas where prohibition has to be imposed. Sub-Section (3) of Section 37-A has provided that from time to time the State Government could select areas in that behalf after taking into account any one or more of the factors enumerated therein. Sub-clause (iv) of Clause (a) of Sub-Section (3) of Section 37-A mentions the hill area where prohibition could be imposed. It is a matter of common knowledge that hill area is a backward area and for the purposes of development and to eradicate social and other evils the Legislature choose five districts for prohibition. The main object of imposing prohibition is to compel the residents not to waste thier money on drinks and to spend the same on the members of their families as a result of which their living may be more comfortable making the money, which is wasted over drinks, available to the members of their families.

Learned counsel urged that since previously prohibition had been imposed in twelve districts and now it has been reduced to five, the State Government is not acting in accordance with Sub-Section (3) of Section 37-A, which requires gradual extension of prohibition and not reducing the area by confining it to lesser number of districts that those which had earlier been taken up for that purpose. On this matter the discretion rests with the State Government and if expediency or other administrative difficulties were felt in continuing the policy in all the twelve districts where it had been initially imposed, it is not open to this Court to quash the prohibition imposed in five districts on this ground. Nothing could be pointed out to us that the decision of the State Government was based on considerations irrevelant to the power reposed Consequently, we are unable to accept the argument that the action was arbitrary, unreasonable or was the result of the abuse of the discretion. It is incorrect to argue that prohibition confined to five district of Uttar Pradesh, represents the will and shim of the State Government, rather than its judgement, or that there is no reasonable relation to a lawful purpose.

In Sheo Kumar V. State (Supra), the full Bench held that Section 37-A dose not suffer from the vice of excessive delegation as it lays down guidelines or standards for selection of intoxicants or areas. This argument is also rejected.

The next submission was that limit of possession of Mrit Sanjiwani Sura by a person being 36 ml. was ridiculous and resulted in creating un-necessary hardship to patients who are required to travel long distances from their villages to purchase the same from the chemist shops. In paragraphs 33 and 34 of the counter-affidavit reply to this argument has been satisfactorily given. It has been stated that the limit of individual possession of 36 ml. of mrit Sanjiwani Sura has been fixed after obtaining expert advice of Director of Ayurvedic medicines. On the basis of the advice, the limit of possession at one time of 3 litres of Mrit Sanjiwani Sura by a doctor under the permit in Form FL-15 had also been fixed, Annexure 'F' to the counter-affidavit is the copy of the order of the Excise Commissioner dated 14.9.1978 prescribing the quantity of Mrit Sanjiwani Sura, Mrit Sanjiwani and Mrit Sanjiwani Sudha as limit individual possession. The anxiety of the petitioners to have more in quantity then prescribed by the doctor shows that it is not to be used as a medicine but for the purpose of being used as alcoholic beverage. For successful implementation of the policy of prohibition it is necessary that transport, possession and sale were regulated by means of the legislation. If that is not done, the very object of imposing prohibition would be defeated. The power of a State to regulate and prohibit possession, sale and transporatation or use of intoxicating liquors is a matter of universal re-organition. This power with respect to intoxicating liquors is said to exist as corelative to the State duty to protect the community from crime, to support paupers, since the liquor traffic is frequently a source of pauperism and crime.

The next argument of the petitioner's learned counsel was that although it is not necessary for the dealers, wholesale and retail, to obtain licences under the Drugs and Cosmetics Act for dealing in Ayurvedic medicines, but on account of Rule 12 of the Uttar Pradesh Transport and Possession of Notified Restricted Spirituous preparations (prevention of Misuse) Rules, 1978, it would be necessary even for such a dealer to obtain a licence under the Drugs and Cosmetics Act or other Central Drug Rules, therefore, those persons dealing in Ayurvedic medicines would be thrown out of their business. The submission of the petitioner's counsel is not correct. Rule 12 aforesaid only requires certain facts to be stated by Chemists and Druggists who have applied for or made an application for licence for the retail vend of notified restricted spirituous preparations, but that does not mean that those who want to trade in Mrit Sanjiwani Sura must possess a licence obtained under the Drugs and Cosmcties Act.

The last submission of the petitioner's counsel that the State Government has the policy of increasing sale of liquors with a view to argument its income by realising more revenue by way of excise duty, is not corrects. Since under Article 268 (2) of the constitution the duties levied by the Union but collected by the State do not form part of the Consolidated Fund of India but are assigned to the State concerned, we do not find any merit in the submission of the petitioner's counsel that the State Government wanted to ourtail the amount of excise duties realizable from the Medicinal and toilet preparations. The State Government imposed prohibition with a view to achieve the object behind Article 47 of the Constitution and not for the purpose argued by the learned counsel for the petitioners.

For what we have said above, we do not find any merit in this petition and dismiss the same with costs. The stay order is discharged.

Dt. October 15, 1986. Sd/ K. C. A. (J.)
Typed by : Pawan Kumar. Sd/ R. P. S. (J.)
Examined by : J. B. Lal
22-10-86

विशिष्ट तिथि-क्रम

1790 : भारत में आबकारी प्रशासन का आरम्भ और कुमाऊँ में गोरखा शासन की शुरुआत।

1804-05 : गढ़वाल में गोरखा शासन आरम्भ।

1815 : गोरखा शासन का अंत और कुमाऊँ में औपनिवेशिक आधिपत्य तथा आबकारी व्यवस्था का आरम्भ।

1822 : कुमाऊँ फार्म का कुमाऊँ तथा गढ़वाल फार्म में विभाजन।

1826 : मसूरी का बसना आरम्भ।

1839 : कुमाऊँ तथा गढ़वाल जिलों की स्थापना।

1841 : नैनीताल का बसना आरम्भ।

1842 : कुमाऊँ कमिश्नरी में तीसरे जिले 'तराई' का गठन।

1857 : प्रथम स्वतंत्रता-संग्राम/कम्पनी शासन का अंत।

1858 : पिथौरागढ़ में पहले सैनिक भर्ती कार्यालय की स्थापना।

1861 : पश्चिमोत्तर प्रांत में नशीले पदार्थों के उत्पादन व व्यापार हेतु डिस्टलरी प्रणाली का आरम्भ।

1862 : पश्चिमोत्तर प्रांत में प्रथम आबकारी कमिश्नर की नियुक्ति।

1864 : कुमाऊँ में वन विभाग की स्थापना।

1866 : चकरौता में सैनिक छावनी की स्थापना।

1869 : रानीखेत में सैनिक छावनी की स्थापना।

1881 : आबकारी अधिनियम 11 द्वारा नशीले पदार्थों के उत्पादन व व्यापारिक अधिकारों का सीमितीकरण।

1885 : भारतीय राष्ट्रीय कांग्रेस की स्थापना।

1886 : टेंपरेंश समितियों द्वारा आबकारी नीति का विरोध।

1887 : लैंसडौन में छावनी की स्थापना।

	: रानीखेत में विशेष आबकारी व्यवस्था।
1889	: जनजातियों को आबकारी अधिनियम से छूट।
1890	: आबकारी नीति में संशोधन।
1891	: कुमाऊँ तथा तराई जिलों का अल्मोड़ा तथा नैनीताल जिलों में पुनर्गठन।
1894	: सम्पूर्ण कुमाऊँ हेतु आबकारी निरीक्षक (रोकथाम) की नियुक्ति।
1895	: हेम्प ड्रग कमीशन का भारत आगमन।
1897	: सेना को दी जाने वाली शराब में पहली बार आबकारी कर लागू किया जाना।
1898	: कुमाऊँ में फार्मिग के स्थान पर आउटस्टिल प्रणाली का आरम्भ।
1905	: आबकारी प्रशासन/नीति के मूल्यांकन हेतु आबकारी कमेटी का गठन।
1906	: पहली बार चरस के उत्पादन पर प्रतिबंध।
	: स्वतंत्र आबकारी तंत्र का गठन—सहायक आबकारी आयुक्त आदि की नियुक्ति।
1907	: भारतीय मद्य निषेध संघ की स्थापना।
1908	: तिलक द्वारा नशीले पदार्थों का विरोध।
1910	: कुमाऊँ में कांट्रेक्ट प्रणाली की शुरुआत।
1912	: गोखले के नेतृत्व में शिष्ट मण्डल की भारत सचिव से मुलाकात व नशाबंदी की मांग।
1916	: कुमाऊँ परिषद् की स्थापना।
	: नगरपालिकाओं में आबकारी सलाहकार समितियों का गठन।
1919	: 1919 के अधिनियम द्वारा आबकारी प्रांतीय विषय घोषित।
1920	: असहयोग आंदोलन की शुरुआत।
1921	: कुमाऊँ में बेगार आंदोलन सफल, वन आंदोलन जारी।
	: संयुक्त प्रांत आबकारी कमेटी का गठन।
1924	: इलाहाबाद में आबकारी सम्मेलन।
	: लाइसेंस हेतु नीलामी व्यवस्था के स्थान पर सरचार्ज प्रणाली लागू।
1925	: तीस हजार महिलाओं द्वारा हस्ताक्षरयुक्त नशाबंदी मांग पत्र वाइसराय को दिया गया।
1927	: अफीम हेतु सुरक्षित डिपो व्यवस्था समाप्त।

1930 : सविनय अवज्ञा आंदोलन और शराब की दुकानों में पिकेटिंग ।

1937 : अंतरिम सरकार द्वारा मद्य निषेध योजना की शुरुआत ।

: व्यापार हेतु स्टेट मैनेजमेंट प्रणाली ।

1942 : भारत छोड़ो आंदोलन का आरम्भ ।

1946 : दूसरी अंतरिम सरकार की स्थापना और पुनः मद्य निषेध योजना का क्रियान्वयन ।

संदर्भ सामग्री

1. रिकाड्‌र्स—

(क) प्रीम्यूटिनी रिकाड्‌र्स —

कुमाऊँ मिस्लिनीयस लेटर्स रिसीव्ड वाल्यूम 1
वाल्यूम 18
वाल्यूम 30/1825
वाल्यूम 35/1827
वाल्यूम 51
वाल्यूम 61
वाल्यूम 66
वाल्यूम 68/1841
वाल्यूम 70/1842
वाल्यूम 73
(उ० प्र० रा० अ०)

(ख) फाइलें —

634 ए, 620 ए./1900, 14/1906, 2/1910, 714, 9/1889, 573 ए./1899, 78/1905, 29/1907, 39/1906, 71/1906, 7/1905, 17/1905, 22/1909, 6/1910, 115 बी०/1909, 16, 24/1909, 66/1910, 20/1908, 14 बी०/1918, 107 बी०, 103 बी०/1918, 4/1932।

(रा० अ०, उ० प्र० रा० अ०, क्षे० अ० नै०)

2. रिपोर्टें —

(क) रिपोर्ट आन एनुअल एक्साइज एडमिनिस्ट्रेशन ऑफ एन० डब्ल्यू० पी०

एण्ड अवध फार द ईयर—1861-62, 1863-64, 1865-66, 1871-72, 1876-77, 1877-78, 1879-80, 1880-81, 1882-87, 1882-83, 1889-90, 1891-92, 1898-99, 1899-1900, 1900-1901। (आ० आ० कार्य० इलाहाबाद)

(ख) रिपोर्ट ऑन एक्साइज एडमिनिस्ट्रेशन ऑफ यूनाइटेड प्रोविंस फार द ईयर—1908-09, 1910-11, 1914-15, 1915-16, 1923-24, 1924-25, 1925-26, 1927-28, 1928-29, 1931-32, 1932-33, 1933-34, 1934-35। (क्षे० अ० नै०)

(ग) रिपोर्ट ऑन रेवेन्यू एडमिनिस्ट्रेशन ऑफ एन० डब्ल्यू० पी० एण्ड अवध फार द ईयर—1861-62, 1862-63, 1863-64, 1864-65, 1867-68, 1868-69, 1876-77, 1877-78, 1878-79, 1879-80, 1880-81, 1883-84, 1884-85, 1885-86, 1886-87, 1889-90, 1890-91, 1891-92, 1892-93, 1893-94, 1896-97, 1897-98, 1898-99, 1899-1900। (क्षे० अ० नै०)

(घ) रिपोर्ट ऑन रेवेन्यू एडमिनिस्ट्रेशन ऑफ यूनाइटेड प्रोविंस फार द ईयर—1902-03, 1904-05, 1909-10, 1910-11, 1911-12 1914-15, 1915-16, 1916-17, 1917-18, 1919-20, 1921-22, 1923-24, 1924-25, 1925-26, 1930-31, 1931-32, 1933-34, 1934-35। (क्षे० अ० नै०)

(ङ) एनुअल एडमिनिस्ट्रेशन ऑफ एन० डब्ल्यू० पी० एण्ड अवध फार द ईयर—1862-63, 1865-68, 1866-67, 1871-72, 1873-74, 1876-77, 1877-78, 1878-79, 1880-81, 1882-87।

(च) एनुअल एडमिनिस्ट्रेशन रिपोर्ट ऑफ यूनाइटेड प्रोविंस फार द ईयर—1915-16 (उ० प्र० रा० अ०)

(छ) अन्य—

1. जनरल रिपोर्ट ऑन एडमिनिस्ट्रेशन ऑफ सेवरल प्रेसीडेंसीज एण्ड प्रोविंसेज ऑफ ब्रिटिश इंडिया —1855-56
2. एक्साइज एडमिनिस्ट्रेशन इन इंडिया।
3. फाइनल रिपोर्ट ऑफ रायल कमीशन ऑन ओपियम वाल्यूम-2, लंदन, 1895 (उ० प्र० रा० अ०, क्षे० अ० नै०)

4. रिपोर्ट ऑन प्रोहिबिशन इनक्वायरी कमेटी—1954।
5. रिपोर्ट ऑफ एक्साइज कमेटी यूनाइटेड प्रोविंस—1921।
6. रिपोर्ट ऑन एक्साइज कॉन्फ्रेंस (यू० पी०)—1924।

(ज) प्रोसीडिंग्स—

1. फाइनेंस डिपार्टमेंट प्रोसीडिंग्स (एक्साइज)—23/1876, 28/1876
2. सेपरेट रेवेन्यू (एक्साइज) प्रोसीडिंग्स—21 (बी)/1909
3. लेजिस्लेटिव एसेम्बली डिबेट्स, वाल्यूम 6, पार्ट-1, 1925 (रा०अ०)
4. प्रोसीडिंग्स ऑफ लेजिस्लेटिव काउंसिल, यूनाइटेड प्रोविंस, वाल्यूम-24, 1925, (उ० प्र० रा० अ०)

(झ) पत्र—

लेटर ऑफ एक्साइज कमिश्नर टू जोइंट सेक्रेटरी बोर्ड ऑफ रेवेन्यू, 14 मार्च, 1900।

लेटर ऑफ एक्साइज कमिश्नर टू जोइंट सेक्रेटरी बोर्ड ऑफ रेवेन्यू, 1911/II 642।

लेटर ऑफ डिस्ट्रिक्ट ऑफिसर टू कमिश्नर कुमाऊँ, 4098/एम०83, 1909।

लेटर ऑफ एक्साइज कमिश्नर टू कमिश्नर, कुमाऊँ, 4536।

लेटर ऑफ एक्साइज कमिश्नर टू कमिश्नर, कुमाऊँ, 21 जनवरी, 1910।

लेटर ऑफ डिप्टी कमिश्नर (अल्मोड़ा) टू एक्साइज कमिश्नर, सं० 11, एस०आर०, 15 जनवरी, 1910।

लेटर ऑफ बोर्ड ऑफ रेवेन्यू टू सेपरेट रेवेन्यू डिपार्टमेंट, 1910।

लेटर ऑफ टी० गिब्स टू सेक्रेटरी यूनाइटेड प्रोविंस, 3606/XIII, 596

(उ० प्र० रा० अ०)

(ञ) वर्नाक्यूलर प्रेस रिपोर्ट—

सेलेक्शंस फ्राम द वर्नाक्यूलर प्रेस न्यूज पेपर्स, एन० डब्ल्यू० पी० एण्ड अवध : 1907, 1908। (उ० प्र० रा० अ०)

(ट) जनगणना रिपोर्ट—

सैंसस ऑफ इण्डिया, 1911 : वाल्यू XV, यूनाइटेट प्रोविंसेज ऑफ आगरा एण्ड अवध, पार्ट II, ई० ए० एच० ब्लंट, 1912, इलाहाबाद।

सैंसस ऑफ इण्डिया : जनरल रिपोर्ट : पार्ट-1, 1891।

(आर० जी० आई० ओ० लाई०)

3. गजीटियर—

1. एटकिंसन, ए० टी०—द हिमालयन गजीटियर, वा०—1, 2 व 3 : 1973, (1882-1884, 1886)
2. नेविल, एच, आर०—नैनीताल ए गजीटियर : लखनऊ : 1922,
3. वाल्टन, एच० जी०—अल्मोड़ा ए गजीटियर : इलाहाबाद : 1928
4. वाल्टन, एच० जी०—ब्रिटिश-गढ़वाल गजीटियर : इलाहाबाद : 1921

4. सेटलमेंट रिपोर्ट—

1. फाइनल रिपोर्ट ऑन सेटलमेंट ऑफ कुमाऊँ : 1863-64 (जे० ओ० बी० बैकेट)
2. रिपोर्ट ऑन द टेन्थ सेटलमेंट ऑफ द गढ़वाल डिस्ट्रिक्ट : 1890-96 : इ० के० पी०
3. स्टेस्टिकल स्केचेज ऑफ कुमाऊँ, ट्रेल, जी० डब्ल्यू०

5. शोध पत्रिका—

एशियाटिक रिसर्चेज : वाल्यूम—6, 1799
वाल्यूम—16, 1828
वाल्यूम—17

पहाड़—2, नैनीताल, 1986
पर्वतीय इतिहास परिषद् की शोध पत्रिका : प्रथम अंक

6. पत्र-पत्रिकाएं (स्थानीय पत्र)

अल्मोड़ा अखबार—1893,
शक्ति—1918-1967,
कुमाऊँ कुमुद—1933,
जिला समाचार—1925,
सत्य पथ—1961-1968,
कर्मभूमि—1965-1967,
स्वाधीन प्रजा—1968,
युगवाणी—1967।

अन्य पत्र—

दलित सुमनांजली,
हरिजन सेवक—1938, 1947
यंग इंडिया—1926, 1930, 1931

हिंदुस्तान—1988,
अमर उजाला—1987, 1988, 1989।

7. लेख—

प्रधान हरिदत्त : सोशियल इकोनॉमी इन द तराई (द थारू), यू०पी०।
हिस्टोरिकल सोसायटी जर्नल : 1938।
(आ० जी० आई० ऑ० लाई०)

मुकुल : उपनिवेशों में यूरोप के टुकड़े, पहाड़-2, पृ० 177।

पाठक, शेखर—उत्तराखंड में सामाजिक आंदोलनों की रूपरेखा, पहाड़-2, पृ० 97-104।
कुमाऊँनी सोसाइटी थ्रू एजेज : कुमाऊं लैंड एण्ड पीपुल, पृ० 105।

8. पुस्तकें—

ईश्वरी प्रसाद : भारतीय संस्कृति : कला, धर्म और दर्शन, इलाहाबाद।

उपाध्याय, भ० शरण : इण्डिया इन कालिदास : इलाहाबाद, 1947
: गुप्तकाल का सांस्कृतिक इतिहास : लखनऊ, 1978।

उपाध्याय, बलदेव : शंकराचार्य, इलाहाबाद : 1950।

कालिकेंकर दत्त : सर्वे ऑफ इण्डियन सोशियल लाइफ एण्ड इकोनॉमिक कंडीशन इन ऐटीन्थ सेंचुरी (1707-1813), कलकत्ता : 1961।

कृपलानी, जे० बी० : गांधी हिज लाइफ एण्ड थॉट्स : सूचना एवं प्रसारण मंत्रालय, भारत सरकार।

गिल, ए० आर० : वैली ऑफ दून : देहरादून : 1952।

ग्रियर्सन, जोर्ज, ए० : लिंग्विस्टिक सर्वे ऑफ इण्डिया : वाल्यूम-1, भाग-1, कलकत्ता : 1916।

गुहा, बी० एस० : रेशियल एलीमेंन्ट्स इन इण्डियन पॉपुलेशन, ऑक्सफोर्ड, 1938।

घूसमैन, आर० : ईरान : लंदन : 1978।

चोपड़ा, पुरी दास : भारत का सामाजिक-सांस्कृतिक इतिहास।

जहीर एण्ड गुप्ता : दि ऑर्गेनाइजेशन ऑफ द गवर्नमेंट ऑफ उत्तर प्रदेश : नई दिल्ली : 1970।

जैन, राजेंद्र	: स्टेट टैक्सेशन इन इण्डिया, भोपाल : 1972 ।
डबराल, शिवप्रसाद	: उत्तराखंड का सामाजिक-राजनीतिक इतिहास, भाग—4, 7, 8, दुगड्डा, 1965-1978 ।
	: उत्तराखंड के पशुचारक, दुगड्डा ।
	: उत्तराखंड के भोटांतिक ।
तारापोरवाला, वी० जे०	: सेण्ट्रल एक्साइज : आक्सफोर्ड : 1983 ।
थिमैय्या, जी०	: सोशियल इकोनॉमिक इम्पेक्ट ऑफ ड्रिंकिंग इन कर्नाटक।
दत्त, आर० सी०	: द इकोनॉमिक हिस्ट्री ऑफ इंडिया अंडर अर्ली ब्रिटिश रूल : लन्दन : 1950 ।
	: द इकोनॉमिक हिस्ट्री ऑफ इंडिया इन द विक्टोरियन एज : लन्दन : 1950 ।
देवर, डगलस	: ए हैण्डबुक टू दी इंग्लिश प्रीम्यूटिनी रिकार्ड्स ऑफ दि गवर्नमेंट रूल ऑफ दि यू० पी०, आगरा एण्ड अवध : इलाहाबाद ।
धर्म कुमार	: द कैम्ब्रिज इकोनॉमिक हिस्ट्री ऑफ इण्डिया, वा०-2 (1757-1970), कैम्ब्रिज : 1982 ।
पंत, एस० डी०	: द सोशियल इकोनॉमी ऑफ द हिमालयन्स, लंदन : 1935 ।
प्रसाद, राजेश्वरी	: सम आस्पेक्ट्स ऑफ ब्रिटिश रेवेन्यू पालिसी इन इण्डिया (1773-1833), दिल्ली : 1970 ।
पाण्डे, बद्रीदत्त	: कुमाऊँ का इतिहास, अलमोड़ा : 1937 ।
पाठक, शेखर	: नशा एक षड्यंत्र है : 1985 ।
	उत्तराखण्ड में कुली बेगार प्रथा : दिल्ली : 1987 ।
पिलग्रिम	: वंडरिंग्स इन द हिमाला : आगरा : 1844 ।
पीटर लारेन	: द फर्स्ट किंग जोर्ज ऑन गोरखा रायफल्स, पार्ट—एक : 1925 ।
बारबर, विलियम जे०	ब्रिटिश इकोनॉमिक थॉट एण्ड इण्डिया (1600 1858), आक्सफोर्ड : 1975 ।
बेरी, एस० जी० एण्ड	:
जठर, जी० वी०	: इण्डियन इकोनॉमिक्स : आक्सफोर्ड : 1952 ।
बैरमैन, जेराल्ड डी०	: हिंदूज ऑफ द हिमालय, बम्बई, 1963 ।
बासु, बी० डी०	: राइज ऑफ क्रिश्चियन पावर इन इण्डिया :

कलकत्ता : 1931।

बनर्जी, पी० एन० : ए स्टडी इन इण्डियन इकोनॉमिक्स : लन्दन : 1927।

भट्ट, वी० वी० : आस्पेक्ट्स ऑफ इकोनॉमिक चेंज एण्ड पालिसी इन इण्डिया (1800-1960) : बम्बई : 1963।

मजूमदार, आर० सी० : ब्रिटिश पैरामाउंटेंसी एण्ड इण्डियन रेनेसाँ, पार्ट, एक : 1970।

मजूमदार, पुसालकर : द वैदिक एज : लंदन : 1952।

मेहता जे० के० एण्ड अग्रवाल एस० एन० : पब्लिक फाइनेंस : इलाहाबाद : 1949।

रतूड़ी, हरिकृष्ण : गढ़वाल का इतिहास, देहरादून : 1928।

राजगोपालाचारी, सी० प्रोहिबिशन : मद्रास।

रामगोपाल : हाउ इण्डिया स्ट्रगल्स फार फ्रीडम (हिंदी अनु०)।

रैप्सन, इ० एस० जे० : कैम्ब्रिज हिस्ट्री ऑफ इण्डिया, वा०-1, कैम्ब्रिज : 1922।

लेविन, अनातोवा एण्ड : कोतोवस्की : भारत का इतिहास : मास्को : 1973।

विल्बर, डी० एन० : ईरान पास्ट एण्ड प्रेजेंट : प्रिसटन : 1947।

वैष्णव, यमुनादत्त 'अशोक' : मद्य निषेध : लखनऊ : 1950।

: नशे का अभिशाप : लखनऊ : 1951।

सरला देवी : व्यावहारिक वेदांत : एक आत्मकथा : 1976।

सनवाल, आर० डी० : सोशियल स्ट्रेटीफिकेशन इन रूरल कुमाऊँ : दिल्ली : 1976।

सांकृत्यायन, राहुल : कुमाऊँ : बनारस : 1959।

: हिमालय परिचय, भाग– एक, गढ़वाल, इलाहाबाद : 1953।

: ऋग्वैदिक आर्य : इलाहाबाद : 1957।

शाह, के० टी० : सिक्सटी इयर्स ऑफ इण्डियन फाइनेंस : लंदन, 1927।

हान्ना, एच० बी० : कल्चर एण्ड कुल्चर रेस ओरीजन्स, कलकत्ता : 1919।

होल, एडमण्ड सी० पी० : यूरोपियन्स इन इण्डिया : लंदन : 1878।

वाल्दिया, के, एस० (सं०) : कुमाऊँ लैण्ड एण्ड पीपुल : 1988।

9. अन्य—

1. एक्साइज मैनुअल, वाल्यूम-1 : 1961, वाल्यूम-2 : 1961।
2. आबकारी विभाग का कार्यपूर्ति-दिग्दर्शक—1980, 1981-82, 1889-96।
3. मद्य-निषेध विभाग के मासिक प्रपत्र—1980-1986।

संक्षेप—

रा० अ०	— राष्ट्रीय अभिलेखागार, नई दिल्ली।
उ० प्र० रा० अ०	— उत्तर प्रदेश राज्य अभिलेखागार, लखनऊ।
क्षे० अ० नै०	— क्षेत्रीय अभिलेखागार, नैनीताल।
आर० जी० आई० लाइ०	— रजिस्ट्रार जनरल ऑफ इण्डिया ऑफिस लाइब्रेरी, दिल्ली।
अ० आ० कार्या० इलाहाबाद	— आबकारी आयुक्त कार्यालय, इलाहाबाद।

अनुक्रमणिका

अफगानिस्तान-14
अफीम-24
अभिकर-48, 57, 69
अरक-26
अलमोड़ा-18
असहयोग आन्दोलन-102
अशोकचल्ल-17
आबकारी-46
आबकारी अधिनियम-53, 54, 90, 94
आबकारी अपराध-71
आबकारी अफीम-55-56
आबकारी आयुक्त-48, 68, 91, 140
आबकारी कमेटी-50, 69, 78, 103
आबकारी ड्यूटी-99
आबकारी तंत्र-140
आबकारी निरीक्षक-140
आबकारी प्रशासन-27, 31, 90
आबकारी सम्मेलन-107
आर्य-14
आसवनी-48
औपनिवेशिक-22
औपनिवेशिक आबकारी-41
अंग्रेज शराब-52
इजारेदारी-29
इस्लाम-24
ईस्ट इण्डिया कम्पनी-27, 78
ईरान-14
कनकपाल-17
कम्पनी-41
कम्पनी प्रशासन-39, 40
कलवार-25
काली-13
कांट्रेक्ट सप्लाई 90, 91, 92, 93
किरात-15
कुमाऊँ-13, 42, 52
कुमाऊँ जिला-39
कुमाऊँ डिवीजन-32
कुमाऊँ परिषद-122
कुली बेगार-78, 122
कूर्मांचल-13
केदारखंड-13
कोल-14
क्राचल्लदेव-17
खस-14, 15

गढ़वाल-45
गढ़राज वंश-17
गवर्नर जनरल-30, 31
गुप्तचर-48
गैर आयनी-19, 31
गोरखा-26, 30, 52, 58
गंगा-13
गंडकी-17
चकती-25, 53
चकरौता-45
चंडू-57
चम्पावत-18
चम्पावत गढ़ी-18
चरस-24, 96, 97
चाँदपुरगढ़ी-18
चंदवंश-17
छंग-25, 53
जांण-53
जोहार-54
ट्रेल-31
टेम्परेंस-66
टेम्परेंस समिति-58-105
टौंस-13
ड्राई एरिया-112
डिस्टिलरी-47, 48, 50, 64, 69
डेंजरस ड्रग एक्ट-110
तहसील-55
तालेश्वर-16
तिब्बती-15
दारमा-54
दारू-25
देवलगढ़-18
देशी शराब-94
द्रविण-14, 15
धारा सभा-114
नशाबन्दी-124
नशीली औषधियाँ —
नेपाल-56, 57, 68
प्लेग-62
पढेला-16
पब्बर-13
पवार-18
पांचाल-17
पैनखंडा-54
पौरव-16
प्रूफ-56
फाइनेंस कमेटी-100
फार्म-32, 33, 35, 46, 47, 69
फार्मर-54
फार्मिंग-32, 46, 49, 64
फारस-24
बेबीलोन-13
बोह-63
बौद्ध-16
बौद्धधर्म-23
बंगाल प्रेसीडेंसी-19
बंधित गोदाम-92
भारत सचिव-60
भूराजस्व-22, 39
भोटांतिक-13, 14, 25
भोटिया-53
मज्जदानम-23
मदक-57
मध्य एशिया-56
मद्य निषेध-102, 112, 113
मद्य निषेध संघ-121
महल-34, 35
मांडलिक-17

मिस्र-24
मुहर्रिर-58
मुंड-13
यशोवर्म्मन-17
यारकन्द-57, 69
रदरफोर्ड-29
राज्य प्रबंध प्रणाली-113
रानीखेत-45
रामजे-52
रुहेलखंड-17
रेगुलेशन-19, 31
रोजारम-92
रंगबंग-25
लाइसेंस-31, 35, 53, 57
लाइसेंस परिषद्-105
लसडोन-45
लोहबा-63
विदेशी शराब-94
विरोजा-29
स्टेट मैनेजमेंट-112
स्टिल हेड ड्यूटी-48, 57
सरचार्ज प्रणाली-104, 110
सरौला सभा-125
सूरत कांग्रेस-120
शक-14, 15
शिल्पकार-14
शिल्पकार सभा-128
हूण-14
हेम्प ड्रग कमीशन-63
होमरूल-122
क्षत्रिय सुधारिणी सभा-128